HANS STROTZKA

MACHT

EIN PSYCHOANALYTISCHER ESSAY

PAUL ZSOLNAY VERLAG
WIEN · HAMBURG

Alle Rechte vorbehalten, insbesondere das der Übersetzung,
des öffentlichen Vortrags, der Übertragung durch
Rundfunk und Fernsehen, auch einzelner Teile.
© Paul Zsolnay Verlag Gesellschaft m. b. H., Wien/Hamburg 1985
Umschlagentwurf und Einband: Werner Sramek
Gesamtherstellung: Kaiser, Klagenfurt
Fotosatz: Garamond
Printed in Austria
ISBN 3-552-03730-6

CIP-Kurztitelaufnahme der Deutschen Bibliothek
Strotzka, Hans:
Macht : e. psychoanalyt. Essay / Hans Strotzka. —
Wien ; Hamburg : Zsolnay, 1985.
ISBN 3-552-03730-6

INHALT

Der Dämon der Macht. — Nicht die Notdurft, nicht
die Begierde — nein, die *Liebe zur Macht ist der
Dämon der Menschen*. Man gebe ihnen alles: Gesundheit, Nahrung, Wohnung, Unterhaltung — sie sind
und bleiben unglücklich und grillig: Denn der
Dämon wartet und wartet und will befriedigt sein.
Man nehme ihnen alles und befriedige diesen: So
sind sie beinahe glücklich — so glücklich, als eben
Menschen und Dämonen sein können. Aber warum
sage ich dies noch? Luther hat es schon gesagt, und
besser als ich, in den Versen: „Nehmen sie uns den
Leib, Gut, Ehr, Kind und Weib: Laß fahren dahin —
das *Reich muß uns doch bleiben!*" „Ja! Ja! das „Reich"!

(Nietzsche, F.: *Morgenröte*, § 262)

VORWORT

Das Bedürfnis, diesen Essay zu schreiben, stammt aus zwei
Motivbündeln. Zuerst aus einem rein persönlichen; die
Nietzsche- und Machiavelli-Lektüre in der Spätpubertät
hatte einen merkwürdig ungelösten Rest in mir hinterlassen,
eine ambivalente Faszination zwischen dem Gefühl „So ist
es" und „So darf es nicht sein", wobei noch ästhetische
Momente eine bedeutende Rolle spielten. Ist doch Nietzsche
ein Dichter, der mit seiner Fantasie die Geheimnisse des
Unbewußten in ihrer großartigen Dämonie aufdeckte, wie
Freud es viel nüchterner auf der Basis klinischer Erfahrung
später getan hat; und bei Machiavelli finden wir eine Offen-
heit und Klarheit, die schonungslos den Mantel der Heuchelei
von der gesellschaftlichen Wirklichkeit riß und die in dem
unbedingten Wahrheitsstreben der Psychoanalyse eine Parallele findet, deren Entdeckungen ja ebenfalls meist nicht er-
freulich sind. Dieser Rest sollte, wie eine Narbe nach einer
Kinderkrankheit, endlich einmal bearbeitet werden. Ich habe
versucht, mir darüber Klarheit zu verschaffen, was die Psycho-

analyse und die ihr nahestehenden Disziplinen zum Phänomen „Macht" zu sagen haben, zumal auch die eigene Lehranalyse — wie es wohl nicht untypisch ist — diesem Problem ausgewichen ist.

Das zweite Motivbündel ist ein eher sachliches. Nach jahrzehntelanger praktischer psychotherapeutischer Erfahrung ergab sich für mich aus dieser Sisyphusarbeit das Bedürfnis, mich nicht nur praktisch, sondern auch theoretisch mit den Hintergründen unserer Zeitproblematik zu befassen. Die erste Frucht dieser Arbeit war eine psychoanalytische Alltagsethik: *Fairness, Verantwortung, Fantasie.* Das Echo auf dieses 1983 veröffentlichte Buch ermutigte mich, den logischen Schritt zu tun und mich den Fragen der *Macht* zuzuwenden. Ist es doch das Erlebnis der Ohnmacht gegenüber dem „Spiel der Mächtigen", das in der Psychopathologie und Psychogenese nicht nur bei den Patienten so bedrückend und ängstigend wirkt, sondern uns alle deprimiert.

1

DIE THEORETISCHEN GRUNDLAGEN

EINLEITUNG (DEFINITION)

Das Eigenschafts- und Umstandswort „mächtig" ist in einem etwas saloppen Deutsch ein Synonym für „groß", „stark" oder „sehr" (zum Beispiel „ich habe mich mächtig gefreut"). Diesen Wortgebrauch meinen wir hier *nicht*, ebensowenig wie den *intra*individuellen Gebrauch — „er hat Macht über sich selbst", oder „er ist ohnmächtig" im Sinne von bewußtlos (hier handelt es sich um die Kontrolle über sich selbst).

Ich will mich mit dem sozialpsychologischen Aspekt des Begriffs befassen, oder auch dem politischen und zwischenmenschlichen, vor allem im Alltag. Dabei müssen wir abgrenzen gegenüber *Herrschaft* und *Gewalt*. Die Grenze zum Begriff *Gewalt* zu ziehen ist leicht: Gewalt ist die Ausübung von körperlichem und psychischem Zwang. Macht entsteht und erhält sich zwar häufig durch Gewalt, es ist dies aber nicht obligatorisch.

Die Abgrenzung zur *Herrschaft* ist schwieriger. *Macht* findet sich auch in der Familie, der Schule, im Betrieb, im Verein, ist also der weitaus umfassendere Begriff, der auch im Alltagsbereich eine entscheidende Rolle spielt, und dieser Aspekt interessiert mich hier vor allem.

Es gibt viele Definitionen der Macht, je nachdem, von welchem Standpunkt man ausgeht: Wir erwähnen die klassische Definition, die „Fähigkeit von einzelnen oder Gruppen, das Handeln anderer auch gegen Widerstand in einer gewünschten Richtung zu beeinflussen" (Max Weber), dabei handelt es sich um eine Selbst- und/oder Fremdzuschreibung einer Rolle. Je größer der Konsens darüber ist, um so stabiler und gesicherter ist diese Rolle.

Sie entsteht aus *Erbe* (Monarchie, ererbtem Reichtum),

Tradition (überkommene hierarchische Strukturen wie beim Militär),
ökonomischen Entwicklungen (Gewinn an Reichtum und Besitz),
Entfaltung *überlegener Fähigkeiten,*
Kampf (eventuell Revolution) oder
demokratischen Entwicklungsprozessen (zum Beispiel Wahlen)
und ist an Personen, Gruppen, und Istitutionen gebunden. Im allgemeinen ist sie hierarchisch strukturiert und hat verschiedene Kompetenzen und Wirkungsbereiche.

Entsprechend der letztgenannten Entstehungsart gibt es eine optimistischere Definition als die sehr wertneutrale Max Webers, nämlich das kommunikative Handlungsmodell von Hannah Arendt:

„Macht entspringt der menschlichen Fähigkeit, nicht nur zu handeln, oder etwas zu tun, sondern sich mit anderen zusammenzuschließen und im Einvernehmen mit ihnen zu handeln. Das Grundphänomen der Macht ist die Instrumentalisierung eines fremden Willens in einer auf Verständigung gerichteten Kommunikation." (in J. Habermas, *Politik, Kunst, Religion* 1982, S. 104)

Talcott Parsons Definition ist sicher viel zu eng, aber ähnlich konstruktiv wie diejenige Arendts; Macht ist danach die Fähigkeit eines Systems, Ressourcen zu mobilisieren, um kollektive Ziele zu ereichen (*to attain*). Macht als *Systemeigenschaft* scheint überhaupt die optimale Definition zu sein: Das heißt, Macht muß nicht etwas Böses und Gefährliches sein, sondern kann aus rationalem Argumentieren, aus vernünftigen Kompromissen stammen. Eine Rehabilitation des Kompromisses habe ich in *Fairness, Verantwortung, Fantasie* bereits versucht. Kompromiß ist die entscheidende Kraft gegen die Willkür einer Macht; er ist aber nur möglich, wenn eine hinreichend starke Opposition die rücksichtslose Entfaltung absoluter Macht bremst, kritisiert und eindämmt. Das Vertrauen auf die „bindende Kraft gegenseitiger Versprechen, die sich schließlich in dem Vertrag niederschlägt" (Arendt, a. a. O., S. 240), muß derzeit aber wohl noch vor der Realität der Verbindung von Macht und Gewalt zurückstehen.

Wir verdanken K. O. Hondrich eine systemische Theorie der Macht; einige seiner Thesen sollen hier gekürzt wiedergegeben werden:

„These 1
Die Macht einer Einheit in einem sozialen System ist um so stärker,
je mehr positive oder negative Leistungen sie im Vergleich zu anderen Einheiten des Systems erbringt
und je wichtiger die Leistungen im Vergleich zu denen der anderen Einheiten sind.

These 2
Die Macht einer Einheit in einem sozialen System verwandelt sich um so mehr in Autorität,
je mehr sie auf *positiv bewerteten* Leistungen beruht.

These 3
Die *Autoritäts-Breite* einer Einheit in einem sozialen System ist um so größer, je mehr Einheiten des sozialen Systems ihre Leistungen positiver bewerten.

These 10
Je mehr sich originäre Machtverhältnisse ändern
und je weniger die Inhaber von Herrschaftspositionen den Interessen der neuerdings Mächtigeren *inhaltlich* (durch sozialkulturelle, -strukturelle und -konjunkturelle Maßnahmen) Rechnung tragen,
um so mehr verschärft sich sozialer Konflikt über Herrschaftsinhalte zum Konflikt über *Personen* in Herrschaftspositionen.

These 13
Je mehr sich soziale Konflikte auf Grund fehlender Anpassung von Herrschaft an Macht verschärfen,
um so mehr verwandelt sich normative in politische Herrschaft.

These 14
Je mehr sich normative in politische Herrschaft rückver-
wandelt,
und je höher politische Freiheit bewertet wird,
um so stärker wird die Intensität (latenten) sozialen Konflikts.

These 15
Je mehr sich soziale Konflikte auf Grund fehlender Anpassung von Herrschaft an Macht verschärfen,
um so mehr wird die Leistungsfähigkeit des Gesamtsystems
herabgesetzt.

These 16
Je mehr die Leistungsfähigkeit des Gesamtsystems herabgesetzt wird,
um so mehr koalieren Machtgruppen mit teilweie diver-
gierenden Interessen gegen die bestehenden Herrschaftsverhältnisse.

These 20
Je höher der Grad der Vergesellschaftung,
um so größer ist die Macht eines sozialen Systems insgesamt.

These 21
Je höher der Grad der Vergesellschaftung,
*um so mehr verwandelt sich Macht in einem sozialen System
insgesamt in Herrschaft.*

These 23
Je höher der Grad der Vergesellschaftung ist,
um so schwächer wird die Macht (bzw. Herrschaft) einzelner
Systemeinheiten." (*Theorie der Herrschaft*, Frankfurt/Main
1973, S. 63 ff.)

Hondrichs Schema hat zwar den Vorteil der Klarheit,
ist aber zu sehr abstrahiert und ausschließlich auf Leistung
bezogen, daher einseitig und wird der Komplexität psychischer Wirklichkeit nicht gerecht. (Die Wiedergabe der Be-
gründung der einzelnen Thesen würde den Rahmen unseres
Themas sprengen; sie sollen hier nur als Hinweie auf einen
möglichen systemtheoretischen Ansatz gelten.)

14

Der Autor beschäftigt sich auch mit der Genese der Macht als Sozialisationsergebnis und wählt dafür nur zwei Beispiele:

1. die Familie mit ihrem Verhältnis Erwachsener zum Kind;
2. den Freudschen Mythos von der „Urhorde":

„Der Urvater hatte seine Söhne an der Befriedigung ihrer direkten sexuellen Strebungen verhindert; er zwang sie zur Abstinenz und infolgedessen zu Gefühlsbindungen an ihn und aneinander, die aus den Strebungen mit gehemmtem Sexualziel hervorgehen konnten. Er zwang sie sozusagen in die Massenpsychologie. Seine sexuelle Eifersucht und Intoleranz sind in letzter Linie die Ursache der Massenpsychologie geworden (Fußnote: Es läßt sich etwa auch annehmen, daß die vertriebenen Söhne, vom Vater getrennt, den Fortschritt von der Identifizierung miteinander zur homosexuellen Objektliebe machten und so die Freiheit gewannen, den Vater zu töten)." (a. a. O., S. 153)

Der Vatermord verursacht nach Freud die Entstehung der Brüdergemeinde und einen (vorübergehenden) Machtgewinn der Frauen.

Ich selbst werde mich in diesem Zusammenhang mehr mit Punkt 1, mit der Familie befassen, da hier die aktuellen Machtprobleme prägend für die nächste Generation ausgelebt werden. Die Mythologie wird dabei keine wesentliche Rolle spielen, zumal dies von Elias Canetti bereits exemplarisch vorexerziert wurde.

Der bedeutende Systemtheoretiker Niklas Luhman hat 1975 sein Buch über die Macht veröffentlicht. In seiner Gesellschaftstheorie bringt *Evolution* die zeitliche, *Differenzierung* die sachliche und *Kommunikation* die soziale Sinnhaftigkeit des Gesellschaftssystems zum Ausdruck. Macht ist nach Luhman eine „codegesteuerte Kommunikation", wie Wahrheit, Liebe, Eigentum (Geld). Sie entwickele Vertretungen, zum Beispiel Hierarchien. Zwang stelle nur einen Sonderfall von Macht dar. Ihre Kausalität bestehe in der Aufhebung des Willens der Unterworfenen. Luhman denkt handlungs-, nicht erlebensorientiert. Das Alltagsleben wird in seinen Augen hauptsächlich durch Rechtsmacht bestimmt; sie müsse durch einen Konsens über die Werte legitimisiert werden. Autorität bilde sich aufgrund einer Unterschiedlichkeit der Chancen, die sich auf vorheriges Handeln gründe. Normalerweie finde Macht Gegenmacht vor und reize zum Widerstand. In Organisationen aber erzeuge sie Ohnmacht. Die Bestrebungen, Macht durch die *Human relations-Bewegung,* (simpel ausgedrückt, durch das Bemühen, nett zu einander zu sein), zu ersetzen, wird von ihm negativ beurteilt.

Mit diesen beiden Autoren will ich hier den Beitrag der Systemtheorie zur Klärung der Machtfrage abschließen, weil — wie ich glaube — deutlich genug geworden ist, daß auf dieser theoretischen Basis zwar deskriptive Klarheit, aber für die Praxis kaum Hilfe zur Bewältigung der Machtfrage erwartet werden kann.

Die Fragen, die uns interessieren, sind ja: *Wer* wird *wie* mächtig, ist dies ohne Gewalt und List möglich, kann Macht so kontrolliert werden, daß sie nicht ihre Träger korrumpiert, und wie kann verhindert werden, daß mit ihrer Hilfe die Ohnmächtigen ausgebeutet, ja vernichtet werden?

DIE GESCHICHTLICHEN WURZELN

Da ich im gegebenen Rahmen keinen wissenschaftlichen Anspruch erheben will und kann, sollen hier die unendlich zahlreichen, vor allem literarischen Quellen unseres heutigen Wissens von der Macht nicht diskutiert werden. Ich gehe vielmehr von der persönlichen Erfahrung aus, daß mir selbst die Frage der Macht ganz plötzlich und schmerzhaft bewußt wurde, als mir — ich war ungefähr siebzehn Jahre — zum erstenmal Niccolò Machiavellis *Principe* in die Hand fiel. Bis dahin war Macht für mich ein Inhalt vager Tages- und Wunschträume gewesen — wenn ich einmal „groß und stark" bin, dann werde ich dies und das tun können. Ich muß gestehen, daß diese Phantasien teils gut, teils böse waren, aber jedenfalls sehr irrational.

Plötzlich jedoch fiel ein scharfes, unbarmherziges Licht auf einen Bereich von Lügen, der für mich bis jetzt von (Selbst-)Betrug und Illusionen umnebelt gewesen war. Ich glaubte zu erkennen, wie das Spiel der Mächtigen läuft; daß es kein schönes Spiel ist, daß man es aber (er)kennen muß, um diese Welt zu verstehen. Eine Faszination, die sich bis heute nicht verloren hat, ging von dieser Lektüre aus. Mit den *Discorsi* wurde dann das Bild ein wenig korrigiert. Ich lernte zu verstehen, daß Ethik und Politik nicht aufeinander aufbauen. Will man der Ethik die Priorität geben, dann scheitert man an der politischen Realität; will man erfolgreich Politik machen, dann ist es schwer bis unmöglich, sich an ethische Konzepte zu halten.

Ohne Gewalt und List lasse sich Macht weder erwerben noch erhalten, las ich; sie dränge zwangsläufig zu immer weiterer Ausdehnung. Das Menschenbild Machiavellis ist negativ: Die Erfahrungen der Geschichte zeigten, daß die

Menschen schlecht sind und dazu neigen, stets ihren bösen Tendenzen zu folgen, sobald sie Gelegenheit dazu haben. Wir kennen dieses Menschenbild sehr gut von Freud her, der ähnliche Gedanken ausgedrückt hat.

Letzten Endes wird die Zukunft der Menschheit davon abhängen, ob diese Auffassung richtig ist, oder ob sie durch eine optimistischere verdrängt werden kann; in diesem Buch soll eine solche vertreten werden. Andernfalls kann es dazu kommen, daß in Art einer *selffulfilling prophecy* — einer sich selbst erfüllenden Prophezeiung — (Merton) aus der negativen Erwartung, die man dem anderen gegenüber hegt, durch entsprechendes feed-back eine Spirale bis zur Menschheitskatastrophe entsteht. Rüstung, Nachrüstung, Nachnachrüstung sind die typischen Beispiele dafür. Den Menschen fehlt offenbar die Phantasie, sich eine umgekehrt verlaufende Spirale vorzustellen. Im Augenblick wird diese Möglichkeit nur von den Ohnmächtigen (etwa der Friedensbewegung) erkannt. Sie wird aber, zumindest im Westen, wenigstens artikuliert, und von manchen Medien bis zu einem gewissen Grad propagiert.

In der neuesten Biographie Machiavellis meint Herfried Münzker, daß es drei Antworten auf den Zusammenbruch der Scholastik gegeben habe:
1. Luthers Erneuerung der Augustinischen Geschichtsphilosophie;
2. Descartes ahistorische Methodik und
3. Machiavellis absolute Norm der Selbsterhaltung des Staates und die innere Gesetzmäßigkeit der Geschichte.

Machiavellis Auffassung von der Verbindung zwischen Geschichtsphilosophie und politischen Handlungsanweisungen läßt sich nach Münzkers Meinung etwa so zusammenfassen:
1. Es bestehen ein Geschichtsdeterminismus und eine Konstanz der menschlichen Natur (*necessità*, geschichtsimmanente Notwendigkeit). Hier trifft Machiavelli sich mit Freuds Konservativität der Triebe.

2. Anthropologischer Pessimismus als Rechtfertigung staatlicher Unterdrückung. Die Religion wird als erzieherisches Mittel gegen die Korrumpierbarkeit der Menschen betrachtet. Hier wie an anderen Stellen ist Machiavelli nicht ganz konsequent, da er der Erziehung doch einen Stellenwert zuerkennt, die seinem sonstigen Pessimismus widerspricht. — Wie ja übrigens auch Freud in seinem Kulturpessimismus nicht kosequent geblieben ist, sonst wäre die Psychoanalyse als Therapiemethode gar nicht denkbar gewesen!

3. Verdrängung einer transzendent gegründeten Moral aus der Politik. „Ein Mensch, der immer das Gute möchte, wird zwangsläufig zugrunde gehen inmitten von so vielen Menschen, die nicht gut sind." (S. 251)

„List und Gewalt", mein Münzker, „die Instrumente psychischer Beeinflussung und physischen Zwanges, sind Machiavelli zufolge für die Sicherung der staatlichen Ordnung unentbehrlich" (S. 287). Es ist interessant, daß Machiavelli selbst untadelig moralisch war, und auch hier besteht eine Parallele zu Freud.

4. Unter dem Titel „Willkür und Chance" diskutiert Münzker die Rolle der „Fortuna", des Zufalls, des Glücks, das im politischen Geschehen eine entscheidende Rolle spielt. Das Glück biete aber nur eine Chance (*occasione*), die mutig und risikobereit genützt werden müsse.

5. Dieser Mut (*virtù*) als Inbegriff politischer Energie und Kompetenz ist also ebenfalls nötig.

6. Machiavellis oberstes politisches Ziel ist die Gründung und Stabilisierung des Staates. Hier ist er natürlich ein Kind seiner Zeit. Heute wollen wir eher den Nationalstaat wieder loswerden, weil die technische und gesellschaftliche Entwicklung ihn obsolet gemacht hat (siehe Strotzka, *Fairness, Verantwortung, Fantasie*).

7. Der Zyklus als Machiavellis geschichtsphilosophisches Ordnungsmodell. Machiavelli sieht einen ewigen Kreislauf zwischen Ordnung und Verfall.

Fichte hat in seinem Aufsatz über Machiavelli einen von dessen Gedanken so formuliert: „Denke, konnte man den Menschen zurufen, daß du nichts durch dich selbst seiest, und alles durch Gott, damit du edel und stark werdest in diesem Gedanken; aber wirke, als wenn kein Gott sei, der dir helfen werde, sondern du allein tun müssest wie er dir in der Tat nicht anders helfen will, als wie er schon geholfen hat, als er dich dir selbst gab."

8. Wie in der Krisenlehre der Gegenwart, sieht auch Machiavelli in der Krise (in seinem Fall in derjenigen der Republik Florenz im Jahr 1512) eine Chance und den Ausgangspunkt für eine Erneuerung. Diese konstruktive Auffassung von der Krise zeigt Machiavelli in seiner ganzen Modernität — allerdings ruft er mit Recht nach dem Tapferen (*uomo virtuoso*), der imstande ist, diese Chance zu nützen.

9. Machiavelli sieht in einer „Mischverfassung" die Garantie für politische Stabilität; damit soll der Kreislauf zwischen den verschiedenen Regierungsformen unterbrochen werden. Wie dieses Gleichgewicht zwischen Adel und dem Volk wirklich aussehen sollte, bleibt etwas unklar. Jedenfalls sind die Gesetze Voraussetzung dafür. Wir werden später bei Montesquieu eine reife Lösung kennenlernen. Münzker sieht Machiavellis Verdienst vor allem darin, daß er die wesentliche Frage der Beziehung zwischen Moral und Politik, auf die es bis heute keine wirklich befriedigende Antwort gibt, schonungslos bloßgelegt habe.

Unübersehbar ist die kritische Literatur, die sich gegen diese wesentliche Kränkung, gegen die Störung unserer Illusionen richtet. Besonders charakteristisch ist, daß Friedrich der Große in jungen Jahren in seinem *Anti-Machiavell* (1740) Machiavellis Theorien besonders drastisch verurteilte — um dann später in seiner Realpolitik gerade nach seinen Empfehlungen zu handeln.

René König hat sein Machiavelli-Buch 1941 erstmals veröffentlicht. Ihn faszinierten das ästethische Bild des kühnen Tatmenschen — Cesare Borgia — und die Verherrlichung der Macht als Mittel der Politik. König sieht fast als einziger die verdeckte Ironie bei diesem ersten modernen Politikwissenschaftler und nimmt an, sein Wirklichkeitsbewußtsein sei gestört gewesen. R. Augstein („Der Spiegel", 26, 1980, S. 124) widerspricht ihm diesbezüglich.

Aus der riesigen Literatur pro und contra Machiavelli möchte ich nur noch das faszinierende Buch von Maurice Joly, *Macht und Recht* (1864 anonym erstmals erschienen) erwähnen. Es handelt sich um ein fiktives Gespräch zwischen Machiavelli und Montesquieu in der Unterwelt. Der letztere vertritt das Prinzip der „Gewaltenteilung" (in *L'esprit des lois*, 1748) zwischen Legislative, Jurisdiktion und Exekutive gegen die Willkür der Macht. Machiavelli meint, daß der Klassenwiderspruch zwischen Arm und Reich dadurch nicht aufgehoben werden könne. Er behält in diesem hochinteressanten Diskurs recht, aber Joly meint abschließend: „Das öffentliche Gewissen lebt noch."

Selbstverständlich gehören Fragen der Macht zu den legitimen Untersuchungsaufgaben der Psychologie. Darunter verstehe ich die übliche akademische experimentelle Psychologie ebenso wie die Sozialpsychologie. Für unser Vorhaben scheint es mir sinnvoll, auch Alfred Adler in diesem Zusammenhang zu nennen. Zwar hat die Entwicklung in den Jahrzehnten nach dem Zweiten Weltkrieg eher zu einer Annäherung zwischen Individualpsychologie und Psychoanalyse geführt, aber die Konzeption des „Machttriebes" stammt doch eher aus der Zeit der Abgrenzung der beiden Schulen voneinander und spielt — soweit ich die Szene überblicke — eine geringe Rolle in der jetzigen Situation der Tiefenpsychologie.

Zunächst zur Sozialpsychologie. In dem in Österreich üblichen Lehrbuch der Sozialpsychologie von Werner Herkner, in dem, fast möcht ich sagen charakteristischerweise, weder das Wort Psychoanalyse noch der Name Freud vorkommen, wird Macht wenig diskutiert. (Im Kapitel über Identifizierung wird Parsons zitiert, der Macht als eine wesentliche Voraussetzung dafür ansieht — die einzige Zitierung dieses Autors, der so sehr mit der Psychoanalyse verbunden war.) Macht könne man definieren als „Kontrolle durch Verstärker". Eine mächtige Person verfüge über Verstärker, die sie anderen geben oder vorenthalten könne.

Bei der Frage der Einstellungsänderung durch Kommunikation wird festgestellt, daß mächtige Personen als „Sender" besonders einflußreich seien, allerdings sei die Veränderung meist nicht dauerhaft, eher äußerlich und halte nur, solange der „Empfänger" unter Kontrolle sei und/oder sich Vorteile erhoffe: Es fehle die echte Überzeugung.

Viel ertragreicher ist für uns das Buch von McClelland, *Macht als Motiv*. Der Autor untersuchte mit großem Aufwand die Bedürfnisse nach Macht und Leistung gegenüber dem Bedürfnis nach Anschluß und Hemmung, wobei Macht die Vorstellung sei, Einfluß zu haben.

Machtbedürftige seien durch folgende Eigenschaften charakterisiert: Neigung zu aggressiven Handlungen, machtorientierte Lektüre (es werden der „Playboy" und Sportzeitschriften angeführt), Prestigebesitz; im Sport werde Wettkampfsport bevorzugt, Mitgliedschaft in vielen Organisationen und der Besitz vieler Kreditkarten (!). Natürlich ist das alles auf amerikanische Manager bezogen. Ich erinnere mich aber gut, wie mir einmal ein Bekannter seine Sammlung von Kreditkarten in der Brieftasche zeigte — ich mußte an die Orden an der Brust eines russischen Generals denken — und an das schwer definierbare Unbehagen, das dadurch bei mir hervorgerufen wurde. Erst bei der Lektüre von McCellands Buch wurde mir klar, daß mein Bekannter sein Bedürfnis nach Macht demonstriert hatte.

D. McClelland beschreibt vier Reifestadien der Persönlichkeit:

1. „Es" stärkt mich;
2. *Ich* stärke mich;
3. Ich habe Einfluß auf *andere*;
4. Es drängt mich, meine *Pflicht* zu tun;

Aus dem reichen Material von Anregungen, das McClelland bietet, sei vorläufig nur der Hinweis zitiert, daß charismatische Führer, wie etwa John F. Kennedy, deshalb Erfolg gehabt hätten, weil sie bei ihren Anhängern das Machtmotiv wachriefen („Der Herr wird seinem Volk Macht geben"). Er zitiert auch den Psychoanalytiker H. D. Lasswell, demzufolge Machthandlungen ein defensives Bemühen seien, um Schwäche zu kompensieren. Hier werden wir an Adler erinnert.

Besonders fruchtbringend für unser Thema scheint mir Hans Dieter Schneiders *Sozialpsychologie der Machtbezie-*

hungen. Der Autor zählt folgende Theorien der Macht auf:

1. Lerntheorie (Adams und Romney)
2. Austauschtheorien (Homans, Dahlström)
   „Die Macht einer Person über ihren Partner wird immer größer sein, je mehr Nutzen aus dem Zusammenleben entsteht."
3. Feldtheorie (Lewin)
4. Rollentheorie (Dahrendorf)
   Sie gilt besonders für institutionalisierte Macht. Rolle ist die Summe der Erwartungen der sozialen Umgebung an den Inhaber einer Position.
5. Entscheidungstheorie (Pollard und Mitchell)
   Macht sei letztlich Verfügungsgewalt über Sachen und Personen und ein dynamischer Prozeß. Man müsse zwischen potentiellem Einfluß und aktualisierter Macht unterscheiden.

Schließlich sei noch auf die Einteilung Schneiders in:

1. Macht durch Belohnung
2. Macht durch Zwang
3. Macht durch Sachkenntnis (Information)
4. Macht durch Legitimation
5. Macht durch Attraktivität
6. Macht durch situative Kontrolle

hingewiesen.

Es bestehe weiters eine Tendenz zur Machtausweitung, zur Distanzierung nach unten und die Tendenz, die Distanzierung zum Mächtigeren zu verkleinern.

Überraschend für mich war schließlich das Buch Oswald Neubergers über *Führung*, weil von seiten der Managementwissenschaft viel zur angewandten Machttheorie beigetragen werden kann.

Man könne Führung = Macht

1. personalistisch betrachten, als „Hero-Theory", als Mythos vom Helden und Retter. „Der Führer ist besser und will dein Bestes, also gehorche ihm."

2. Demokratisch, also sozial-dynamisch: „Der Führer ist nur ein wenig besser."
3. Anonym-strukturell: „Der Führer ist eine Marionette des Systems." Führung sei soziales Handeln und habe ideologische, politische und strukturelle Dimensionen.

Man müsse erkennen, von welchem Menschenbild man ausgehe:
1. vom rationalen Menschen (der unglückliche *Homo oeconomicus*);
2. vom sozialen Menschen (wie ihn etwa Mayo in seiner *Human relations*-Bewegung vertritt);
3. vom selbstaktualisierenden Menschen, wie ihn die humanistische Psychologie Maslows annimmt;
4. vom komplexen Menschen als Produkt seiner Umwelt.

M. Maccoby hat vier Managertypen beschrieben, die sich aber auf alle Inhaber von Machtpositionen anwenden lassen:
a) den Fachmann (Experte);
b) den „Dschungelkämpfer", mit Macht und Profit als Ziel (Beispiel Carnegie): „Friß, oder du wirst gefressen";
c) den Firmenmenschen (Whyte, *organisation man* und Fromm, *Marketing Character*);
d) den Spielmacher (den flexibel angepaßten Konkurrenzkämpfer, den „Machertyp").

Bei den Theorien der Subjektivität (Daniels) werden unterschieden:
1. der anale Charakter (E. Fromm), gekennzeichnet durch Ordnungsliebe, Sparsamkeit und Eigensinn;
2. der autoritäre Charakter (Th. Adorno) mit
Konventionalismus,
autoritärer Unterwürfigkeit,
autoritärer Aggressivität,
Anti-Intrazeption (Abwehr von Subjektivem, Phantasie und Sensibilität),
Aberglaube,
Stereotypie,
Machtdenken und Kraftmeierei,

Destruktivität,
Zynismus,
Projektivität,
Überschätzung der Sexualität;
3. der Marketing-Charakter der automatischen Anpassung;
4. der nekrophile Charakter, die Vergötterung der Technik
(E. Fromm)
5. der neue Sozialisationstyp oder narzißtisch-spätkapita-
lische Typ (Ch. Lasch). Er ist charakterisiert durch
Apathie, wobei Aggressions- und Destruktionsentla-
dungen vorkommen, sehr geringe Unlusttoleranz, zer-
fallene Zeitstruktur, Allmachtphantasien, sehr geringe
Beziehungsfähigkeit, Zerstörung der Sprache, Wunsch
nach Selbstfindung und „Nabelschau". Dieser Typ zeigt
eine große Ähnlichkeit mit den sogenannten Borderline-
Fällen, die auch klinisch stark zunehmen. Darunter versteht man Personen, die an der Grenze zwischen Neurose
und Psychose stehend, dem oben beschriebenen Sozialisationstyp ähnlich sind und in der neueren psychoanalytischen Literatur vor allem von Kernberg beschrieben
wurden (siehe weiter unten).
Im Betrieb kann man
Führungsideologie mit dem Über-Ich vergleichen,
eine mitarbeiterorientierte sachliche Betrachtungsweise mit
dem Ich und
eine machiavellistische, intrigante Beziehungspflege mit
dem Es.
Wie stark der Einfluß Machiavellis auch heute noch ist,
zeigt ein viel verwendeter Test, die Machiavellismus-Skala,
die von R. Christie seit den fünfziger Jahren entwickelt
und von Christie und Geis 1970 publiziert wurde. Es wurde
damit eine offenbar recht häufige und wichtige Persönlich-
keitsdisposition erfaßt, die durch folgende Merkmale bestimmt ist (siehe J. Klaprott, B. Six und H. J. Henning *Kurzbericht über eine Machiavellismus-Skala* in B. Cloetta, *Einstellungsänderung durch die Hochschule*, Stuttgart 1975:

1. Affektarme Beziehungen zu anderen Personen. Die emotionale Distanz gestattet es, ohne Rücksicht auf die Interessen und Bedürfnisse anderer, die eigenen Ziele durchzusetzen;
2. geringe Bindung an konventionelle Moralvorstellungen. Nützlichkeitserwägungen haben den Vorrang gegenüber moralischen. Lügen und Hintergehen wird bedenkenlos eingesetzt, wenn die Lage es erfordert;
3. Realitätsangepaßtheit. Man kann auf die Dauer nur Erfolg haben, wenn man sich über andere Personen und die Situation keinen Illusionen hingibt — etwa über Sympathie und Antipathie. Neurotische oder psychotische Personen werden daher im allgemeinen keine Dauererfolge haben; es gibt hier allerdings wichtige Ausnahmen, etwa bei *Hypomanie,* überwertigen Ideen und Fanatismus, wenn die sonstige Realitätsprüfung funktioniert. Wir werden darauf noch zurückkommen.
4. Taktik als Maxime des Handelns. „Das Machbare hat Vorrang vor dem schwer erreichbaren Idealziel". Es besteht eine relativ geringe ideologische Bindung, persönliche Vorteile mit kurzfristigen Planungen stehen im Vordergrund.

Die einzelnen Elemente des Tests sind Zitate aus dem *Principe* und den *Discorsi.* Es gibt Hinweise darauf, daß Personen um so machiavellistischer sind, je mehr sie ihre Eltern so einschätzen; jedenfalls hat diese Haltung mit dem Über-Ich zu tun (Identifikationshypothese).

Die Endform des Tests bei Klapproth, Hennig und Six (S. 195) sieht folgendermaßen aus:
1. Im Umgang mit Menschen ist es am besten, ihnen das zu sagen, was sie hören wollen.
2. Es ist nicht so wichtig, wie man gewinnt, sondern daß man gewinnt.
3. Bescheidenheit ist nicht nur unnützlich, sie ist sogar schädlich.
4. Jeder ist sich selbst der Nächste.

5. Man sollte am Guten solange wie möglich festhalten, aber im Notfall vor dem Schlechten nicht zurückschrecken.

6. Um eine gute Idee durchzusetzen, ist es unwichtig, welche Mittel man anwendet.

7. Sicheres Auftreten ist mehr wert als Empfänglichkeit für Gefühle.

8. Man sollte nur dann den wahren Grund seiner Absichten zeigen, wenn es einem nützt.

9. Wer sich für die Zwecke anderer ausnützen läßt, ohne es zu merken, verdient kein Mitleid.

10. Ein weitgestecktes Ziel kann man nur erreichen, wenn man sich manchmal auch etwas außerhalb des Erlaubten bewegt.

11. In Gesellschaft ist es günstiger, sich der Meinung des jeweiligen Gastgebers anzupassen.

12. Für das eigene Vorwärtskommen muß die Familie manchmal Opfer bringen.

13. Man kann ein Versprechen ruhig brechen, wenn es für einen selbst vorteilhaft ist.

14. Man soll seine Bekanntschaften unter dem Gesichtspunkt auswählen, ob sie einem nützen können.

15. Meistens ist es günstiger, seine wahren Absichten für sich zu behalten.

16. Das Wichtigste im Leben ist, nicht den Anschluß zu verlieren.

17. Wer einem anderen zum Aufstieg verhilft, richtet sich selbst zugrunde.

18. Man muß die Taten der Menschen nach dem Erfolg beurteilen.

(a. a. O., S. 195)

B. Cloetta fand bei seinen Untersuchungen an Lehrern beziehungsweise Pädagogikstudenten, daß Männer machiavellistischer sind als Frauen; bei Mitgliedern von religiösen Gruppen liegen die entsprechenden Werte niedriger. Hoher Machiavellismus verhält sich umgekehrt zu hoher Selbsteinstufung in Religiosität-Idealismus und geht parallel mit reaktiver Aggressivität.

Als ich den Test selbst ausfüllte, ist mir allerdings — wie bei keinem anderen Test — klargeworden, wie leicht wegen der Durchschaubarkeit der Fragen bewußte Täuschung — entweder im Sinne der Anpassung an die erwarteten Werte oder Provokation — möglich ist. Ich bin daher sehr im Zweifel über die Anwendbarkeit.

Cloetta verbindet Machiavellismus mit Konservatismus. Wie gefährlich dann ein solcher Test werden kann, zeigt sich in der Fragestellung seiner Arbeit: „Dürfen Lehrer machiavellistisch und konservativ sein?"

Einleitend zu diesem Kapitel habe ich erwähnt, daß ich Alfred Adler, mit dessen Werk in der Öffentlichkeit der Begriff „Machtstreben" vor allem verbunden ist, nicht zusammen mit den Tiefenpsychologen abhandeln werde, sondern mit den Bewußtseinspsychologen. Ich halte dies deswegen für begründet, weil gerade dieser Aspekt der Individualpsychologie Adlers in einem besonderen Gegensatz zu der Freudschen Psychoanalyse steht. Im weiteren Verlauf der Entwicklung ist übrigens bei den Adlerianern (siehe W. Spiel und E. Ringel) wieder die Sexualität mehr in den Vordergrund gerückt.

Almuth Bruder-Bezzel sieht einen Zusammenhang mit Adlers Biographie. Als zweiter Sohn eines kleinen jüdischen Kaufmanns, als kränklicher Gassenjunge und schlechter Schüler, mußte er seine ganze Energie einsetzen, um den älteren Bruder zu überrunden. Das Gefühl der Minderwertigkeit sei die Grundsituation jedes Kindes (schon wegen der Kleinheit und Schwäche), und die psychische Entwicklung bedeute den Versuch, dieses Gefühl zu überwinden. Bei einer neurotischen Entwicklung werde nun das Minderwertigkeitsgefühl vertieft, es komme zu einer kompensatorischen Gegenwehr, das heißt, zum *Streben nach Macht*. Dieses werde dann zum Motor aller Gedanken, Gefühle und Handlungen. Hier kommt meines Erachtens klar zum Ausdruck, daß

Adler das Machtstreben nicht als primäres Ziel des Menschen betrachtet hat, sondern als eine Abwehr. Er verwickelte sich dann aber in einem Widerspruch, als er den „männlichen Protest" mit dem Willen zur Macht gleichsetzte. Aber auch hier sagt er 1910 eindeutig: „Der Krebsschaden unserer Kultur ist der starke Vorrang der Männlichkeit" („Trotz und Gehorsam", in *Monatshefte für Pädagogik*, 2, 19 , 327). Die Parole „Ich will ein Mann sein" sei die Parole des männlichen und des weiblichen Neurotikers.

Adler sieht diesbezüglich auch einen gesellschaftlichen Zusammenhang: „Die Jahre des Kapitalismus mit seiner entfesselten Gier nach Überwältigung des anderen haben die Raublust in der menschlichen Seele maßlos angefacht. Kein Wunder, daß unser seelisches Gepräge im Bann des Strebens nach Macht steht" („Bolschewismus und Seelenkunde", in *Internationale Rundschau*, 4, 1918, 598).

In dieser klaren Zuordnung des übertriebenen Machtstrebens als neurotische Kompensation bei Adler werden wir allerdings etwas unsicher, wenn wir bei H. und R. Ansbacher lesen, das Gefühl der Lust wurzle in einem Machtgefühl, das der Unlust in einem Gefühl der Ohnmacht.

Der Satz „Je schärfer das Minderwertigkeitsgefühl des Kindes, um so heftiger der Primat des Willens zur Macht" scheint mir aber die Adlersche Haltung doch am eindeutigsten zu repräsentieren. Es ist eine sicher klinisch gut unterbaute Hypothese, wobei nur die Frage offenbleibt, ob es die ganze Wahrheit ist, die damit ausgedrückt wird. So wesentlich ich die Arbeiten der Bewußtseinspsychologie auch halte — meines Erachtens ist erst in der Psychoanalyse (siehe weiter unten) eine Erklärung des Phänomens „Macht" in seiner Komplexität gelungen.

Vielleicht ist jetzt der Zeitpunkt gekommen zu erklären, warum in einer Arbeit, die sich als psychoanalytisch bezeichnet, anderen Wissenschaftsdisziplinen so viel Platz eingeräumt wird. Dies scheint mir in unserem Fall dadurch gerechtfertigt, daß ein so komplexes Phänomen wie Macht von allen Seiten her betrachtet werden muß, um annähernd verstanden, vielleicht sogar erklärt zu werden. Nicht nur Überlappungen, sondern auch Widersprüche kommen vor. So ist mir besonders aufgefallen, daß man vor allem von der Soziologie die bedeutendsten Einsichten hätte erwarten müssen, da Macht ja zweifellos ein gesellschaftliches Phänomen ist. Leider fand ich diese Annahme nicht so sehr bestätigt; um so wichtiger scheint mir also ein pluralistischer Zugang.

Ein Klassiker ist Dieter Claessens *Rolle und Macht*, vor allem weil er die Rollentheorie, die sich anbietet, konsequent einführt. Seine Einstellung ist allerdings recht negativ; Macht wird als Expansionswille um jeden Preis, als gesamtgesellschaftlich dysfunktional, als archaische Kategorie bezeichnet. Macht bedeute weiter, Rollenerwartungen anderer bestimmen und institutionalisieren zu können. Rolle wird dabei als Summe der Verhaltenserwartungen, Status als Summe der Rechte und Pflichten verstanden. Macht als Rollenkriterium sei die Größe des Ermessens- oder Erwartungsspielraumes, verbunden mit der Möglichkeit, sich selbst zu definieren.

A. Hartmann beschreibt in *Machtaspekte in der helfenden Beziehung*, daß Sozialarbeit die Machtverstärkung der Mächtigen vermeiden müsse, was vor allem auch für die Medizin und die Schule gilt.

Nach den Machttypen der Feldtheorie K. Lewins unterscheiden wir: Macht durch

Attraktion,
Belohnung,
Zwang,
Legitimation und
Sachverstand.
Die Vertreter der helfenden Berufe sollten vor allem der zuletzt genannten Kategorie der Experten angehören. French und Raven fügen noch die wichtige Kategorie der Macht durch Information hinzu. Paul Ridder betrachtet Macht als verbindliche Übertragung von Entscheidungen. Macht und Kausalität seien — wie auch Hobbes gemeint hat — identisch.

Obwohl kein Soziologe, muß man hier den Journalisten Karl Bruno Leder anführen, der die interessante Theorie vertritt, Macht sei eine *Gabe der Beherrschten an den Herrscher.* Der Herrscher solle kein anderes Ziel kennen als die Verwirklichung der geheimen Wünsche seines Volkes. Diese bestünden vorwiegend in einer Steigerung des Selbstwertgefühls, der Ehre, der Größe, des Glanzes, wenn eine gewisse Basis des Wohlergehens vorhanden sei. Hier treffen wir auf den Narzißmus-Begriff, der uns noch viel beschäftigen wird. Der Führer sei dementsprechend ausgezeichnet durch Sendungs- und Einzigartigkeitsbewußtsein sowie Selbstüberschätzung. Die Diktatur repräsentiere das Prinzip des Todes. Das Tabu-Zeremoniell des Führers stelle die Rache der Untertanen und Bestrafung für die Erhöhung dar.

Heinrich Popitz schließlich befaßt sich mit den Prozessen der Machtbildung. Er bedient sich als Beispiel der Vermietung von Liegestühlen auf einer Schiffsreise; dabei zeige sich die überlegene Organisationsfähigkeit der Privilegierten, ebenso wie die „Entstehung der Legitimitätsgeltung aus dem Gegenseitigkeitsprinzip". An einem zweiten Beispiel aus einem Kriegsgefangenenlager, wo ein paar der Internierten einen Herd gebaut haben, mit dem sie Macht gewinnen, wird die „produktive Überlegenheit von Solidaritätskernen" nachgewiesen. Es ergebe sich dann eine Staffelung — die Besitzenden, die „Stabsgruppe", und die Parias. So könne sich ein Monopol erhalten. Das dritte Beispiel betrifft eine Resozialisierungsanstalt für Jugendliche, wo ein Machtkern eine Brotumverteilung zu ihren Gunsten durchsetzte. („Die Reproduktion der Macht im System der Umverteilung"). Nur äußere Eingriffe könnten dieses System zerstören, das sich durch die innere Anerkennung der Situation durch die Unterdrückten erhalte. Wir denken dabei an K. B. Leder und an später zu besprechende sadomasochistische Kreisprozesse. Der Ordnungswert der Ordnung (Sicherheit und Dauer) wird zur Basislegitimation. Popitz kommt zu dem Schluß: „Es gibt keine machtsterilen sozialen Prozesse."

Horst Bosetzky nimmt an, daß in den meisten sozialen Systemen die Summe verfügbarer Macht über längere Zeit konstant sei und jemand seine eigene Macht immer nur auf Kosten anderer vergrößern könne. Machiavellismus und Mikropolitik seien besonders interessante Machtvermehrungsstrategien. Bosetzky unterscheidet

positionale Macht (Amtsautorität),

personale Macht (funktional, Sachverstand, Charisma),

geliehene Macht (Delegierung).

Hier taucht erstmals ein wichtiger neuer Gesichtspunkt auf.

Machtpotenzierer verwenden nach Bosetzky vorwiegend folgende fünf Taktiken:

1. Versprechungen und Hilfeleistungen nach dem Gegenseitigkeitsprinzip (Don Corleone aus dem „Paten");
2. Selbstzuschreibung von Macht durch Überreden, Überzeugen, Drohen und Bluffen;
3. Hilfe durch Fremdsysteme (das heißt durch äußere Unterstützung)
4. Hausmachtbildung (Domestiken, Wasserträger);
5. wechselnde Koalitionen mit anderen Machtgruppen.

Als „Mikropolitik" bezeichnet Bosetzky folgende Regieanweisungen Machiavellis zur Erhaltung von Macht:

33

1. Sie wählen ihre Domestiken danach aus, daß ihnen durch deren Auftreten und Können ein hohes Maß an Itelligenz zugesprochen wird.
2. Sie wählen ihre Helfer ferner danach aus, daß diese niemals die eigenen, sondern immer ihre Ziele und Interessen im Auge haben.
3. Sie behandeln ihre „Truppe" freundlich, trennen sich aber sofort von den Helfern, deren Rache sie wegen geringfügiger Kränkungen fürchten müßten.
4. Sie unternehmen alle für ihre Domestiken unangenehmen Schritte schlagartig, während sie Belohnungen nach und nach austeilen.
5. Sie streben danach, bei ihren Domestiken beliebt zu sein, um in den Auseinandersetzungen mit externen und internen Gegnern wirklich über eine geschlossene und schlagkräftige „Truppe" zu verfügen und Verschwörungen gegen sich von vornherein den Wind aus den Segeln zu nehmen.
6. Sie lassen sich niemals einen Rat aufdrängen, sie holen immer selber welchen ein.
7. Sie sind niemals in auffälliger Weise freigebig, sondern nur maßvoll und insoweit, daß sie nicht als geizig gelten können.
8. Sie verlassen sich nicht auf die Loyalitätsbekundungen ihrer Domestiken, die während erfreulicher und krisenloser Zeiten abgegeben werden.
9. Sie statuieren zur Disziplinierung ihrer „Truppe" einige wenige abschreckende Beispiele und verführen nicht durch Milde zu abnehmender Leistung und zu Handlungen, die ihrem Willen entgegenlaufen.

(H. Bosetzky, „Machiavellismus, Machtkumulation und Mikropolitik", in *Zeitschrift für Organisation*, 1977, S. 122 ff.)

In bezug auf die weiteren Punkte und deren Diskussion möchte ich auf das Original verweisen.

Wenn das Wachstum des Machtpotentials stagniere, sei das bereits ein Zeichen des Verfalls. Das beste Mittel, ein Machtsystem zu stürzen, sei das Füttern mit falschen Informationen oder das Vorenthalten von richtigen.

Bosetzky faßte seine Erfahrungen in dem Satz zusammen: „Großorganisationen sind die psychologischen Schlachtfelder unserer Tage."

Hochinteressant für uns ist die Auffassung von Steve Lukes. Es gebe:

1. eine eindimensionale Auffassung von Macht. Hier liege der Fokus bei a) Verhalten, b) Entscheidung, c) Schlüsselproblemen (*key issues*), d) beobachtbarem (offenem) Konflikt, e) subjektiven Interessen als Prioritäten, angezeigt durch politische Partizipation.

2. eine zweidimensionale Machtauffassung, die den reinen Verhaltensfocus kritisiert. Hier konzentriere man sich a) sowohl auf Entscheidungen als auch auf das Nichtentscheiden, b) aktuelle und potentielle Probleme, c) beobachtbare (offene und verdeckte) Konflikte, d) subjektive Interessen, gesehen als Politikpräferenzen oder Beschwerden.

Lukes selbst vertritt

3. eine dreidimensionale Auffassung. Hier liegt das Interesse auf a) Entscheidungsfällen und Kontrolle über Politik (nicht notwendigerweise durch Entscheidungen), b) Problemen oder möglichen Problemen, c) beobachtbaren (offenen oder verdeckten) und latenten Konflikten und d) subjektiven und realen Interessen.

Lukes marxistischer Standpunkt mit der Anerkennung von nicht sichtbaren Dimensionen der Macht ist dem psychoanalytischen nicht sehr fern.

Es wäre in diesem Zusammenhang auch noch Alfredo Pareto (1848—1923) zu ewähnen, weil seine Sozialmechanik — ein Versuch, die Soziologie naturwissenschaftlich zu sehen — ein wenig an die Psychoanalyse erinnert. Als „Residuum" bezeichnet er den konstanten Kern der Antriebe; dies entspricht dem Unbewußten bei Freud: Die begleitenden Sinngebungen und äußeren Formen dieser Antriebe und ihre

Bezeichnung als „Derivationen" sind vielleicht am ehesten mit Abwehrmechanismen, besonders der Rationalisierung, zu vergleichen. Pareto spricht von einer Elite der Tüchtigen und Erfolgreichen. Von dorther stammt auch sein Machtkonzept. Nur mit Gewalt könne eine Elite die Macht erobern und erhalten. Legitimität sei in Wirklichkeit eine mehr oder weniger schlaue Tarnung des Gewaltverhältnisses. Pareto steht mit seiner manchmal etwas komisch wirkenden Theorie (soziale Dynamik als Ausdruck von Oszillationen), sowohl Machiavelli als auch Nietzsche nahe, dem wir uns jetzt zuwenden wollen.

So wie Machiavelli der Historiker der Macht ist und, unbestritten, Adler ihr Psychologe, so ist Nietzsche (1846—1900) ihr Philosoph und, wie wir anschließend sehen werden, Shakespeare ihr Dichter. Nietzsche als Person ist ein im wahrsten Sinne des Wortes klinisches Beispiel für Adlers Theorie der Macht. Er, der aus der Einsicht in unsere Zeit des Nihilismus und der Katastrophe nach der Ermordung Gottes durch uns selbst die gloriose Phantasie des Übermenschen, des Willens zur Macht als Leben an sich, entwickelte, war selbst ein schüchterner, ängstlicher, kranker Mensch, der dies offenbar massiv ausgleichen, überkompensieren mußte. Er tat das aber mit der Größe eines bedeutenden Denkers und Dichters und mit einer enormen kreativen Potenz. Die jüngste Biographie von Werner Ross trägt daher den bezeichnenden Titel *Der ängstliche Adler*. Ein kurzes Zitat möge als charakteristisches Beispiel dienen:

„Auf dem Höhepunkt seines Selbstbewußtseins, seines „Größenwahns", hat er angenommen, die bloße Verkündigung seiner Lehre werde die Gesetzestafeln unserer Zivilisation zusammenstürzen lassen wie einmal die israelitischen Trompeten die Mauern von Jericho. Aber es bebte die Erde nicht, keine Sonne verfinsterte sich, als er in den ersten Januartagen des Jahres 1889 wahnsinnig wurde. Doch große Wirkungen brauchen Zeit. Wie wenige andere trug er dazu bei, das zu zerstören, wonach heute mancher sich zurücksehnt: die ‚Grundwerte'. Er hielt sich für Dynamit, aber Sprengungen sind im Endeffekt Kinderspiele gegen die Langzeitwirkung der Erosion. Er brachte keinen Umsturz zustande, aber das Klima schlug um...

Seine unerbittlichen Unheils-Prophezeiungen halten stand,

seine Visionen übersetzen sich zusehends in Zeitgeschichte, und kleinere Propheten rufen schon ‚Apocalypse now'. Kaum ein Aufsatz, kaum ein Buch, in dem er nicht genannt wird. Auf unheimliche Weise ist er ‚aktuell'. (1980, S. 7 f.)"

Die Nähe der Psychoanalyse zu Nietzsche und umgekehrt ist unwidersprochen. Freud hat Nietzsche zwar sicher erst spät kennengelernt (amüsanterweise waren beide ja mit der gleichen Frau, Lou Andreas-Salomé, wenn auch in verschiedener Weise, eng verbunden) und war deshalb nicht direkt von ihm beeinflußt. Nietzsche hat aber die Gesetze des Unbewußten, die Primärprozesse, die Ambivalenz intuitiv erfaßt und in einer Sprache von großer dichterischer Stärke ausgedrückt und vorweggenommen.

Nach Wiebrecht Ries schwankt die Lehre vom „Willen zur Macht" zwischen Metaphysik und Ästhetik; das Konzept von der „ewigen Wiederkehr des Gleichen" finde in der psychoanalytischen Theorie eine Parallele im Wiederholungszwang. Mit dem „Übermenschen" bezeichnet Nietzsche jene Daseinsform, die trotz radikaler Gottes- und Sinnlosigkeit noch zu leben vermag. Im Zarathustra steht der zentrale Satz: „Wo ich Lebendiges fand, da fand ich Willen zur Macht." Dieser Wille zur Macht „sei die Formel für das Grundgesetz des Werdens, das in einem unaufhörlichen Kampf jedem das Seine zuweise, dem Starken die Herrschaft, dem Schwachen das Sklaventum" (Alfred Bäumler, Nachwort zu Nietzsches *Genealogie der Moral*).

Aus Wiebrecht Ries' Nietzsche-Monographie möchte ich zum Abschluß noch eine Klärung des „Willens zur Macht" im Sinne Nietzsches wiedergeben:

„Die von Nietzsche ebenso verzweifelt wie letzlich vergeblich betriebene ‚Umwertung' aller bisher geglaubten Werte geschieht im Namen des ‚Willens zur Macht'.

Der ‚*Wille zur Macht*' ist bei Nietzsche kein sinnhafter Ich-Wille, sondern der allem Lebendigen innewohnende Grundtrieb, sich als Leben zu behaupten. Der ‚Wille zur Macht' ist selbst kein ‚Wert', sondern die in allen Wertperspektiven zum Ausdruck kommende Tendenz, sich als Wille zur Macht zu erweisen. Wenn nun der ‚Wille zur Macht‘ für Nietzsche jener Grundzug allen Lebens ist, das in jeder seiner Bewegungsphasen sich selber als Macht will, dann ist der ‚Wille zur Macht‘ ein *Kreisgeschehen*, das in jedem Augenblick sein Woher und sein Wohin zugleich ist. Als solches ist der ‚Wille zur Macht‘ der ‚Zirkel ewiger Gleich-Gültigkeit‘ (W. Schulz). Dieses In-sich-Kreisen des ‚Willens zur Macht‘ als ewig sich setzende Selbstaufhebung und ewig sich aufhebende Selbstsetzung bildet als ‚*dionysische* Welt des Ewig-sich-selber-Schaffens, des Ewig-sich-selber-Zerstörens‘ zugleich die mythische Figur des Produktions- und Reproduktionsprozesses des Lebens, seiner libidinösen Ökonomie und Verschwendung.“ (*Nietzsche.* Hannover 1982, S. 110 f.)

Ich glaube, wir haben verstanden, daß Nietzsche — wenn wir ihn in unserer Sprache kommentieren — im „Willen zur Macht“ eine Überlebensstrategie in einer Zeit der Umwertung aller Werte und des Nihilismus versteht, die an sich weder gut noch böse im allgemeinen Sprachgebrauch ist.

Nach Nietzsche ist es schwer, noch einen anderen Philosophen zu zitieren, ich will nur einen als *Antipoden* wählen — Bertrand Russell. In seinem 1938 erschienenen Buch über Macht bezeichnet er den Trieb zur Macht als bewegende Kraft der Geschichte; sie sei innerhalb der Sozialwissenschaften ein ähnlich fundamentales Konzept wie die Energie in der Physik. Russell versucht positive Wege zu zeigen, so fordert er zum Beispiel die Ersetzung der Macht des Zwanges durch die Macht der Überzeugung. Eine (offenbar psychoanalytisch orientierte) Erziehung sowie die Empfehlung, Demokratie und Föderalismus anzustreben, gäben Hoffnung. Russells positivistische und positive Haltung entspricht, wie wir später zeigen werden, eher unserer eigenen Überzeugung als die Katastrophenstimmung bei Nietzsche, wenn sie auch im Vergleich zu dieser flach und banal wirkt.

Macht hat sich immer auch der schönen Künste bedient. Der Mächtige war, mit guten Gründen und wohlberaten, auch ein großer Mäzen; Bauten, Statuen, Bilder, großartig inszenierte Massenaufmärsche und nicht zuletzt die Musik haben entscheidend dazu beigetragen, dem Mächtigen eine (Pseudo-)Identität zu verschaffen. Das Forum Romanum Mussolinis, Hitlers Reichsparteitagsgelände und der Rausch von Farben und Licht, der dort veranstaltet wurde, die neue Reichskanzlei, die sowjetischen Kulturpaläste (übrigens die traurigste Manifestation von Macht der Neuzeit), überhaupt der historische Realismus in den Oststaaten sind lebendige Beispiele dessen, was hier zu sagen ist.

Symbole der Macht sind das Liktorenbündel der Faschisten, die Standarten der Nazi-Verbände mit den osmanischen Roßschweifen (!), vor allem die Fahnenwälder, aber auch die Kathedralen und Paläste. Daß jetzt Krankenhausbauten diese Rolle übernommen haben (wie zum Beispiel das Karolinska-Institut in Stockholm, das Allgemeine Krankenhaus in Wien und die Aachener Kliniken) sind nur Degenerationserscheinungen der gleichen Tradition.

Mit ganz leichten Veränderungen könnte die Massenhysterie, die von den Beatles und den Rolling Stones ausgegangen ist, auch für politische Zwecke verfremdet werden. Die Hymne der italienischen Faschisten, die „Giovinezza", und das Horst-Wessel-Lied haben gezeigt, wie leicht das möglich ist.

Ich habe auch nie verstanden, daß Kollaborateure wie Speer und Breker sich der Verantwortung entziehen konnten; sie stehen in der vordersten Front der Volksverführer mit ihren (pseudo)ästhetischen Mitteln. Und es ist ein tragisches

Bild, wie die Scheinwerfer-Lichtdome der Parteitagsinszenierung in Nürnberg ihre makabre Fortsetzung in der Luftabwehr des zweiten Weltkrieges gefunden haben. Tod und Schönheit hatten immer schon, wie etwa der Grünewald-Altar in Colmar zeigt, ein bedenkliches Naheverhältnis.

Es besteht kein Zweifel, daß die Literatur in der Verherrlichung, Abbildung und Verdammung der Macht eine entscheidende Rolle gespielt hat. Aus der ungeheuren Fülle möglicher Assoziationen ragen in diesem Zusammenhang aber wohl unbestritten Shakespeares Königsdramen heraus. Sie sollen daher exemplarisch unser Führer durch das Chaos der Macht sein.

Shakespeare geht in seinen zehn Königsdramen mit der historischen Wahrheit recht frei um. In „König Johann" scheitert ein verbrecherischer, wenn auch nicht ganz unsympathischer Usurpator an seinem Geschick, wohl weil ihm die Legitimität fehlt. „Eine Fülle von Bildern der Gewalttätigkeit, der Vergewaltigung, der Unzucht und Krankheit heben das Bild eines Staatskörpers ins Bewußtsein, der durch die Schuld Johanns dahinsiecht und der erst nach dessen Tod durch Prinz Heinrich, den legitimen Nachfolger, wieder zur Genesung geführt wird." (Wolfgang Weiß in W. Habicht et al., *Shakespeare-Kommentar*, 1972, S. 84)

Wieder ist es das Glücksrad, das dann Richard II. stürzt, der zwar legitim an die Macht gelangte, diese aber durch rücksichtslose Ausbeutung mißbraucht. Sein Rivale Bolingbroke ist zwar ein Meister der Politik, ihm fehlt es aber wieder an Legitimität. „Im dramatischen Ablauf treten an Richards Charakter drei beherrschende Grundzüge hervor: die vom Glanz seines Königtums geblendete Selbstbezogenheit, die ihn in einer Scheinwelt gefangenhält, ein lähmender Zug grüblerischer Reflexion, die ständig um die eigene Person kreist, und die Neigung zur theatralischen Selbstdarstellung." (a. a. O., S. 87) Natürlich wird hier, wie in allen Königsdramen, der politische Mord fast als eine Selbstverständlichkeit dargestellt.

„Heinrich IV." ist ein alternder Usurpator, dem, schuldig geworden, die Befriedung Englands nicht recht gelingt. Die beiden Teile des Stücks sind aber auch eine Entwicklungsstory des Sohnes, des späteren Heinrich V., der eine Zeitlang unter dem Einfluß des völlig amoralischen feisten Falstaff — einer Mischung aus Mephisto und Sancho Pansa — steht. Heinrich V. distanziert sich nach der Krönung von seinem Verführer. „Heinrich V." hat man sowohl als chauvinistisches Kriegsdrama, als auch ein Tendenzstück, das die Sinnlosigkeit des Kriegs verdeutlichen soll, gedeutet.

In den drei Teilen von „Heinrich VI." geht es weniger um eine Person, als um den Sturz ganz Englands in Zwietracht und Chaos. Verhängnisvolle Rollen spielen darin auch zwei Frauen, Jeanne d'Arc und Margareta, die Frau des schwachen Heinrich VI. Richard Gloster, der spätere Richard III., eine wichtige Teufelsfigur, tritt bereits hervor.

„Während die anderen Figuren kaum Profil gewinnen, sondern eher als Verkörperungen von Lastern fungieren, wie sie in den Moralitätenstücken auftraten, erscheint Richard durch seine grausame Ironie und seinen grimmigen Humor, mit dem er fast genießerisch seine Morde vollführt, um sich den Weg zur Macht zu bahnen, als die am schärfsten durchgezeichnete Gestalt. Heinrich VI., dem meist nur noch die Rolle des entsetzten Zuschauers bei den angehäuften Greueltaten bleibt und der von der Ruhe des Schäferdaseins träumt, wird in seiner Kraftlosigkeit zum Sinnbild vergeblicher Friedenshoffnungen. In einer symbolischen Szene, bei der der König Zeuge wird, wie Vater und Sohn gegeneinander kämpfen und sich gegenseitig erschlagen, wird deutlich, wie unter seiner schwachen Herrschaft auch die letzten menschlichen Bindungen zerreißen und damit das Land endgültig dem Chaos preisgegeben ist. Die heimtückische Ermordung Heinrichs VI. durch Richard beendet die Trilogie und leitet im Schlußwort Richards zum nächsten Drama der Tetralogie über." (a. a. O., S. 98). In dem nun folgenden Drama ist er „sowohl die Gestalt gewordene Schuld Englands und auf dem Thron Sinnbild der pervertierten Ordnung als auch ein von der göttlichen Vorsehung zugelassenes Werkzeug zur Bestrafung Englands, denn mit Ausnahme der jungen Prinzen sind Richards Opfer selbst in Schuld verstrickt und empfangen aus seiner Hand die gerechte Strafe ... In Richards Zynismus, mit dem er die Macht einsetzt, und in der berechnenden Klugheit seiner Menschenbehandlung haben die pseudomachiavellistischen Strömungen ihre prägenden Spuren hinterlassen." (a. a. O., S. 100)

Hier handelt es sich um eine meisterhafte Darstellung des Bösen, der Heuchelei und Brutalität, einmalig in der Geschichte der Literatur. Von diesem Krüppel geht ein ästhetischer Reiz aus, dem man sich schwer entziehen kann.

„Heinrich VIII." ist eher ein Festspiel, in dem Versöhnung und Hoffnung im Vordergrund stehen — übrigens im Gegensatz zu dem geschichtlichen Bild, das wir von diesem Frauenhelden und -mörder haben.

Shakespeares „Spiel der Mächtigen" ist also voll von Mord und Greuel, Habsucht und Betrug, befaßt sich aber auch immer wieder mit dem Legitimitätsprinzip, das damals natürlich noch ein dynastisches sein mußte. Ein weiteres klassisches Drama des Mißbrauches der Macht, „Macbeth", will ich nur in Parenthese erwähnen, ebenso „Hamlet", in dem der Ödipuskomplex fast noch schärfer zum Ausdruck kommt als im antiken Ödipusdrama. Schließlich möchte ich wenigstens einen kurzen Absatz meinem Lieblingsdrama „Lear" widmen. Es ist die Tragödie des machtlos Gewordenen, der dem Wahnsinn verfällt: „Das Wirken des Bösen hat Shakespeare kaum je so tiefgreifend gestaltet wie in *König Lear*. Doch das Böse ist hier ebensowenig ein Absolutes wie das Gute. Es wirkt in vielerlei Gestalt: als animalische Triebhaftigkeit und Machtgierde bei Regan und Goneril, als intellektueller Atheismus bei Edmund. Weltanschauungen treffen aufeinander — verschiedene Auffassungen und Haltungen dem Königstum, den Göttern, der Gerechtigkeit, der Urteilskraft gegenüber. Das Wort ‚Natur' etwa, ein Schlüsselwort, tritt mit immer wieder anderem Sinn entgegen. Für Gloster und Lear ist ‚Natur‘ die menschliche und gesellschaftliche Ordnung; für Edmund ist die ‚Natur‘, seine Göttin, ein renaissancehaftes Titanentum. In den Heideszenen manifestiert die Natur selbst im Aufruhr der Elemente ihre Macht. In seinen begrifflichen Spannungen (vgl. auch den Begriff ‚Torheit‘ und die Rolle des Narren) wirkt dieses Drama ebenso wie durch die nuancierte sprachliche und szenische Verbildlichung des Begrifflichen." (a. a. O., S. 139)

Mit dem Schlagwort „Wahnsinn" und der Ähnlichkeit zwischen Falstaff und Sancho Pansa sind wir bei dem zweiten Kronzeugen in der Literatur: Cervantes' „Don Quichote". Während die Gültigkeit Shakespeares in diesem Zusammenhang unbestreitbar sein dürfte, muß diese Wahl wohl verteidigt werden. Ich sehe im Quichote die Tragik eines alten Mannes, der, verführt durch die lebenslange Lektüre von Ritterromanen (Medieneinfluß!), sich mit deren Helden identifiziert, in einem daraus resultierenden Wahn deren Leben zu realisieren versucht und tragisch-komisch daran scheitert. Macht ist ja nicht nur die faktische Ausübung von Einfluß auf andere, sondern auch die Vortellung, dies tun zu können und sich das Prestige eines Helden zuzuschreiben. Wie lächerlich dies werden kann — verstärkt noch durch die komische Figur des Sancho Pansa, der das Realitätsprinzip im Gegensatz zur Phantasterei seines Herrn vertritt —, hat die Welt bis heute tief beeindruckt. Daß der junge Freud Spanisch gelernt hat, um Cervantes im Original lesen zu können, zeigt, wie stark die Faszination dieses Werkes auf ihn (und viele andere) wirkte. Hier wird Macht in einer einmaligen Weise ironisiert und in einer liebenswerten, phantastischen Verkörperung in Frage gestellt.

Es war daher nur logisch, daß diesem Thema beim 33. Internationalen Kongreß für Psychoanalyse in Madrid 1983 zwei große Vorträge gewidmet wurden. Joseph Bea und Victor Hernandez stellten darin folgendes fest: „Cervantes hat einen ‚Held‘ geschaffen, den er auf humorvolle und tragikomische Weise behandelt, einen Helden, der regressiv aus einem ungelösten Ödipuskonflikt hervorgeht, mit den Zügen eines grandiosen Selbst und dem Bedürfnis, das projizierte Bild wiederherzustellen, wobei er die Realität entstellt, jedoch gleichzeitig gezwungen ist, sie langsam wahrzunehmen." Der Machtbezug wurde dabei nicht direkt behandelt; wir glauben aber, in Don Quichote alle jene wiederzuerkennen, die unter dem Einfluß des „Westerns" und der Kriminalromane verführt sind, Probleme mit dem Revolver zu lösen oder durch Identifikation mit Sporthelden — schilaufen wie Franz Klammer und Autofahren wie Niki Lauda zu müssen; allerdings am falschen Platz, ohne das Können dieser „Helden". Daß aber fast alle diese Menschen Macht ausüben, obwohl sie Ritter von der traurigen Gestalt sind, kann nicht bestritten werden. Oft kommt die Gewalt in unserer Zeit von solchen Typen, hinter der Fassade des Helden verbergen sich Angst, Kleinmut und geistige Armut. Man denkt an die „Banalität des Bösen" (Hannah Arendt). Oft wird das Schwanken zwischen Selbstüberschätzung und tiefem Minderwertigkeitsgefühl nicht einmal bewußt, was letztlich zu einer Katastrophe führen kann und leider nur selten zu einer Reifung; öfter allerdings wirkt es bloß komisch.

Das grandiose Selbst des Narzißmus, mit dem wir uns gleich befassen werden, verleitet zum illusionären Verkennen und zur Leugnung von Versagen und Scheitern.

Bei keinem anderen Kapitel empfinde ich es so schmerzlich, daß der Rahmen dieses Essays es mir nicht gestattet, mich ausführlicher über ein einzelnes Thema zu verbreiten. Angefangen von den Epen Homers über die antike Tragödie und Komödie bis herauf zu den Werken zeitgenössischer polnischer, ungarischer und vor allem tschechischer Autoren wäre eine solche Fülle eindrucksvoller Darstellungen der Macht und ihres Mißbrauchs zu diskutieren, daß viele Bände nicht ausreichen würden.

Vom Standpunkt der Psychoanalyse interessant an allen

diesen Werken ist insbesondere die Ambivalenz des Strebens nach Macht, die Angst und Abscheu vor ihr und ihren Konsequenzen, die immer wieder zum Vorschein kommen. Psychoanalytiker haben sich stets für die Fantasien ihrer Patienten interessiert; es handelt sich dabei um Probedenken, wobei sich unbewußte Wünsche und Ängste manifestieren. Auch die Künstler aller Sparten arbeiten mit diesen Fantasien. Wir erkennen sie in der Musik, in der bildenden Kunst und vor allem in der Literatur wieder. Das Thema der Macht taucht darin immer wieder und häufig auf. Ich erwähne hier nur so disparate Dinge wie die Pyramiden — Demonstrationen von Macht und Tod; die neuen mexikanischen Fresken; Picassos Guernica; oder auch Militärmusik, wie den Hohenfriedberger Marsch; oder, auf literarischem Gebiet, Peter Weiß' *Die Ästhetik des Widerstandes.*

PSYCHOANALYSE

Es war vom ersten Moment der Planung dieses Buches an meine Absicht, das Phänomen der Macht vorwiegend vom Standpunkt psychoanalytischer Erfahrung und Theorie aus zu behandeln. Das ist nicht nur verständlich, sondern auch zwingend, wenn der Autor über Jahrzehnte als Psychotherapeut auf der Basis dieser Verhaltenswissenschaft gearbeitet hat. Da jedoch der Sprachgebrauch nicht nur für den Außenstehenden recht verwirrend ist, müssen aber wohl zuerst die Begriffe, die ich hier verwende, definiert werden; ferner möchte ich auch auf das Vokabular im Anhang verweisen!

Unter Psychoanalyse als psychotherapeutische Praxis verstehe ich, relativ unabhängig vom Setting (das heißt liegend oder sitzend, einmal oder viermal in der Woche), jede Psychotherapie, die, auf einem Arbeitsbündnis beruhend, freie Assoziation beim Patienten, Deutung beim Therapeuten verwendet, Widerstand, Übertragung und Gegenübertragung berücksichtigt, und die bestrebt ist, Unbewußtes bewußt zu machen in einer spezifischen, emotionellen Atmosphäre, der sogenannten Übertragungsneurose.

Andere Psychotherapiemethoden werden von mir — zusätzlich zu der jeweils eigenen Theorie — vom Standpunkt der psychoanalytischen Theorie interpretiert: so zum Beispiel die Suggestion als gelenkte Regression, die Verhaltenstherapie als kognitive Dressur mit Verleugnung des Unbewußten, die Gesprächstherapie als Lebensberatung auf der Basis der Grundlagen jeder therapeutischen Beziehung, wie Respekt vor dem und wertfreie Akzeptierung des Patienten, Einfühlung in seine Gesamtpersönlichkeit und -lage, Echtheit dieser Haltung sowie indirektive Beratung, das heißt Vermeidung des Aufoktroyierens der Meinungen und Haltungen des Therapeuten. Die Anwendung psychoanalytischer Konzepte auf Gruppen und Familien halte ich ebenfalls für legitim.

Was die psychoanalytische Theorie betrifft, so vertrete ich etwa die ich-psychologische „Struktur" darin (David Rappaport) mit der zusätzlichen Einführung von Varianten aus der Theorie der frühen Objektbeziehungen, etwa nach W. R. Fairbairn, D. W. Winnicott, O. F. Kernberg und Walter Toman, der es zum Beispiel vorzieht, von Motivationen statt von Trieben zu reden.

Ich halte es für falsch und gefährlich, das geniale Werk Freuds als Offenbarung aufzufassen und nur eine exegetische Bearbeitung („Was hat er eigentlich gemeint?") als legitim zu betrachten. Dies widerspricht auch Freuds Geist, der immer eigene klinische Erfahrungen und solche von — allerdings von ihm akzeptierten — Schülern zu weiteren Modifikationen seiner Theorie verwendet hat.

Die Psychoanalyse wird als Verhaltenswissenschaft verstanden, die sich zum Teil nach den allgemeinen Regeln der Falsifikation (Popper) überprüfen läßt, wie etwa bei der bestimmenden Rolle der frühen Kindheit, der Sexualität, der Entwicklungsphasen, bei der Theorie des Traumes, der Primärprozesse und der Persönlichkeitsinstanzen. Sie ist zu einem wesentlichen Teil aber auch eine hermeneutische, eine verstehende Wissenschaft, wie auch die Geschichte, und ist dabei offen für Spekulationen und Fantasien. Andere Psychoanalytiker können aber dann in ihrer Arbeit die Resultate dieser Spekulationen klinisch überprüfen. Allerdings machen Phänomene wie das der Ambivalenz — daß gegenüber einem Objekt verschiedenartigste Gefühle und Einstellungen gleichzeitig bestehen können — und der Überdetermination — daß eine Handlung aus verschiedenen Motivationen entsteht, die wiederum in verschiedenem Ausmaß unbewußt sind — eine „wissenschaftliche" Überprüfung, vor allem mit linearen Modellen, natürlich weitgehend unmöglich.

Für denjenigen, dem diese komplizierte Betrachtungsweise nicht vertraut ist, dürfte das Publikationsbild der Psychoanalyse ziemlich grausig erscheinen; auch mir selbst geht es oft so, doch werden meine Bedenken durch das Wissen gemildert, daß häufig sogar die absurdeste Fantasie Denkanregungen bietet, die bei Überprüfung innovativ wirken können.

Jedenfalls schien mir dieses komplexe, unvollkommene und sich ständig wandelnde Theoriesystem, mit dem ich seit Jahrzehnten vertraut bin und nach dem ich meine therapeutische Arbeit ausrichte, trotz all seiner Schwächen, derzeit doch das weitaus beste zu sein, um „normales Verhalten" und Psychopathologie zu verstehen.

Ich erwarte mir daher davon auch eine wesentliche Hilfe bei der Beantwortung der Frage, *wer, warum, wann* und *wie* mächtig oder ohnmächtig wird, das heißt, welches sind die Bedingungen, unter denen man Macht gewinnt, beziehungsweise verliert. Aber auch die Rolle der Macht in Interaktionen sollte von der Psychoanalyse wenigstens teilweise zu definieren sein, daher dehnen wir ja unsere Beobachtungen auch auf Gruppen, Familien und Institutionen aus.

Die psychoanalytische Literatur über das Macht-Problem ist überraschend spärlich. Es mag dies damit zusammenhängen, daß weit eher die Opfer der Mächtigen in Therapie kommen — die Angehörigen, also vor allem Frauen und Kinder, aber auch Mitarbeiter und Untergebene. Das Bild, das dabei entsteht, ist durch diese Perspektive natürlich verzerrt; die Erfahrung, vor allem aus der Paar- und Familientherapie lehrt uns, daß allzu leicht Sündenbock-Rollen konstruiert werden können, wenn man die persönliche Stellungnahme aller Betroffenen nicht genauestens kennt.

Im übrigen wird es höchste Zeit, uns Klarheit darüber zu verschaffen, wen wir denn überhaupt als Mächtigen betrachten wollen?

Den Familientyrann einer Kleinfamilie?

Den Patriarchen einer Großfamilie, soweit es sie noch gibt?

Den Lehrer vom Typ des Kupfer in Friedrich Torbergs *Schüler Gerber*, oder nur den Direktor, Inspektor, Landesschulrat oder Unterrichtsminister?

Den Gewerbetreibenden mit wenigen Arbeitern und Angestellten oder nur den Industriellen, der ein Industrie-Imperium oder Großhandelsunternehmen leitet?

Den Anführer eine jugendlichen Rockerbande oder nur den „Paten" einer Mafiaorganisation?

Den einzelnen Polizisten oder nur den Polizeichef?

Bei den Politikern schon den Bürgermeister eines Dorfes oder erst Regierungsmitglieder?

Den Betriebsrat oder erst den Gewerkschaftschef oder ganz einfach nur den „Reichen", wie es der Marxismus sehr vereinfachend zu tun pflegt?

Jeden Arzt, der mit seiner Kenntnis oder Unwissenheit, Aufmerksamkeit und Risikobereitschaft oder Vorsicht immer wieder über Tod und Leben zu entscheiden hat, oder erst den Universitätsprofessor? Wenn auch durch Umstrukturierung der Universität die „Macht der Ordinarien" weitgehend gebrochen ist, entscheidet doch schon allein der Prüfungsstil in der jeweiligen Situation oft über einen ganzen Lebenslauf.

Ist der einzelne Pfarrer mächtig, oder erst der Kardinal oder gar nur der Papst?

Sind erfolgreiche Sportler, Künstler der ernsten und Unterhaltungsmusik, Literaten, Journalisten in Massenmedien mächtig? Bei den Zeitungsleuten kann kein Zweifel darüber bestehen; sie können andere aufbauen oder zerstören. Nixon wurde durch die „Washington Post" zur Abdankung gezwungen, und ein Wiener Boulevardblatt stürzte einen Wiener Bürgermeister — es ließ ihn über siebzehn gefällte Bäume stolpern auf einem Platz, auf dem mehr als genug andere standen.

Offenbar sind bei der Entscheidung, wer als mächtig betrachtet wird, der jeweilige Standpunkt des Beurteilers ausschlaggebend und die Gruppe, auf die er sich bezieht. Handelt es sich bei Interaktionen, wie zum Beispiel bei einer Psychoanalyse, um die Frau und die Kinder eines sadistischen, brutalen Familientyrannen, dann ist dieser Mann zweifellos mächtig. Vom Niveau seines Vorgesetzten aus gesehen, sei es auch nur ein Vorarbeiter oder ein kleiner Bürochef —, ist derselbe Mensch vielleicht nur ein ohnmächtiges, unterwürfiges Nichts. Wenn wir das aber wissen, verstehen wir sein überkompensierendes Machtbedürfnis in der Familie besser und können leichter damit umgehen.

Noch komplizierter wird es allerdings, wenn wir „verdeckte" Macht und die „Macht der Ohnmächtigen" in unsere Überlegungen einbeziehen. Macht kann von beiden Seiten, von oben und unten, verdrängt und verleugnet werden und trotzdem vorhanden und wirksam sein.

Die indirekte Macht, die Kranke und Behinderte auf ihre Umgebung ausüben, ist oft ganz erheblich. Man denke etwa an die alte Mutter, die ihr Kind ein ganzes Leben lang nicht aus der symbiotischen Bindung entläßt und ihm eine selbständige Existenz unmöglich macht. Oder die hysterische Frau, die Mann und Kinder mit ihren Anfällen und Selbstmorddrohungen tyrannisiert; weiters die Schulklasse oder Arbeitsgruppe, die allein durch passive Resistenz nicht nur Lehrer und Vorgesetzte zum Wahnsinn treiben kann, sondern auch die Produktion, worin diese auch bestehen mag, auf ein Minimum reduzieren. Die Macht von Kindern über ihre Eltern, von Patienten über ihre Ärzte wird ebenfalls oft verleugnet.

Diese Überlegungen zeigen deutlich, daß „Macht" nicht allgemein definiert werden kann, wenn es sich um konkrete Personen und Situationen handelt. Auch wenn nur eine Person oder eine Kleingruppe betroffen und der „Mächtige" seinerseits gegenüber anderen Personen oder Institutionen jämmerlich machtlos ist, muß er von unserem Standpunkt aus ernst genommen und untersucht werden.

Ja, in Wirklichkeit scheint es überhaupt keinen Mächtigen zu geben, so hoch er auch immer stehen mag, der nicht seinerseits von seiner Frau oder Freundin, von seinen Beratern, „grauen Eminenzen", einer Interessentengruppe, Geheimpolizei, Lobbies, seinem Kammerdiener, oder von wem immer, abhängig ist und beherrscht wird. Nur wird das meist sorgfältig verheimlicht. So ergeben sich Kreisprozesse von Macht und Ohnmacht, die oft schwer überschaubar sind!

Nach dieser kurzen Einleitung, die umreißen sollte, was hier unter Psychoanalyse, sowohl als Behandlung (Praxis), wie auch als Theorie verstanden wird, ergibt sich, daß das Verhältnis beider einen Kreisprozeß darstellt. Aus der klinischen Praxis werden Hypothesen abgeleitet, die ihrerseits wieder die Praxis beeinflussen.

In bezug auf die Person des Mächtigen mußten wir einen relativen Standpunkt einnehmen. Interessiert uns die Interaktion zwischen Polizist und Angehaltenem, dann ist der Polizist der Mächtige, so ohnmächtig er auch als kleines Rädchen im Polizeiapparat sein mag. Nicht nur wegen der Strategien, die man ihm gegenüber anwenden kann und soll, ist es wichtig, um solche weiteren Zusammenhänge zu wissen.

Warum ist nun die psychoanalytische Literatur über die „Macht" so spärlich? Wir haben schon erwähnt, daß wir „wirklich" Mächtige in einer Psychoanalyse selten sehen. In den letzten beiden Dezennien tauchten sie zwar weitaus häufiger in unseren Praxen auf, aber sie suchen fast nie eine Behandlung, die ihnen selbst zu einer Veränderung verhilft; in der Regel möchten sie vielmehr Verbündete gewinnen, die Frau, Kinder und andere Abhängige so verändern sollen, wie sie selbst es wünschen, wenn ihre eigenen Bemühungen vergeblich waren.

J. Cremerius, S. O. Hoffmann und W. Trimborn bringen in ihrer wichtigen Publikation *Psychoanalyse, Über-Ich und soziale Schicht* sowohl Fallmaterial wie auch grundsätzliche Überlegungen zu dieser Frage, die sich völlig mit meiner eigenen Erfahrung decken. Zwar haben die Autoren die Macht nicht in den Mittelpunkt ihrer Erwägungen gestellt, bewegen sich aber am Rande unseres Themas.

1. Reiche und Mächtige kommen deshalb nicht in Analyse, weil sie agieren statt zu erkranken, das heißt, sie haben die Möglichkeit, ihre neurotischen Triebbedürfnisse auszuleben, indem sie ihre Umgebung gestalten.

2. Ähnlich ist der Mechanismus, wenn es gelingt, die eigene Psychopathologie, den eigenen seelischen Defekt, so in der Gesellschaft unterzubringen, daß sie darin eine Funktion erfüllen.

3. Schließlich weichen jene Mächtige der Analyse aus, denen eine weitgehende Rollenidentifikation gelungen ist.

In der ersten Gruppe finden wir vor allem trostsuchende Opfer. Zur zweiten ist zum Beispiel Argelanders berühmter Fall „Der Flieger" zu rechnen. Es handelt sich um einen narzißtischen Charakter; statt Liebe verschafft er sich Bewunderung und Erfolg.

Die dritte Gruppe umfaßt Patienten, die in eine vorgegebene Rolle hineinwachsen — wie Bauern, die den Hof übergeben und übernehmen; diese Rollenidentität ist meist so stark, daß sie nicht veränderbar ist, auch wenn sich erhebliches Leid damit verknüpft.

Ch. W. Wahl, der viel Prominenz behandelte, hat darauf hingewiesen, daß zahlreiche dieser Therapien an der Gegenübertragung oder dem Mangel daran zu scheitern pflegen: Entweder ist der Therapeut geblendet (etwa von der Filmschauspielerin, die er behandelt), oder verärgert über den Aufsteiger und die rücksichtslosen Methoden, die dieser angewendet hat. Der Analytiker wird vom Patienten als käuflich und manipulierbar angesehen, so wie alle anderen Menschen.

Ich selbst bin der Überzeugung, daß Macht am adäquatesten mit Narzißmus erklärt werden kann. Zweifellos ist die Ansicht, daß sie ein Über-Ich oder Ich-Ideal-Phänomen ist, nicht falsch, aber diese Definition trifft vorwiegend auf jene

Personen zu, die aufgrund einer Identifikation mit dem Vater mächtig geworden sind. Auch die Auffassung, daß auf allen Ebenen die Libidofixierung Macht entstehen kann, ist nicht unrichtig. (Zum Phänomen der Libidofixierung: Die psychosexuelle Entwicklung umfaßt drei wesentliche Phasen; zuerst auf den Mund konzentriert — oral —, dann auf die Ausscheidung — anal —, und schließlich folgt die Zeit, in der die sozialen Geschlechterrollen erlernt werden und in der typischerweise eine Anziehung zum andersgeschlechtlichen und Rivalität zum gleichgeschlechtlichen Elternteil besteht, die sogenannte ödipale Phase. Durch irgendwelche innere oder äußere Störungen oder Belastungen kann nun diese Entwicklung entweder stagnieren oder auf eine frühere Stufe zurückgehen, was als „Regression" bezeichnet wird; dort, auf dieser Stufe, kommt es also zur Libidofixierung, wobei Freud die psychosexuelle Energie „Libido" nennt.)

Orale Macht entsteht aus der Introjektion früher Vorbilder, aber es bleibt eine charakteristische Abhängigkeit von Zufuhren und Anlehnungsbedürfnis. Anale Macht entspringt aus anal-sadistischen Motiven und ist durch ihre enge Bindung an Gewalt besonders gefährlich. Genitale Macht schließlich entstammt dem Ödipuskomplex und ist die reifste Form, zumal wenn sie mit gewissen Über-Ich-Bremsen ausgestattet ist.

In Anbetracht all dieser Entwicklungsmöglichkeiten hat der Narzißmus eine ganz besondere Bedeutung. Man kann versuchen, dieses theoretische Problem sehr vereinfacht darzustellen. Danach bezeichnet man Menschen als narzißtisch, die kaum Beziehung zu anderen Objekten (Menschen, Dingen, Ideen) haben, deren Selbstwertgefühl meist übersteigert ist und die wie der Jüngling Narziß, der sich in sein Spiegelbild verliebte, nur ihr Selbst libidinös besetzt haben. Die Selbstüberschätzung ist aber nicht stabil; da solche Menschen sehr leicht zu kränken sind, kann das Selbstwertgefühl bald wieder bis zum Nullpunkt abfallen.

Es gibt narzißtische Menschen, die sehr leistungsfähig

sind, aber auch solche, die immer versagen. Die für sie typische sexuelle Betätigung ist die Onanie, auch wenn sie mit einem Partner, scheinbar wie eine echte Beziehung, ausgeübt wird. Die Wurzel der Machtbeziehung bei diesen Menschen liegt in den kindlichen *Allmachtfantasien,* die aufgrund irgendwelcher Entwicklungshemmungen, die verschiedenster Art sein können, nicht aufgegeben wurden; das heißt, das Realitätsprinzip vermochte sich bei ihnen nicht durchzusetzen.

Die mangelnde Beziehungsfähigkeit bedeutet, daß natürlich auch die Übertragungsfähigkeit sehr gering ist und daß auch belastungsfähige Therapiebeziehungen nicht entstehen können. Man nimmt an, daß die Zunahme dieser Störungen in den letzten Jahrzehnten damit zusammenhängt, daß die personalen Beziehungen zwischen den Generationen abgenommen haben und daß die Sozialisationsprozesse nicht mehr von den Eltern in einer liebenden-personalen Beziehung gesteuert werden (Bronfenbrenner). Die Sozialisationsaufgabe ist vom Fernsehgerät, der Schule, dem Heimcomputer, der Interessensgruppe, dem Verein oder der Gruppe übernommen worden. Wenn Geräte und Institutionen überwiegen, dann entsteht eine unpersönliche Maschinenexistenz, die keine altruistischen Rücksichten mehr kennt und nur noch die eigenen Interessen durchsetzt.

Daß diese Beschreibung des Narzißmus und seiner Dynamik zu stark vereinfacht ist, wird der Leser rasch bemerken, wenn wir uns nun wieder der Literatur zuwenden.

Die früheste mir bekannte Arbeit über Psychoanalyse und Macht ist C. S. Bluemels *War, Politics, and Insanity;* sie wird gefolgt von Harold Dwight Lasswell, *Power and Personality,* 1948, wenn Lasswell auch nicht ausschließlich psychoanalytisch orientiert ist. Das erstgenannte Buch ist etwas naiv; der Autor nimmt an, daß Politiker einen starken „Herrschaftstrieb gekoppelt mit Zwangszügen" aufweisen. Regierungsfunktionen sollten nur psychologisch ausgebildete, reife Menschen ausüben. Das ganze wirkt ein wenig wie eine Plato-Utopie von der Regierung der Philosophen. Lasswells Buch ist weniger realitätsfern, aber auch darin ist naiverweise von einer Auswahl von Politikern durch einen dazu bestimmten Ausschuß die Rede. Der Machtgierige suche Macht als Mittel der Kompensation gegen Deprivation — wir sind also wieder bei Adlers Theorie. Ungeachtet dessen handelt es sich bei Lasswells Buch um ein Pionierwerk.

J. H. Massermann hat 1971 ein Symposium über „Macht und Psychoanalyse" organisiert und die dort gehaltenen Referate unter dem Titel *The Dynamics of Power* veröffentlicht. Die meisten Autoren dieses repräsentativen Überblicks über die Theorien amerikanischer Psychoanalytiker in bezug auf die Machtfrage siedeln Macht im Über-Ich an; zwar finden sich fast überall Anspielungen auf den Narzißmus, er steht aber noch nicht im Vordergrund.

Aus diesen fünfzehn Vorträgen wähle ich nur wenige Bemerkungen aus, die mir für unseren Problemkreis wichtig erscheinen. John L. Shimel unterscheidet zwischen Macht in zwischenmenschlichen Beziehungen und Macht über etwas. Personen, die die erstgenannte Art von Macht ausüben, sind charakterisiert durch Ich-Stärke, „kräftige" Selbsteinschätzung (-achtung), die Fähigkeit, Menschen und Ereignisse zu genießen, sowie diejenige, Ambivalenz, Ambiguität und Unsicherheit auszuhalten. Diese Schilderung scheint mir deshalb so wichtig, weil wir hier erstmals einer positiven Einschätzung mächtiger Personen begegnen, nachdem wir der ewigen Verteufelung der Macht schon etwas müde geworden sind.

Erst der zweite Typ — der Mensch, der Macht über etwas ausübt — weist die negative Seite auf, aber ebenfalls in einer einfühlbaren Dimension: Bei ihm steht nämlich Angst als erste Eigenschaft im Vordergrund, dann folgen Besorgnis, eine herabgesetzte Fähigkeit zu *intimacy,* zu intensiven Gefühlsbeziehungen (also eine narzißtische Eigenschaft), das dauernde Bemühen um Meisterung und Kontrolle über sich und andere — ein Bild, das an Zwangszustände erinnert.

Silvano Arieti stellt einen starken Zusammenhang zum *Willen* her und zur *Aggression*, die

1. aus Selbstverteidigung oder Angstabwehr stammen könne, oder
2. aus dem Bedürfnis, andere zu verletzen,
3. aus dem Bedürfnis, andere zu berauben (*depriving*), oder
4. aus Rache und
5. aus dem Bedürfnis, andere zu dominieren, dem Willen, andere zu kontrollieren, zu manipulieren, auszubeuten und zu vernichten — dem eigentlichen Machtstreben.

Ungleiche Machtverteilung zerstöre symmetrische menschliche Beziehungen und führe zu Hierarchie, zur Kontrolle über den anderen beziehungsweise zur Unterwerfung. Bei Arieti findet sich auch der wichtige Satz: „Im Gegensatz zu anderen Trieben ist der Machttrieb grenzenlos." Es sei hier auch daran erinnert, daß Freud eine Zeitlang mit dem Gedanken eines „Bemächtigungstriebes" gespielt hat, diese Idee aber offenbar bald wieder fallen gelassen hat (siehe weiter unten).

Arieti meint, daß die Begrenztheit des Menschen folgenderweise verarbeitet werden könne:

1. Indem man sie akzeptiert und hofft, man werde das ganze Leben die Chance haben zu wachsen;
2. durch kollektive Einsicht in diese Begrenztheit und Entwicklung von Recht, Gleichheit und individuellem Wachstum;
3. durch Überwindung der eigenen Einschränkung, indem man andere noch mehr unterdrückt. Damit wäre wieder ein Machtmotiv, ähnlich dem Adlerschen Konzept, angedeutet.

Robert G. Ryder sieht den Machtmechanismus wieder mehr als Rollenzuteilung. Die Ursprünge der Macht lägen in Geld, Sexualität, körperlicher Stärke, Wissen, im Verhältnis von Aufmerksamkeitszuwendung und Ignorieren, oder dem von Kritik und Schmeichelei, Kompetenz, Güte (Attraktivität) und schließlich in der Machtrolle selbst.

Kurt A. Adler wiederholt die individualpsychologischen Standpunkte, die wir bereits angedeutet haben. Er erwähnt nur noch das Streben nach Gottähnlichkeit als Mechanismus zur Überwindung des Minderwertigkeitsgefühls. Je größer dieses sei, um so stärker sei das Machtstreben. Als zerstörerische Kraft sei es nicht angeboren. Bei der Gottähnlichkeit denken wir natürlich an das grandiose Selbst, wie etwa Heinz Kohut es beschreibt, und an den Narzißmus.

Es war zu erwarten und ist wohl auch richtig, wenn Adler das Erziehervorbild, die Belohnung und die Gewinne des Mächtigen, als das Hauptmotiv von dessen Streben nach Macht erkennt. Sein Rezept gegen Machtmißbrauch ist das Mißtrauen gegen jede Vormachtrolle.

Für Paul R. Dince ist die Macht die Integration der elterlichen Machtrollen in das dann tyrannisch werdende Über-Ich. Hierarchie sei allerdings dem organisierten Leben implizit (hier kommt systemisches Denken zum Vorschein). Die Wurzel des Strebens nach krankheitserzeugender Allmacht liege in dem Schrecken, den das kleine Kind bei der Trennung von der Mutter erlebt; eine Erfahrung, die mit dem Todesbegriff verbunden sei.

Harold Kelman schildert die vier Wege, sich gegen die Urangst zu wehren, nach Karen Horney:
1. *affection* (positive Gefühlszuwendung, letztlich Liebe);
2. Unterwerfung;
3. Macht;
4. Zurückziehen, Flucht.

Der Kampf um Prestige richte sich gegen die Hilflosigkeit und das Gefühl der Bedeutungslosigkeit, der Kampf nach Besitz gegen Armut und Abhängigkeit.

Leon Salzmann weist auf O. Rank hin, der Macht mit Willen gleichsetzt. Dieser entwickle sich als Gegenkraft oder Widerstand gegen Unterdrückung. Neoanalytiker setzen Macht überhaupt oft mit Libido gleich. Vor allem H. S. Sullivan betonte die *positive* Seite der Macht, die Ohnmacht als Basisgefühl des Menschen müsse ja überwunden werden. Salzmann unterstreicht, daß wir nicht jede Manifestation von Macht als neurotischen Zwang oder Paranoia definieren dürfen.

In der Diskussion dieses Beitrages durch Marvin G. Drellich finden wir eine Aufzählung der üblicherweise genannten Wurzeln der Macht: die Allmachtsfantasien des Kindes, die Kompensation für Hilflosigkeit, anale Fixierung, ödipale Ableitungen, Identifikation mit machtvollen Elternfiguren oder Reaktionsbildungen gegen sie. Drellich meint, daß Patienten und Therapeuten in der Analyse davor zurückscheuen, die politische Einstellung der Patienten zu bearbeiten, daher wüßten wir relativ wenig darüber. Insbesondere sei nichts über die Entstehung der Macht bei hochkreativen Künstlern bekannt.

Der letzte Beitrag aus Massermanns Symposium, über den ich berichten will, stammt von Warren J. Gadpaille, der auf eine meist vernachlässigte Form der Macht hinweist — die subversive Macht, durch die an sich schwache Mitglieder der Gesellschaft die institutionalisierte Macht beeinträchtigen, wenn nicht zerstören können. Attentate, Geiselnahmen, Besetzungen, Schlüsselstreiks und so weiter sind die Mittel, die dabei angewendet werden. Wir werden noch darauf zurückkommen.

Obwohl ich auf die Machtbeziehungen in der psychoanalytischen Behandlung erst weiter unten eingehen will, sei bereits hier auf Gadpailles Zusammenfassung hingewiesen:

1. Macht wird in jeder sozialen Interaktion ausgeübt;
2. der Analytiker übt Experten- und „referrent" (Identifikations-)Macht aus, bis zu einem gewissen Grad also legitime Macht;
3. der Erfolg der Analyse hängt von einem Konsens darüber ab, wie die Macht ausgeübt wird;
4. subversive Macht durch den Patienten kann den therapeutischen Effekt mindern (Widerstand);
5. die subversive Macht des Patienten kann den Analytiker dazu bringen, Zwangsmacht einzusetzen, um die Analyse zu retten;

6. die Verleugnung der Macht durch den Analytiker führt zu Schwierigkeiten im therapeutischen Prozeß.

Viele Analytiker werden vor allem an den letzten zwei Punkten dieser Darstellung zweifeln. Ich glaube aber, daß es sehr wichtig ist, auch in diesen Dimensionen zu denken, denn es wird manchmal übersehen, daß eine Psychoanalyse zu einer sadomasochistischen Interaktion werden kann, wie es Dörte Drigalski in ihrem Buch *Blumen auf Granit* beschrieben hat.

Auch in Frankreich ist eine bedeutende geistige Bewegung in der psychoanalytischen Literatur über Macht zu verzeichnen, von der wir nur zwei Vertreter zitieren wollen — den viel zu früh verstorbenen Michel Foucault und Robert Castel.

Der Strukturalist Foucault sieht die Schwierigkeit, den Machtbegriff zu definieren: „Aber was die Macht ist, weiß man wohl noch immer nicht. Und Marx und Freud genügen uns vielleicht nicht zur Erkenntnis dieser so rätselhaften Sache, die zugleich sichtbar und unsichtbar, gegenwärtig und verborgen ist, die überall ihre Hand im Spiel hat... Die Theorie des Staates, die traditionelle Analyse der Staatsapparate erschöpfen das Aktionsfeld der Macht zweifellos nicht. Das ist heute die große Frage: wer übt die Macht aus? Wo wird die Macht ausgeübt? Man weiß in etwa, wer ausbeutet, wohin der Profit geht, zwischen wem er hin und her wandert, wo er wieder investiert wird. Aber die Macht? Man weiß, daß sie nicht in den Händen der Regierung liegt. Aber auch der Begriff der „herrschenden Klasse" ist nicht sehr klar. „Herrschen", „leiten", „regieren", „Machthaber", „Staatsapparat" — all diese Begriffe müßten erst analysiert werden. Ebenso müßte man wissen, bis wohin die Macht ausgeübt wird, an welchen Schaltstellen und bis zu welchen — oft niedrigen — Instanzen der Hierarchie, der Kontrolle, der Überwachung, der Verbote und Zwänge sie ausgeübt wird. Keine Person ist eigentlich mit der Macht identisch; und dennoch wirkt sie immer in einer bestimmten Richtung: von den einen auf der einen Seite gegen die anderen auf der anderen Seite. Man weiß nicht, wer sie eigentlich hat; aber man weiß, wer sie nicht hat." (*Von der Subversion des Wissens*, Frankfurt 1978, S. 135 f.)

Robert Castel nimmt gegen den „Psychoanalysmus" Stellung, der, wie er meint, ebenso wie einst der Psychologismus eine opportunistische Anpassungsstrategie an die herrschende Macht sei (er richtet diesen Vorwurf besonders gegen die Sozialpsychiatrie — meines Erachtens fälschlich —, da sich de facto gerade dort in der Teamarbeit und der therapeutischen Gemeinschaft eine weitgehend herrschaftsfreie Kommunikation im Dienste eines gemeinsamen Ziels entwickelt hat). Dies hänge mit einer Blindheit für das zusammen, was am Ursprung der Psychoanalyse und ihrer eigenen Macht und ihrer Beziehung zur Macht überhaupt stehe. Denn Psychoanalyse sei einerseits subversive Potenz, andererseits mächtige Institution. (J. Chasseguet-Smirgel meint dagegen, das Revolutionäre in der Psychoanalyse sei die Methode, nämlich die Ablehnung jedes Vorurteils und jedes Konformismus dadurch, daß alles vom Unbewußten ausgehend untersucht werde.)

Castel sieht in der angeblichen Neutralität des Psychoanalytikers einen Vorwand, sich seiner Verantwortung gegenüber der Gesellschaft zu entziehen. Es ergäbe sich der Verdacht, daß die Psychoanalyse als Institution sich immer mehr auf die Seite der Herrschenden schlage.

Der Freudo-Marxismus entspreche der Polarität zwischen individueller Befreiung (Freud) und kollektiver Befreiung (Marx). „Technisch gesehen ist die analytische Neutralität eine Voraussetzung für die Möglichkeit der Übertragung; politisch gesehen ist sie die Verkörperung der Politik des Apolitismus." (S. 46)

Für die meisten Analytiker ist eine solche Ansicht auch völlig legitim — nur wenn man eine Revolution oder zumindest eine radikale Reform der Machtverhältnisse anstrebt, ergeben sich Schwierigkeiten; allerdings erhebt sich dabei wirklich die Frage, ob dies noch im Sinne Freuds wäre.

Meines Erachtens ist die Psychoanalyse ein Mittel, um die Machtentstehung zu verstehen, aber kaum, sie zu verändern — außer, ein Analysand kämpft gerade mit dieser Problematik.

Ich habe selbst kaum Mächtige im politischen Sinne analysiert, nur einen, allerdings *nach* seinem Machtverlust. Ich habe daraus viel gelernt, insbesondere über die Rolle des Narzißmus bei der Entstehung der Macht und über deren Auswirkungen auf den Machtträger selbst und dessen Umgebung. Häufig habe ich allerdings Künstler behandelt, die oft auch beachtlichen politischen Einfluß haben; bei ihnen war der normale Narzißmus meist gar nicht so sehr übersteigert, exhibitionistische und hysterische Mechanismen überwogen ganz wesentlich. Der Machtaspekt ihrer Wirkung war eher sekundär.

Wir wollen jetzt den *Narzißmus* selbst näher untersuchen; da unser Buch aber nicht für Psychoanalytiker im engeren Sinne gedacht ist, sei es gestattet, die narzißtischen Theorien nur sehr abgekürzt darzustellen. Wir wollen bei Otto Kernberg beginnen, der jetzt, nach dem Tode Heinz Kohuts, als der bekannteste Forscher auf diesem Gebiet gilt. Kernberg selbst bezweifelt die Annahme Rosenfelds, der, wie die meisten Analytiker aus der Schule Melanie Klein, annimmt, daß alle wesentlichen Entwicklungen der Persönlichkeit im ersten Lebensjahr anzusetzen seien.

Er führt drei wesentliche moderne Theorien an:

1. Bei Herbert Rosenfeld (aus der Tradition von Karl Abraham bis Melanie Klein) haben narzißtische Persönlichkeiten ein ganz und gar gutes, primitives Teilobjekt introjiziert (also verinnerlicht) oder ihr Selbst in ein solches Teilobjekt projiziert, und zwar in einer allmächtigen Weise. Die Möglichkeit eines Unterschiedes zu oder einer Trennung von einem solchen Objekt wird geleugnet. Dadurch wird die Möglichkeit einer Abhängigkeit ausgeschlossen.
2. Noch weit schwieriger ist es, die Konzeption H. Kohuts verkürzt darzustellen, da dieser Autor im Laufe seiner Entwicklung die Konzeption der Psychoanalyse als einer Konfliktpsychologie und die Trieblehre zugunsten einer „Selbstpsychologie" und Defekttheorie (das heißt, die Dynamik der Persönlichkeit wird nicht als eine Auseinandersetzung zwischen Ich, Trieben und Über-Ich verstanden, sondern es wird angenommen, daß die Persönlichkeit als Ganzes vorwiegend durch frühen Liebesentzug geschädigt worden ist) verlassen hat.

In der Analyse narzistischer Persönlichkeiten zeige sich

eine idealisierende Übertragung eines idealisierten Elternbildes, das von einem *archaischen rudimentären Selbstobjekt* abgeleitet sei. In der analytischen Situation werde ein grandioses Selbst entwickelt, das je nach Tiefe der Regression den Analytiker miteinschließt, oder zu einer Zwillingsübertragung mit einem Alter ego (einem sehr frühen, und vollständigen Bild des Selbst) oder zu einer spiegelbildlichen Übertragung führt.

Narzißtische und Objektlibido werden als etwas qualitativ Verschiedenes verstanden, womit sich Kohut weitgehend von der Psychoanalyse im Freudschen Sinne entfernt.

Kernberg meint, daß Kohut die Bedeutung der *Idealisierung* beim Narzißmus zwar richtig erkannt habe, aber nicht unterscheide von derjenigen, die

1. ein Teil der Aggressionsabwehr durch Trennung zwischen Idealisierung und Abwertung ist, und
2. derjenigen, die eine Reaktionsbildung gegen Schuld darstellt, und
3. schließlich jener, die eine Projektion auf ein pathologisches, grandioses Selbst ist.

Wenden wir uns nun seiner eigenen Konzeption zu:

Er unterscheidet meines Erachtens mit Recht zwischen

1. einem normalen Narzißmus des Erwachsenen,
2. einem normalen infantilen Narzißmus und
3. einem pathologischen Narzißmus.

Bei Punkt 1 kann eine narzißtische Objektwahl vorliegen. Das Selbst hat sich mit einem Objekt krankhaft identifiziert. Dabei wird das unreife Selbst in dieses Objekt projiziert, die Funktion des Selbst und des Objektes werden ausgetauscht.

Pathologischer ist — unter Punkt 2 — die narzißtische Persönlichkeit im eigentlichen Sinn, wobei ein krankhaft grandioses Selbst das Zentrum der Persönlichkeit bildet. Obwohl diese Persönlichkeiten nach außen oft gut funktionieren, zeigen sie einen hohen Grad von Selbstbezogenheit und ein übergroßes Bedürfnis, geliebt und bewundert zu werden; außerdem ist bei ihnen häufig extremes Schwanken zwischen Selbstüberschätzung und totalem Nichtigkeitsgefühl zu beobachten. Ihr emotionales Leben ist hohl, schattenhaft, und sie sind unfähig, sich in andere einzufühlen. Sie idealisieren Menschen, von denen sie narzißtische Zufuhren erwarten, und verachten solche, bei denen das nicht der Fall ist. Ihre Beziehungen sind ausbeuterisch und parasitär; oft verbergen sie hinter einer Maske von Charme und Engagement Kälte. Sie sind unruhig und gelangweilt, wenn sie ohne Zufuhren bleiben, sie wirken abhängig — sind es aber auf einem tieferen Niveau nicht, wegen ihres Mißtrauens, Neides und ihrer abwertenden Haltung; sie sabotieren letztlich alle Hilfe.

Als Ursache ist eine starke Abwehr gegen frühe intensive und pathologische Objektbeziehungen zu sehen, die verinnerlicht wurden. Präödipale Aggressionen spielen eine wichtige Rolle; also Aggressionen, die auf Libidofixierung vor dem vierten bis fünften Lebensjahr zurückzuführen sind. Abnorme Entwicklung der Selbstliebe korrespondiert mit abnormaler Entwicklung der Liebe zu anderen; mit anderen Worten, Narzißmus und Objektbeziehungen können nicht voneinander getrennt werden.

Wenn primitive Aggressionen direkt das pathologische grandiose Selbst durchdringen, entsteht Sadismus. Hier finden wir narzißtische Menschen, deren Größenwahn und pathologische Selbstidealisierung verstärkt wird durch ein Triumphgefühl über Angst und Schmerz; dieser Triumph kommt dadurch zustande, daß beides anderen zugefügt wird.

Manchen narzißtischen Menschen ist es aber gelungen, die Aggression durch Sublimation zu integrieren, zu verinnerlichen und ihren *Ich-Funktionen* relativ gut anzupassen. Dies sind — wie ich glaube — jene Personen, die am ehesten *Machtträger* werden.

Im Gegensatz zu Freud (der meinte, daß es zuerst eine narzißtische, dann erst eine Objektlibido gäbe) und Kohut (der annahm, daß sich beide unabhängig voneinander ent-wickeln), vertritt Kernberg die Auffassung, daß Selbst- und Objektrepräsentation aus einer primären, undifferenzierten Selbst-Objekt-Repräsentation stammen, aus der sich beide gleichzeitig entwickeln. Damit meint Kernberg, daß am Beginn des menschlichen Lebens zwischen Selbst und Um-welt (den sogenannten Objekten) nicht unterschieden werden kann. Die inneren Bilder — die Speicherung — der beiden Sphären entwickeln sich parallel aus der gemeinsamen Mutter-substanz (Matrix).

Dies würde heißen, daß man Narzißmus nicht unabhängig von Libido, Aggression und internalisierten Objektbezie-hungen betrachten kann.

Einen völlig anderen Gesichtspunkt finden wir bei Bela Grunberger. Er sieht den Ursprung des Narzißmus im in-trauterinen Leben, im Mutterleib, wo es die totale Versor-gung, Allmächtigkeit, Grenzenlosigkeit, Einzigartigkeit und Zeitlosigkeit gebe. Narzißtische Wünsche bedeuteten eine Regression in dieses verlorene Paradies. Nach der Geburt trete der Narzißmus mit den Trieben in eine dialektische Beziehung. Die psychoanalytische Behandlung werde vom „Motor des Narzißmus" getragen.

Weder Grunberger noch Shirley Sugerman in ihrem eigen-willigen Buch *Narzißmus als Selbstzerstörung* gehen auf den Machtaspekt ein. Auch I. A. Caruso streift diese Frage nur in dem Satz: „Der richtige Weg wäre zu erforschen, inwiefern und vermittels welcher Symbole das subjektiv erlebte Vater-problem mit den objektiven Verhältnissen der Macht zu-sammenhängt." (S. 101).

Das gleiche Manko fand ich zu meiner Überraschung in dem Sammelband von Peter Kutter *Psychoanalyse im Wandel*. Selbst Autoren wie H. E. Richter und P. Fürstenau, die in ihrer Randgruppenarbeit und Institutionenberatung haut-nah mit Machtfragen konfrontiert sind, streifen dieses Thema nicht einmal. Kurt R. Eissler kommt in seiner kleinen Schrift *Todestrieb, Ambivalenz, Narzißmus* — wenn auch von einer ganz anderen theoretischen Auffassung als ich ausgehend (ich kann nämlich dem Todestriebkonzept nicht folgen) — der Frage näher, allerdings nicht expressis verbis. Die Verbindung von Aggression mit Narzißmus charakterisiere viele Machtträger und übe, weil sie einem verdeckten Bedürfnis vieler entspreche, eine große Faszination aus. Damit erkläre sich die große Anhängerschaft solcher Führerpersönlichkeiten. Man kann nur hoffen, daß die pessimistische Einsicht Eisslers, wonach „die Species Mensch zum Tod verurteilt sei", sind nicht als Prophetie erweist.

Bei H. Henseler finden wir schon mehr konkrete Beziehungen zum Machtproblem, wie sein Schema der Narzißmusentwicklung zeigt:

Entwicklungsstufen	grandioses Selbst	idealisiertes Objekt
oral	an sich selbst Genüge haben, alles schon haben, unbegrenzte Sättigung, fragloses Akzeptiertsein	unerschöpfliche Quelle des Nährens, Gebens, Wärmens, Sorgens, Sicherheitgebens, stetige Anwesenheit
oral-sadistisch	unbegrenzte Verfügungsgewalt, absolute Vernichtungsmacht	frangloser Garant für Schutz, Geborgenheit, Sicherheit
anal	grandioser Wert, Einzigartigkeit, unerhörte Größe	grandioser Wert, Einzigartigkeit, unerhörte Größe
anal-sadistisch	unerhörte Macht, Allmacht, Unbezwingbarkeit	unerhörte Macht, Allmacht, Unbezwingbarkeit

Entwicklungsstufen	grandioses Selbst	idealisiertes Objekt
phallisch	unerreichbare Überlegenheit, Vollkommenheit	unerreichbare Überlegenheit, Vollkommenheit
phallisch-sadisitisch	unbesiegbare Überlegenheit, Siegeszuversicht, Eroberungsmacht bzw. Verführungsmacht	siegreicher Held bzw. schönste und erfolgreichste Frau
Latenzzeit	Realismus, Mut, Leistung, Initiative, Erfolg	Realismus, Mut, Leistung, Initiative, Erfolg

(Narzißtische Krisen. Zur Psychodynamik des Selbstmords.
Hamburg 1974, S. 78)

Raymond Battegay erwähnt kurz die bis jetzt zitierten Beziehungen zwischen Narzißmus und Macht.

Die Lokalisierung von Macht im Über-Ich scheint mir überholt: Die infantilen Größenideen und die manchmal wahnhaften Vorstellungen von einem grandiosen Selbst im Rahmen des Narzißmus sind wohl am ehesten geeignet, Entstehung und Verbreitung der Macht zu erklären. Die Zahl psychoanalytisch orientierter Werke über das Machtproblem ist allerdings, wie schon gesagt, ausgesprochen gering. Jeder, der sich aber mit der Rolle des Narzißmus in unserer Zivilisation aus psychoanalytischer Sicht befassen will, sei auf das allgemeinverständliche Buch Christopher Laschs, *Das Zeitalter des Narzißmus* eindringlich hingewiesen. Auf die Machtfrage in einem geschlossenen Zusammenhang ist aber auch er nicht eingegangen.

SADOMASOCHISMUS

Der psychoanalytische Zugang zu den Machtproblemen liegt einerseits, wie wir gesehen haben, in den Größenideen, aber auch in der Beziehungsarmut des Narzißmus, andererseits in der Lust am Beherrschen und Beherrschtwerden, am Verursachen von Leiden und am Erleiden des Sadomasochismus. Es handelt sich dabei nicht nur um eine sexuelle Perversion, sondern auch um eine seelische Eigenschaft, die sowohl mit dem Narzißmus, als auch mit Zwang und Verfolgungswahn eine gewisse Verwandschaft hat.

Wir folgen zunächst dem Buch von E. Schorsch und N. Becker:

„1. Sadismus ist die Ausdrucksform einer auf den anderen gerichteten destruktiven Dynamik, die sich triebhaft äußert und lustvoll entlädt; sie ist mehr oder weniger eng und unmittelbar an Sexualität gebunden. Sadismus ist *sexualisierte Destruktivität.*

2. Sadistische Intentionen als Phantasien oder Handlungen zielen auf die Bemächtigung des anderen, auf ein totales Verfügen über ihn, die Aufgabe seiner Eigenständigkeit. Dominanz — Subordination in extremer Zuspitzung wird zum sexualisierten Thema; es geht nicht in erster Linie um Aggressivität oder Grausamkeit, sondern um *Beherrschung.* Schmerz zufügen und Verletzen können dabei fehlen, sind aber deshalb ein häufiger Bestandteil sadistischer Aktivitäten, weil das Hinnehmenmüssen von Schmerz, das Erleiden von Qual der deutlichste Ausdruck von Selbstaufgabe und Ohnmacht ist. Destruktiv ist die sadistische Dynamik deshalb, weil sie in dem anderen etwas zu brechen, etwas zu zerstören trachtet, nämlich dessen Eigenständigkeit und Selbstbestimmung." (*Angst, Lust, Zerstörung. Sadismus*

als soziales und kriminelles Handeln. Reinbek 1977, S. 41)
Neben dieser Haltung gibt es auch Sadismus als vorüber-
gehende Sexualisierung zerstörerischer Impulse, die manchmal — durchbruchartig — zu gefährlichen Handlungen
führen kann.

Die Bereitschaft, sadistisch zu reagieren, ist relativ weit
verbreitet und wird oft durch Kränkungen und Frustrationen
ausgelöst. Vor allem als Massenreaktion ist sie uns sehr vertraut, man braucht etwa nur an die Lynchjustiz zu denken,
oder an das Echo auf Sex-and-Crime-Filme oder harte Pornographie.

In der psychoanalytischen Theorie spielt beim Sadomasochismus die Abwehr der Kastrationsangst eine große Rolle;
der Sadismus der Männer hat überwiegend mit der unbewußten Angst vor der Sexualität der erwachsenen Frau zu
tun. Fixierungen in der ödipalen Phase (drittes bis fünftes
Lebensjahr) wirken sich dabei weniger stark aus als in den
sogenannten präödipalen Phasen. Wichtiger ist schon die
vorhergehende anale Phase, in der die Kontrolle der Aus-
scheidungen erlernt wird. Aggressive Impulse werden dabei
lustvoll erlebt (Freud sprach daher auch von einer anal-
sadistischen Phase). Das Kind zerstört gerne Gegenstände,
entwickelt Wut und Trotz. Erste Prozesse der Ablösung
finden statt. Die Beschäftigung mit den Ausscheidungs-
prozessen und -produkten läßt Schambarrieren entstehen.
In der oralen Phase spielen frühe Abwehrmechanismen wie
Spaltung, Projektion und Introjektion eine große Rolle.
Der früheste Abwehrmechanismus des Ich, das „Splitting"
(Spaltung) gegen Gefahren ist besonders interessant. Da es
offenbar unerträglich ist, dasselbe Objekt sowohl als freundlich (wenn es Befriedigung und Lust spendet), wie auch als
böse (wenn es abwesend ist oder versagt), als identisch zu
erleben, wird es in ein positives und in ein negatives Teilobjekt gespalten. Diese Form der Abwehr geht der Verdrängung in der Entwicklung voraus. Größenselbstvorstellun-
gen Idealisierung von Elternfiguren verweisen auf den schon

beschriebenen Narzißmus. Grausamkeit wird von frustrierenden (oder abwesenden) Objekten der Umwelt verkörpert, die introjiziert werden und eine Vorstufe eines meist bösartigen Über-Ichs darstellen.

Freud hat in der letzten Fassung seiner Trieblehre einen primären Masochismus in Verbindung mit seinem Todestriebkonzept angenommen. Theodor Reik meinte — wohl mit Recht —, daß dies kaum klinisch belegt werden könne. Ein solcher Eindruck, erklärte er, entstehe nur dadurch, daß bei Schmerz- und Unlustspannung eine libidinöse Miterregung auftreten kann. Er sieht im Masochismus eine verwandelte, umgeformte Triebäußerung des Sadismus. Unlust und Unterwerfung seien keine Triebziele, sondern Mittel zu deren Erreichung. Die Triebumkehr werde durch den Mißerfolg, einen Verzicht in der Verfolgung aggressiver und gewalttätiger Triebziele und durch die Angst vor Strafe verursacht. Masochistische Inszenierung sei nur ein Umweg zur Lusterreichung. Das Luststreben sei so mächtig, daß es sogar die Angst und Strafvorstellungen in ihren Bereich ziehe und schließlich sie selbst zum Lustziel mache, wie zum Hohn jeder angedrohten Einschüchterung gegenüber.

Freud unterscheidet einen moralischen Masochismus, einen femininen (den wir heute als soziogen betrachten, da er mit der Unterdrückung im Patriarchat zusammenhängt) und einen erogenen (die sexuelle Abweichung im engeren Sinn). Reik beschreibt schließlich noch einen sozialen Masochismus, eine Lebenseinstellung, die ein unterwürfiges und leidendes Verhalten vorschreibt und durch ständige Niederlagen, Versagungen und Unglück charakterisiert ist. *Wir finden hier die typischen Ohnmächtigen; sie bieten sich den Mächtigen zur Unterdrückung an, die ihrerseits diesen masochistischen Menschentyp brauchen, da sie sich ohne ihn gar nicht entfalten können.* Wieder sind nicht Unlust oder die Befriedigung von Strafwünschen das Triebziel, sondern es wird Unlust angestrebt, um die Strafangst zu bewältigen und durch Vorwegnahme der Strafe zur Lust zu kommen. Das Lustziel ist nur ein aggressives und erotisches. Der Sadismus dagegen will ein Objekt in Besitz nehmen und zerstören.

Das Vorfeld des Sadomasochismus sind Fantasien, Wunscherfüllungen des Ichs; dazu gehören etwa die Fantasien des „Gestorbenseins" oder auch die vom „umgekehrten Helden", wie Quijote ihn verkörpert. Shirles Panken sieht in iherer Untersuchung *Die Lust des Leidens* die Hauptwurzel des Masochismus in der frühen Kind-Mutter-Beziehung und in Unregelmäßigkeiten, Widersprüchen und Ambivalenzen im Verhalten der Mutter. Masochistische Selbstabwertung entspreche der Prägung durch Einverleibung der unbewußten negativen Erwartungen der Mutter und diene zugleich als Abwehrstruktur. Das Kind versuche durch Ich-Einschränkung und Versagen sich einer solchen Mutter anzupassen. Jeder Ausdruck bewußter Feindseligkeit werde aus Angst vor Trennung oder Verlust vermieden. Es bestünden Beziehungen zur Depression und zum Verfolgungswahn.

E. Fromm unterscheidet zwischen sadistischen und destruktiven Persönlichkeiten. Letztere versuchten, das Objekt zu vernichten, die ersteren bräuchten es, um es zu beherrschen, und fürchteten seinen Verlust. Machtlust sei daher die wichtigste Manifestation des Sadismus. Eine derzeit wichtige Quelle für Aggression und Sadismus sei die Langeweile, die Unfähigkeit, auf die Umwelt mit echtem Interesse zu reagieren.

Die nekrophile Persönlichkeit bei Fromm ist eine Art Ausdehnung des von Freud beschriebenen anal-sadistischen Charakters. Bösartiger Narzißmus beherrsche die größenwahnsinnigen „Führer", die ihren Narzißmus dadurch befriedigen, daß sie die Welt ihren Wünschen anpassen. Typische Beispiele dafür sind Caligula, Nero, Stalin und Hitler.

Panken verweist auch auf Persönlichkeiten mit großer Ich-Stärke, die aus rationalen Gründen Schmerz, Gefahr, Unsicherheit auf sich nehmen und darin Befriedigung finden, wie die zahlreichen Hungerstreiks in aller Welt zeigen, oder etwa Selbstverbrennungen. Auch manche Formen moderner Askese gehören hierher.

Maria C. Gear, Melvin A. Hill und Ernesto C. Liendo befassen sich in ihrem anregenden Werk mit dem Durcharbeiten des Narzißmus, der Behandlung eine sadomasochistischen Struktur mit politischen Aspekten. Sie weisen darauf hin, daß in der modernen Massendemokratie neben den „Leuten" und ihren Führern noch die „Power-brokers" eine Rolle spielen, diejenigen, die hinter der Szene die Führer kontrollieren. Der Unterschied zwischen den beiden Gruppen entspreche etwa den zwei Funktionen des Über-Ichs. Der Führer wende das Gesetz an, der Power-broker sei das Gesetz, oder er mache es.

In den modernen Machtsystemen könne die Macht nur durch den Konsens der Massen mit dem Führer, den Glauben, daß er die Interessen der Leute vertritt, aufrechterhalten werden. Die Power-brokers könnten diesen Konsens nicht selbst schaffen, sie seien daher aufeinander angewiesen.

Dieser kurze Überblick, wie unvollständig immer er auch sein mag, gibt vielleicht einen Hinweis darauf, wie weit Machtfragen durch sadomasochistische Züge erklärt werden können.

Zum Abschluß noch meine eigene Ansicht zur Frage der Aggression:

1. Im Gegensatz zu den meisten Autoren (wie vor allem Freud selbst) kann ich der Aggression keinen eigenen Triebcharakter zuschreiben. Es handelt sich meiner Meinung nach vielmehr um eine Verhaltensdisposition, die auf vielfältige Auslöser hin oder auch spontan wirksam werden kann und durchaus auch positiv zu verstehen ist. Triebcharakter nimmt sie erst an, wenn sie mit Sexualität vermischt ist, was allerdings häufig der Fall ist (Sadomasochismus).

2. Aggression kann aber auch häufig erlernt sein;

3. Aggression kann als Reaktion auf Frustration auftreten.

Die einzelnen Theorien schließen einander nicht aus. Durch die psychoanalytische Untersuchung des jeweiligen Verhaltens lassen sich die einzelnen Komponenten annähernd, entsprechend ihrer Bedeutung, isolieren.

DER ÖDIPUSKOMPLEX

Macht in psychoanalytischer Betrachtung kann ohne Berücksichtigung des Ödipus-Komplexes, den Freud für seine wichtigste Entdeckung neben der Traumdeutung hielt, nicht diskutiert werden. Der Ödipuskomplex, erklärte er, sei der Kern der Neurosenlehre. Das Kind entwickle etwa im Alter von vier Jahren eine (früh)sexuelle Zuneigung zum andersgeschlechtlichen Elternteil und zum gleichgeschlechtlichen ein Rivalitätsverhältnis. Dieses Phänomen lasse sich auch bei unvoreingenommener Beobachtung in unserer Gesellschaft fast regelmäßig beobachten. Man könne diese Entwicklungsphase auch so verstehen, daß das Kind die anatomischen Unterschiede zwischen den Geschlechtern erkennt und verarbeitet (Kastrationsangst und Penisneid).

Ich erlaube mir, in diesem Zusammenhang altmodisch-psychoanalytisch zu bleiben, wobei mir klar ist, daß im Begriff „Penisneid" mehr als nur ein Hinweis auf die simple anatomische Differenz steckt; es gehört auch die nächste Aufgabe dieser Altersperiode zwischen drei und fünf Jahren dazu, nämlich die Erlernung der sozialen Geschlechterrollen. Da die Jungen in der Regel auch heute von ihren Müttern besser behandelt werden, ist es klar, daß die Mädchen gekränkt sind; sie fantasieren, daß sie ebenfalls in den Besitz der Privilegien kommen, die offenbar an die Existenz eines Phallus als Machtsymbol gebunden sind. Der mühselige Weg vom Patriarchat zu einer echten Partnerschaft führt allerdings nur sehr langsam zu einer Abschwächung dieses Faktors.

Ebenso verhält es sich mit der Kastrationsangst. Die meisten Eltern haben inzwischen begriffen, daß es falsch ist, in den frühen Onanieperioden, wenn die Kinder bei dem Vertrautwerden mit dem eigenen Körper an den Genitalien herumspielen, entsetzt zu sein und scharf zu reagieren. Direkte Kastrationsdrohungen sind daher selten geworden. Es ist aber zu vermuten, daß der Phallus als Symbol der Macht (als Möglichkeit, sich selbst und dem Partner Glück zu vermitteln) auch ohne Einwirkung der Außenwelt — exponiert wie er ist — als bedroht empfunden wird, und daß daher in der Kastrationsangst starke innere Motivationen verborgen sind; das heißt, daß sie in ihren Grundzügen auch ohne faßbare Bedrohung von außen entsteht und sich auswirkt.

Schließlich ist die ödipale Phase des Kindes durch die schmerzliche Erfahrung charakterisiert, daß Liebe teilbar ist, daß man die Mutter nie mehr ganz besitzen kann, wie es in der frühen Symbiose erschienen war, daß immer ein Rivale da sein wird, dem man unterlegen ist. So stellt sich die Situation beim Knaben dar. Beim Mädchen wird sie dadurch kompliziert, daß der Vater nicht nur als Rivale bei der Mutter auftritt, sondern umgekehrt auch neues, geliebtes Objekt ist, und die Mutter zur eigentlichen Rivalin wird. Das Mädchen empfindet sich als bessere Partnerin für den Vater. Da ihre Vorteile — ein benützbares Genitale zu haben, Brüste zu bekommen und Kinder produzieren zu können — erst später wirksam werden und außerdem wieder mit dem Nachteil der Menstruation bezahlt werden müssen, ist ihre Lage nicht nur psycho-soziologisch schlechter, sondern auch biologisch. Das Akzeptieren einer klitoralen Genitalität ist daher als Ausgleich sehr wichtig. In diesem Zusammenhang ist es auch logisch, daß die Klitoridektomie — das Wegoperieren der Klitoris — zur Unterdrückung weiblicher sexueller Lust so weit verbreitet war und so schwer auszumerzen ist. Offenbar fürchten die Männer in einer patriarchalischen Gesellschaft, daß die Frauen, könnten sie sich sexuell ausleben, weniger unterwürfig und abhängig würden. Wieviel in dieser Periode biologisch vorprogrammiert und wieviel durch die jeweiligen kulturellen Verhältnisse und letztlich auch individualpsychologisch (konstitutionell) und

familiendynamisch bedingt ist, kann trotz zahlreicher Untersuchungen und Beobachtungen, etwa Kulturvergleiche,
schwer entschieden werden. Wie so oft bei unseren Frage-
stellungen, läßt die Zahl der Variablen klare Ergebnisse
nicht zu.

Ähnlich ist die Lage bei der Entscheidung, welche Rolle
reale Erlebnisse traumatischer, prägender Art in der Früh-
zeit spielen, und welche den Fantasien zukommt, eine Frage,
die durch die so überaus erfolgreichen Bücher von Alice
Miller aktualisiert wurde. Freud hat ursprünglich aufgrund
rückblickender Äußerungen seiner Patienten angenommen,
daß solche Erlebnisse bei der Entstehung seelischer Krankheiten häufig eine schwerwiegende Rolle spielen. Später hat
er die entscheidende Entdeckung gemacht, daß es sich dabei
nicht um reale Erlebnisse handeln muß, sondern daß es sich
auch um kindliche Fantasien von Verführung und „Vergewaltigung" handeln kann.

Alice Miller wirft Freud unter anderem vor, daß es sich
dabei um eine Verharmlosung handle, die aus Angst vor dem
eigenen Mut und Konformismus entstanden sei, und daß er
sozusagen die eigenen Entdeckungen verraten habe.

Ich selbst versuche, in diesem Streit — wie so häufig —
einen mittleren und vermittelnden Standpunkt einzunehmen.
Aus der klinischen Praxis und Beobachtungen im Alltag
würde ich meinen, daß die sogenannte normal-psychologische
Ödipussituation eine biologisch-sozialpsychologische Kon-
stellation ist, die, falls die Entwicklung ungestört verläuft,
sich in der Pubertät durch die Findung der eigenen Identität
auflöst.

Man kann die Ödipuszeit nämlich auch, wie erwähnt, als
Phase der schmerzlichen Auseinandersetzung mit der Teil-
barkeit der Liebe charakterisieren. Ich glaube aber, daß dort,
wo eine schwerere seelische Erkrankung oder Störung besteht, fast immer eine sexuell-verführende Haltung oder
aggressive Einstellung oder Handlung einer oder beider
Elternteile festzustellen ist. Die Eltern binden die Kinder

entweder zu stark, stoßen sie aus oder delegieren ihre eigenen Konflikte an sie, das heißt, machen sie verantwortlich dafür und beauftragen sie mit deren Lösung (Stierlin).

Ich würde krankhafte Fehlentwicklung nicht so sehr auf Inzest- und Todeswünsche des Kindes zurückführen, wie Freud es getan hat, sondern mehr auf Projektionen und Handlungen, die von den Eltern ausgehen. Außerdem hat die Entwicklung der Psychoanalyse seit Freud die präödipalen Phasen mit den Introjektionen von guten und bösen (Teil-) Objekten und dem Abwehrmechanismus des Splittings (das heißt der Zerlegung realer Außenobjekte in Lust oder Unlust vermittelnde Aspekte oder Anteile) mehr in den Vordergrund geschoben; bei der Besprechung von Narzißmus und Sadomasochismus haben wir bereits darauf hingewiesen.

Auch die späte Entwicklung des Über-Ichs aus dem Ödipuskomplex, wie Freud sie vertreten hat, läßt sich nicht aufrechterhalten; ob man eine frühere Entstehung des Über-Ichs annimmt oder von Über-Ich-Vorläufern sprechen will, ist eine rein terminologische Frage.

Wie dem auch sei, es bleibt unbestritten, daß ödipale Rivalitätskämpfe zwischen Eltern, den Generationen und Geschwistern die stärksten unmittelbar sichtbaren oder in der Analyse erhellbaren Determinanten für späteres Machtverhalten sind. Ich verweise nur auf die typische Tragik der Söhne sehr machtvoller und erfolgreicher Väter. Eifersucht und Neid, die aus den ödipalen Quellen stammen, lassen sich in zahlreichen Kämpfen in allen Szenen der Macht nachweisen, zum Beispiel auch im Kain-Abel-Mythos.

Zuletzt noch ein Wort zu dem Ödipus-Mythos selbst, den Freud als Beispiel für diese Entwicklungsphase gewählt hat. Daß Laios und Jokaste, die Eltern, dem Orakel geglaubt haben, entspricht dem Zeitgeist. Ihre Reaktion, dem Schicksal durch den Kindesmord entkommen zu wollen, ist bis zu einem Grade auch aus der Zeit verständlich, weil der Kindesmord damals eine weitverbreitete, offenbar nicht stark von Schuldgefühlen begleitete Praxis war. Der menschliche Zug, daß sie den Mordversuch nur halbherzig unternahmen und daher ein Überleben des Sohnes ermöglichten, war ihr großer Fehler. So konnte das Schicksal seinen Lauf nehmen. Interessant ist dabei, daß offenbar die Mutter den Orakelspruch vergessen hatte, so daß sie in die Falle getappt ist, die sie eigentlich nach der Ermordung des Gatten hätte erkennen müssen.

Das Kind (Ödipus) ist mehr oder weniger das unschuldige Opfer einer Schicksalskonstellation, in der Söhne letztlich immer ihre Väter beseitigen müssen, um selbständig zu werden, und in ihren Partnerinnen in der Regel Muttersubstitute suchen.

Bei Frauen zeigt sich von der Ausgangslage her das Machtproblem nicht so deutlich; daß aber viele in ihren Partnern einen Vaterersatz suchen, darüber besteht jedenfalls kein Zweifel, und daß sie den Partner oft auch beherrschen, ist ebenfalls nicht verborgen geblieben.

Prinzipiell ist die Generationenfrage ein Dauerbrenner, was Machterlebnisse und Machtwechsel betrifft; daher stellt auch der Ödipuskomplex ein permanentes Problem dar. Heute kann sich der Machtwechsel infolge der hohen Lebenserwartungen schon auf drei Generationen erstrecken.

Zuletzt soll in diesem Zusammenhang noch der sogenannte Bemächtigungstrieb erwähnt werden, unter anderem
auch deshalb, weil er die Entstehung der Freudschen Trieblehre und ihre krausen Wege ein wenig beleuchtet.

In Freuds Triebtheorie scheinen der Sexualtrieb und die
Selbsterhaltungstriebe oder Ich-Triebe auf. Freud sprach
in diesem Zusammenhang auch vorübergehend von zwei miteinander verwandten Trieben, dem Bemächtigungstrieb und
dem Wißtrieb und stellte schließlich auch einen merkwürdigen
Zusammenhang mit seinem Konzept des Todestriebes her:

„... Die Libido ... hat die Aufgabe, diesen destruierenden
Trieb unschädlich zu machen, und entledigt sich ihrer, indem
sie ihn zum großen Teil und bald mit Hilfe eines besonderen
Organsystems, der Muskulatur, nach außen ableitet, gegen
die Objekte der Außenwelt richtet. Er heiße dann *Destruk-
tionstrieb, Bemächtigungstrieb, Wille zur Macht.* („Das ökonomische Problem des Masochismus", in *Gesammelte Werke,*
Bd. 13, Frankfurt 1969, S. 376) (Hervorhebung durch den
Autor).

Dies bedeutet offenbar, daß letztlich der Bemächtigungstrieb und der Wille zur Macht Derivate des Todestriebes
sind und in den Sadomasochismus einmünden.

Man kann die Entwicklung der Trieblehre in folgende
Phasen einteilen:
1. 1905—1914: Sexualtriebe versus Ich- bzw. Selbsterhal-
   tungstrieb.
2. 1914—1915: Einführung des Narzißmus; damit werden
   auch die Ich-Triebe als libidinös aufgefaßt.
3. ab 1920:   Der Dualismus Eros und Todestrieb
   (Sibylle Drews)

Aber schon 1905, in den „Drei Abhandlungen zur Sexualtheorie", findet sich ein interssanter Hinweis:

„Daß Grausamkeit und Sexualtrieb innigst zusammengehören, lehrt die Kulturgeschichte der Menschheit über jeden Zweifel, aber in der Aufklärung dieses Zusammenhanges ist man über die Betonung des aggressiven Moments der Libido nicht hinausgekommen. Nach einigen Autoren ist diese dem Sexualtrieb beigemengte Aggression eigentlich ein Rest kannibalischer Gelüste, also eine Mitbeteiligung des Bemächtigungsapparates, welcher der Befriedigung des anderen, ontogenetisch älteren, großen Bedürfnisses dient. Es ist auch behauptet worden, daß jeder Schmerz an und für sich die Möglichkeit einer Lustempfindung enthalte." (S. 35)

Was Freud hier also eine Zeitlang erwogen hat, ist nicht der Machttrieb im üblichen Sinne, sondern das Bedürfnis, geliebte Objekte zu besitzen, sich einzuverleiben, mit ihnen verkehren zu können, wie man will. Auf der einen Seite erinnert dies an E. Fromms Prinzip des „Haben statt Sein", auf der anderen Seite aber doch auch an „Macht" in dem Sinne, wie wir sie hier behandeln.

Auf der Basis der bis jetzt erarbeiteten theoretischen Grundlagen wollen wir uns nun der Praxis und dem Alltag zuwenden, den eigentlichen „Szenen der Macht".

2

SZENEN DER MACHT

DIE FAMILIE

Man sollte annehmen, daß die Wahl der Schauplätze, auf denen sich Macht auswirkt, in erster Linie von weltweit bedeutenden Fragen, von Ost-West- und Nord-Süd-Spannungen etwa, von Kriegen, die ständig stattfinden, der Aufrüstung, der Innenpolitik und dergleichen bestimmt wird. In diesem Buch aber, das ja vom psychoanalytischen Standpunkt ausgeht, ist das alles sekundär. Es besteht für den Psychoanalytiker kein Zweifel daran, daß die Familie der Brennpunkt ist, in dem sich entscheidet, ob man zu den Mächtigen oder Ohnmächtigen gehört, welche Rolle man später spielen, welches Weltbild bestimmend sein wird und ob die Entwicklung „psychisch gesund" — was immer das ist — oder gestört verlaufen wird.

Ich will mich hier nicht mit Definitionen befassen — Begriffe wie Herkunfts- oder Eigenfamilie, Haushalts- oder Verwandtschaftsfamilie sind für uns keine Diskussionspunkte. Praxis und Erfahrung zeigen, daß — die meist weiblichen — Partner von Mächtigen in der Regel frustriert sind und die Kinder — hier wieder meist die Söhne — an der übermächtigen Vaterfigur zerbrechen oder in konformistischer Anpassung doch letztlich scheitern. Die Führerpersonen selbst versagen meist im Intimbereich, es fehlt ihnen an Einfühlung in die Umgebung und an Interesse und Fähigkeit, die von ihnen Abhängigen zu Selbständigkeit und freier Entwicklung zu führen. Sie selbst scheinen in der Regel eine harte, autoritäre Erziehung hinter sich zu haben, die sie aber dank ihrer (zumindest praktischen) Intelligenz, ihrer Geschicklichkeit im Manipulieren, ihrer Rücksichtslosigkeit („über Leichen gehen"), ihrer Ich-Stärke (die sie erworben haben, indem sie sich mit den Vätern identifizierten) überwunden haben. Ihr obligater Narzißmus erweist sich als gute Abwehr gegen das Leiden, das mit dieser Konfliktverarbeitung verbunden ist. Das Scheitern ihrer Partnerschaften und Erziehungskonzepte erleben sie oft ohne wirkliche Einsicht, voll Selbstmitleid, und suchen beim Therapeuten eher Bestätigung als echte Hilfe für die ganze Familie.

Natürlich gibt es Variationen und Ausnahmen von diesem Klischeebild, aber im großen und ganzen ist die Situation fast uniform. Zwei Konfliktbereiche stehen im Vordergrund:

1. Der Generationenkonflikt, bei dem es sich durchaus nicht nur um die Ablösung der Jugendlichen von den Eltern dreht; auch das Ausscheiden der Alten ist nicht so komplikationslos, wie es aussieht — in einer Zeit, die an den Alten nicht mehr interessiert ist. Die Verlängerung der Lebenszeit und die Frühpensionen, die etwas kurzsichtig als eine Lösung der Arbeitsplatzproblematik fast überall empfohlen werden, schaffen eine Reihe von Konflikten, wobei Machtfragen oft völlig ungelöst bleiben.

2. Die Rollenfrage der Frau, die Partnerprobleme schafft. Ludwig Reiters subtile, empirisch gut unterbaute Typologie der Paarbeziehungen zeigt zwar, wie komplex diese Frage ist, in vielen Fällen sind es aber doch reine Dominanzfragen, die Schwierigkeiten bereiten. Die Frauen akzeptieren die dienende Rolle, die ihnen die unveränderte Wirksamkeit patriarchalischer Rollenverteilung zuordnet, nicht mehr; die Männer sind hingegen auf die neuen Aufgaben der Partnerschaft weder vorbereitet noch wirklich lernwillig oder lernfähig in dieser Beziehung. In fast jeder jungen Ehe zeigen sich diese Spannungen spätestens bei der Geburt des ersten Kindes in oft mühsamen und oft auch vergeblichen Auseinandersetzungen. Das Scherzwort, das für die vergangene Zeit meist charakteristisch war — wonach Männer die großen Entscheidungen treffen, zum Beispiel wer Präsident des Staates wird, die Frauen aber die kleinen, wie die Budgetzuteilung, die Wohnung oder

die Erziehung der Kinder — zeigt, wie kompliziert die Verhältnisse früher waren und auch jetzt noch sind. Hier, wie auch in allen anderen Szenen, die wir besprechen werden, kommt es darauf an, daß wir lernen, konstruktive Kompromisse zu erarbeiten, eine Fähigkeit, die noch weitgehend unterentwickelt ist. In der Terminologie der Spieltheorie heißt das, daß wir Nullsummenspiele zugunsten von Teilsummenspielen, bei denen es keine totalen Sieger und Verlierer gibt, einschränken müssen.

Sehen wir uns zunächst an, zu welchen Schlußfolgerungen ein Klassiker auf diesem Gebiet, *Power in Families* von Ronald Cromwell und David Olsen (1975) kommt:

1. Macht ist ein abstraktes und komplexes Konstrukt, das nicht direkt empirisch untersucht werden kann; wohl ist das aber bei vielen ihrer relevanten Komponenten möglich.

2. Macht ist eine Eigenschaft des Familien- beziehungsweise Gesellschaftssystems, und nicht eine Summe individueller Eigenschaften.

3. Macht ist Teil von kausalen Kreisprozessen, deren Elemente verständlich gemacht werden können.

4. Macht ist mehr als ein Potential, das von den Akteuren wahrgenommen wird. Sie kann das Verhalten anderer verändern. Die beteiligten Ressourcen und Motivationen müssen untersucht werden.

5. Werturteile sollen vermieden werden, es soll keine Verlierer im Machtspiel geben.

6. Neben Systemtheorie und normativen Theorien ist der Strukturalismus hilfreich für das Verständnis des Machtspiels (meines Erachtens aber auch die Psychoanalyse).

7. Familien unterscheiden sich durch ihre Geschichte und ihre festen Strukturen von allen anderen Gruppen.

8. Die Machtspiele in der Familie sollten nicht kompetitiv, als Wettstreit, sondern komplementär, als gegenseitige Ergänzung, gesehen werden.

9. Man sollte nicht vergessen, daß Familienmacht nicht der einzige wesentliche Faktor zum Verständnis von Familien und deren Mitgliedern ist.

Es lassen sich nach B. C. Rollins und L. Thomas zwei Verhaltensskalen ableiten: Kontrolle und Macht, sowie Annahme und Ablehnung. Elterlicher Erfolg bei der Sozialisation der Kinder ist das Ergebnis hoher elterlicher Zuwendung, hoher elterlicher Macht und niedriger Machtbehauptungskontrolle.

10. Es wird eine Methodologie der Familienforschung vorgeschlagen, die sowohl eigene Berichte als auch Beobachtungen umfassen soll, um endogene (familien-interne) wie auch exogene Faktoren erfassen zu können. Und es sollen möglichst drei Generationen mit einbezogen werden. Entscheidungsfindung, Problemlösungen, Krisenmanagement sind interessant. Interaktionen sind wichtiger als Einzelindividuen.

Während es selbstverständlich ist, daß elterliche Macht über Kinder schon wegen deren Schwäche und Hilflosigkeit praktisch unbegrenzt ist und von liebevoller Führung bis zu Kindesmißhandlung, ja sogar Mord reicht, kann andererseits etwa ein schreiendes oder sich irgendwelchen Wünschen der Eltern widersetzendes Kind (zum Beispiel beim Toilettetraining) ebenfalls eine Familie tyrannisieren. Die komplexen Beziehungen zu verstehen, die solchen Vorgängen zugrundeliegen und tragische Ausmaße erreichen können, ist Aufgabe der Kinderpsychologen in Beratungs- oder Therapiestellen, wenn die Familienmitglieder selbst nicht mehr damit fertigwerden. Sicher wäre es ganz falsch, alle Familienschwierigkeiten nur von der Machtproblematik her zu interpretieren — aber häufig wird gerade dieser Aspekt übersehen.

Man kann Gegenwart nur aus der Vergangenheit verstehen und von beiden Bereichen her in die Zukunft planen. Daher ist gerade im Familienbereich die Sozialgeschichte wichtig, denn sie liefert ja oft die entsprechenden Idealvorstellungen.

So sieht etwa der nostalgische Traum von der Großfamilie

aus (Michael Mitterauer, in *Vom Patriarchat zur Partner-schaft*, 1977): „Dem Egoismus und Individualismus der modernen Kleinfamilie wird das Verantwortungsgefühl für hilfsbedürftige Angehörige in früherer Zeit gegenüberge-stellt, den kühl-geschäftlich-unpersönlichen Sozialbeziehun-gen der Gegenwart die einstmalige starke Bindung an Ver-wandte, dem Wunsch auf größtmögliche Entfaltung der Eigenpersönlichkeit die früher stärkere Bereitschaft, persön-liche Gefühle dem gemeinsamen Wohlbefinden der Familie unterzuordnen, dem Autoritätsverlust die patriarchalische Familienhierarchie, der sexuellen Freizügigkeit die Bereit-schaft zur Enthaltsamkeit bei spät heiratenden oder über-haupt ledig bleibenden Familienangehörigen. Zu allen diesen Gegensatzpaaren paßt gut die Vorstellung von komplex strukturierten familialen Großhaushalten der vorindustriellen Zeit, in denen das kinderreiche Ehepaar mit seinen alten Eltern und den unterstützungsbedürftigen Verwandten har-monisch zusammenlebte."
(S. 39 f.)

Der Autor weist auf die Gefahren einer solchen Idealisierung hin: „Solche romantische Idyllen scheinen vordergründig harmlos. Die dahinterstehende Vorstellungswelt ist es viel-fach nicht... Nicht zufällig ist die Forderung nach Stärkung der väterlichen Autorität ein stets wiederkehrender Pro-grammpunkt autoritärer und faschistischer politischer Be-wegungen. Die Verklärung der patriarchalischen Großfamilie und der mit ihr verbundenen Abhängigkeitsverhältnisse idealisiert dann im Gegenwartsinteresse als historisch ge-glaubte Vorbilder. In derartigen Familienleitbildern steckt eine Vielfalt gefährlicher Ansätze. Neben der latenten Demo-kratiefeindlichkeit sind es vor allem antiemanzipatorische Ideen hinsichtlich der Stellung der Frau. In der streng männer-rechtlichen Ordnung der paternalistisch strukturierten Groß-familie kommt ihr nur ein minderberechtigter Platz zu."
(S. 40)

Sehr interessant in diesem Zusammenhang ist das Buch

des Soziologenehepaares Brigitte und Peter Berger *In Verteidigung der bürgerlichen Familie* (1983, 1984). Es zeichnet mit Vorsicht und ohne Aggression die sogenannte „Tendenzwende". Die Kleinfamilie als Ergebnis von Industrialisierung, Urbanisierung und so weiter war in den sechziger Jahren wegen ihrer Repression, Isolierung und Sterilität ins Kreuzfeuer geraten. Neue Lebensformen wie Kommunen und Wohngemeinschaften wurden propagiert und ausprobiert. Einen wesentlichen Faktor stellte dabei der Versuch dar, Machtverhältnisse zugunsten von Gleichberechtigung, Konsens und freien Entscheidungen abzubauen.

Gleichzeitig erlebte der Feminismus einen enormen Aufschwung. Auch diese Bewegung war — in den verschiedensten Ausprägungen — bestrebt, das Machtungleichgewicht der Patriarchatsreste zugunsten der Frauen aufzuheben. Eine dritte Entwicklung war den anderen beiden teilweise vorausgeeilt, zum Teil durch die „Pille" unterstützt, zum Teil schon durch die „Sexwelle" der späten fünfziger Jahre vorweggenommen, nämlich die Bewegung zur Gleichberechtigung auch in der Sexualität. In vielen Ländern wurde der Schwangerschaftsabbruch entweder in Form der Indikations- oder der Fristenlösung gesetzlich freigegeben. Auch die Pornographieverbote wurden zumindest gelockert. Die Machtverhältnisse zwischen Frau und Mann, zwischen Erwachsenen einerseits und Jugendlichen und Kindern andererseits schienen innerhalb der Familie und im ganzen öffentlichen Leben gegenüber der bisherigen Männerherrschaft entscheidend verändert.

Alle diese Betrebungen wurden größtenteils von Jungen und „Linken" getragen, wobei natürlich nicht die sehr konservativen Kommunisten gemeint sind. Zu dieser ganzen Bewegung gab es Parallelen in Gestalt der Bürgerinitiativen gegen Rüstung und für Ökologie. Der neue Aufbruch richtete sich auch gegen alle Institutionen: Ivan Illich wurde eine Kultfigur, wie vorher Herbert Marcuse für die Studentenrevolution. Außerparlamentarische Demokratieformen wurden versucht, „Antiparteien" wie die Grünen entstanden. In meiner eigenen Disziplin hatte die Antipsychiatrie einen erbitterten Kampf gegen die kurativen (nur auf Behandlung und Bewahrung konzentrierten) Anstalten aufgenommen. Laing und Cooper waren die Theoretiker, Basaglia ein Vorbild als Praktiker in dieser Strömung. In der Psychotherapie wurde der von der Psychoanalyse verdrängte Körper in die Behandlung einbezogen. Politisch erkannte man die Gefahr des Zentralismus und der großen Gruppen, Basisdemokratie und überschaubare kleine Einheiten wurden in den Vordergrund gestellt. (Schumacher, Kor). Auch in der Kultur fand dies alles seinen Niederschlag, wie zum Beispiel die Theaterkollektive zeigen. Es schien eine Götterdämmerung angebrochen zu sein für die bisherigen eingemauerten und eingefrorenen Machtstrukturen.

Bevor jedoch all diese Träume wirklich reifen und aus einer gewissen intellektuellen Randposition heraustreten konnten, setzte in den letzten Jahre eine „neotraditionalistische" Tendenzwende ein, die politisch etwa mit den Namen Thatcher, Reagan und Kohl und in der Philosophie mit André Glucksmann verbunden ist. Vieles an den vorher beschriebenen Veränderungen hatte enttäuscht, ließ sich aus äußeren oder inneren Gründen nicht realisieren. Merkwürdigerweise war der Machtabbau nicht mehr von einem Befreiungsgefühl begleitet, sondern von Angst und Orientierungslosigkeit (dies zeigt etwa die häufig berichtete Bemerkung der Kinder, zum Beispiel in „antiautoritären Kinderläden": „Müssen wir heute wieder spielen, was wir wollen?").

Alle diese Vorgänge betrafen hautnah vor allem die Familien, denn diese waren, trotz vieler Funktionsverluste, doch unverändert der Ort geblieben, wo Partner- und Generationsprobleme am intensivsten ausgelebt wurden.

Insbesondere ging es für die Frauen um die Alternative Mutter und Hausfrau oder Beruf, beziehungsweise um das Problem, beides zusammen zu bewältigen. Die „Befreiung" — in einer Zeit, in der noch Wirtschaftswachstum herrschte —

resultierte nur zu oft in Überlastung, was sich wieder vor allem auf die Kinder auswirkte. Jetzt, bei stagnierender Wirtschaftslage, beginnt man allerdings, die Frauen wieder von den Arbeitsplätzen zu verdrängen. Während es fast zwei Jahrzehnte modern war, die Familie als Keimzelle krankhafter Entwicklungen zu betrachten — man sprach zunächst von der „schizophrenogenen" Mutter, dann von der „Vaterlosigkeit" und den kleinfamiliengeschädigten Kindern —, wurden die Familien nun wieder aufgewertet. Zuerst war es Lidz ganz allein, dann folgten die Politiker, die die schweigende Mehrheit entdeckten, und jetzt schlagen renommierte Soziologen in die gleiche Kerbe. Die Familientherapeuten sprechen von „Allparteilichkeit und Wiederherstellung der Generationsgrenze", eine Bewegung gegen den Schwangerschaftsabbruch gewinnt an Stärke — mit einem Wort, die bürgerliche Familie alten Musters ist drauf und dran, wieder fröhliche Urständ zu feiern.

Ob dabei auch die Selbsthilfegruppen, die überall entstanden sind, unter die Räder kommen, läßt sich derzeit nicht sagen. Ich hoffe, daß dies nicht der Fall ist; ich hoffe weiters, daß der Rückschlag nicht die alten Machtverhältnisse wiederherstellt. Ich könnte mir auch vorstellen, daß die „Ausbeutung" früherer Zeiten nicht mehr in demselben Ausmaß wieder etabliert werden kann. Vielleicht dürfen wir, im Hegelschen Geiste, auf eine neue Synthese nach der jetzigen Antithese hoffen?

Ich möchte das Kapitel über die Familie aber nicht abschließen, ohne einen psychoanalytisch orientierten Familientherapeuten zu Wort kommen zu lassen, nämlich Helm Stierlin.

Auch er hält die Familie — ebenso wie H. E. Richter oder L. Rosenmayr, um zwei weitere wichtige Kronzeugen zu zitieren — für die wichtigste Sozialisationseinrichtung unserer Gesellschaft. Ein Kind kann in einer Familie aufgenommen, das heißt eingebunden, oder ausgestoßen oder delegiert werden, also eine Mission übernehmen und ausgesandt werden.

Nun heißt der Auftrag, mit dem man delegiert wird, unter Umständen auch Macht. Stierlin hat in seinem Buch über Hitler auch geschrieben, daß dessen „enormes und katastrophales — Sendungsbewußtsein damit zusammenhing, wie er selbst von seinen Eltern, vor allem seiner Mutter, delegiert wurde". (S. 29, Fußnote). Wobei Hitler ein „gebundener" Delegierter, das heißt nicht wirklich ein Ausgesandter war.

Der Machtauftrag stammt in der Regel von Ohnmächtigen, die an ihrer Rolle leiden. Das Adler'sche Kompensationsprinzip erfüllt sich nicht innerhalb einer Person oder innerpsychisch — zumindest nicht völlig —, sondern über eine Generation hin. Stierlin beschäftigt sich, außer in seinem Hitler-Buch, nicht mit Machtfragen, aber er widmet ein Kapitel dem Familien- und dem öffentlichen Terrorismus. Beide entstehen seiner Ansicht nach aus dem mißlungenen Dialog in der Familie, als Spielarten negativer Gegenseitigkeit, als Störung der bezogenen Individuation; emotionale Gleichschaltung von Gefühls- und Verstandesbereich und der Verfall bezogener Gegenseitigkeit führe weiter zu einem Versagen realitätsorientierter Selbsteinschätzung.

Schließlich komme es zu einem eskalierenden Machtkampf, wie beim Wettrüsten. Es fällt auf, daß Stierlin bei dieser Diskussion vorwiegend das Vokabular des Narzißmus, das wir bereits kennen, verwendet. Sowohl „Bindung" als auch „Ausstoßung" könne den Machtkampf weiter steigern.

Der Terrorismus innerhalb der Familie könne aus dem Erlebnis entstehen, überfordert, ausgebeutet oder verraten worden zu sein. Oft sei der Inhalt des unbewußten Auftrags an das Kind ein nicht erfüllter Wunsch der Eltern. Wenn man als Delegierter mißbraucht und mystifiziert werde, entwickle man eine paranoide Haltung. Man werde immun gegen Schuldgefühle; Opferrollen, Rachedynamik und schließlich die „Verzweiflung zum Tode" seien weitere Etappen.

Ich habe hier nur einige Gedanken Stierlins in Schlagworten zitiert, weil sie für die Machtfrage in der Familie wesentlich sind. Zuletzt noch ein Hinweis: Terrorismus ist ein Phänomen, das nur in Gesellschaften auftritt, die den Terror nicht für sich als Monopol beanspruchen. Er stellt also bis zu einem gewissen Grade den Preis für die Freiheit dar. Sehr grob heißt das, daß wir in Volksdemokratien kaum Terrorismus im eben beschriebenen Sinne finden; revolutionäre Bewegung etwa in faschistischen Diktaturen fallen nicht unter diesen Begriff, wohl aber die Rote Armee-Fraktion in der BRD, und die Roten Brigaden in Italien. Auch Befreiungsbewegungen wie die der Palästinenser und die IRA folgen anderen Gesetzen.

Daß Wissen und Können sehr oft Macht bedeuten, ist unbezweifelbar und eigentlich banal. Die Menschheit hat es als einen großen Fortschritt empfunden, daß Bildung wenigstens als Basiswissen, wie es in acht bis neun Jahren erworben werden kann, kostenfrei vom Staat vermittelt wird. Weniger beachtet wurde dabei allerdings, daß diese obligate Ausbildung eine Indoktrinierung in eine durch die jeweilige Macht vorgegebene Richtung bedeuten kann. Es ist bekanntlich nicht gleichgültig, ob man an Bibel-, Koran-, Marx-, Maooder Hitler-Texten lesen gelernt hat; die humanen Bemühungen um Chancengleichheit, die oft nur als ein Feigenblatt für die Perpetuierung gegebener Herrschaftsverhältnisse dient, können da leicht in Mißkredit geraten. Die großen Alphabetisierungskampagnen auch unserer Zeit werden einmal von dieser Perspektive aus zu betrachten sein.

Der Funktionsverlust der Familie belastet einerseits die Schule schwer mit zahlreichen Aufgaben, die mit Wissenvermittlung nichts mehr zu tun haben. andererseits wird von den Schulen ein Teil ihrer Aufgaben wieder an die Eltern oder an Privatlehrer zurückverwiesen.

Ganz glücklich ist eigentlich niemand mit dieser so wichtigen Institution der Schule. Die Schüler fühlen sich der Autorität und dem Zwang ausgeliefert und meinen, mit Stoff belastet zu werden, den sie nicht brauchen, die Eltern vermissen ein Mitspracherecht und erhoffen sich, daß die Schule die Erziehungsprobleme löst, die sie selbst nicht bewältigen konnten.

Die Lehrer, denen von beiden Seiten so viel Macht zugeschrieben wird, fühlen sich aber, ganz im Gegenteil, ohnmächtig und hoffnungslos überfordert. Und die Gesellschaft schließlich klagt darüber, daß die Schulabgänger — sämtlicher Bildungsstufen — nicht den Anforderungen entsprechen, die vor allem die Wirtschaft glaubt stellen zu müssen.

Psychoanalytiker haben sich nicht nur an der Diskussion beteiligt, sondern besonders mit gestörten Kindern und Jugendlichen auch praktisch gearbeitet. Siegfried Bernfeld, August Aichhorn, Hans Zulliger, Anna Freud, Neill und viele andere wären in diesem Zusammenhang zu nennen. Die von ihnen entwickelten Konzepte sind ziemlich breit in die Praxis eingeflossen. Auch die Individualpsychologie Adlers hat sich besonders in der Pädagogik durchgesetzt und Oskar Spiels Buch *Am Schaltbrett der Erziehung* ist nach Jahrzehnten noch immer modern.

Allen diesen Bestrebungen ist der Versuch gemeinsam, die Machtposition der Lehrer, Direktoren oder Inspektoren abzubauen, und zwar in der Art, daß die Wissensvermittlung nicht frontal von oben nach unten verläuft, sondern in einer möglichst gleichberechtigten Gruppenarbeit vor sich geht, wo Eigeninitiative und Motivation der Schüler gefördert werden. Dies erfordert natürlich kleine Klassengrößen und eine gute psychologische Ausbildung der Lehrer.

Der rücksichtslose, sadistische Lehrer, wie der schon einmal erwähnte Kupfer in Friedrich Torbergs „Schüler Gerber", der die ihm anvertrauten Schüler ängstigt, terrorisiert und unter besonders tragischen Umständen bis zum Selbstmord treiben kann, ist infolge der gesellschaftlichen Entwicklung erfreulicherweise selten geworden. Leider ist an seine Stelle oft der verängstigte, frustrierte und häufig resignierte Lehrer getreten, den jetzt die Schüler, unter Umständen auch die Behörden oder Eltern, quälen.

Die Tiefenpsychologie stand zu einem erheblichen Teil Pate bei radikalen Erziehungsversuchen, in denen man die Macht auf ein Minimum reduzieren wollte und die mit dem zwar falschen, aber sehr populär gewordenen Schlagwort „antiautoritäre Erziehung" verbunden sind. Auch Schulversuche wie diejenigen Montessoris und der anthroposophischen

„Steiner-Schulen" gingen ähnliche Wege, wobei die letzteren allerdings keine geistesgeschichtlichen Gemeinsamkeiten mit der Psychoanalyse mehr haben.

Eine — fast kann man sagen — Massenbewegung haben Elterngruppen mit den sogenannten „Kinderläden" ausgelöst, wo mit viel Enthusiasmus mit repressionsarmer Erziehung in vielfältiger Weise experimentiert wurde. Vorwiegend, aber nicht ausschließlich, waren stark ideologisch motivierte, linke Gruppen daran beteiligt und es bestanden enge Verbindungen zu den anderen, schon im vorhergehenden Kapitel erwähnten Bewegungen alternativer Lebens- und besonders Familienformen.

Leider zeigte es sich, daß die — vor allem persönlichen — Ansprüche sehr hoch, oft zu hoch waren, und daß nur geniale Erzieherpersönlichkeiten wie Neill und Aichhorn imstande waren, den Streß solcher Experimente durchzuhalten. Die Unterstützung durch die Psychoanalytiker war eher lau und spärlich. Es zeigte sich,daß sich die meisten in dieser Beziehung eher konservativ und wenig risikofreudig verhielten.

Wenn auch die schon erwähnte „Tendenzwende" es stiller hat werden lassen um all diese hochinteressanten mutigen Anstrengungen, so wurde doch zweifellos — auch infolge der starken Verbreitung durch die Medien — sowohl bei Eltern und Lehrern als auch in der ganzen Gesellschaft sehr viel in Bewegung gesetzt, das sich für die Kinder positiv auswirkt. Insbesondere ist es schon mehr oder weniger Allgemeingut, daß die Erzieher, wenn etwas schiefgeht, viel häufiger sich selbst fragen, ob sie etwas falsch machen, und nicht alle Schuld auf die Kinder und Jugendlichen projizieren.

Die Kunst des Gesprächs miteinander und das Bemühen um die Einfühlung (Empathie) in die Bedürfnisse, Wünsche und die Lage der anderen Beteiligten sind Ziele, die zumindest bekannter geworden sind. Gordons *Lehrer-Schüler-Konferenz* ist ein hervorragendes Beispiel dafür. Hier wird eine fast machtfreie Zusammenarbeit angestrebt.

Ivan Illichs totale Ablehnung des Schulsystems und seine

Theorie von der Bildung als befreiendem persönlichen Akt kann nur als Anregung zum Nachdenken gewertet werden. Aus der Vorrede, die Harmut Hentig zu Illichs Büchlein *Entschulung der Gesellschaft* verfaßt hat, seien einige wichtige Passagen zitiert, die dessen Gedanken etwas leichter zugänglich machen: „Schulbildung hat eine ‚Herrschafts'-Eigenschaft: Sie erzeugt, wo sie aus dem Gefälle von Lehrer zu Schüler, von Gelernt-haben zu Noch-lernen-müssen entsteht, eine scheinbar natürliche und darum schwer zu bekämpfende Hierarchie, ein Bewußtsein von Minderwertigkeit bei dem einen und Überlegenheit bei dem anderen, das alle gegenläufige Erfahrung vorgängig verhindert... Schulbildung hat vor allem eine ‚beschwichtigende' Eigenschaft: Sie trennt nicht nur von der Erfahrung des bestehenden Unrechts, indem sie überhaupt von vieler Erfahrung trennt, sie nährt vor allem die Überzeugung, daß man jetzt, da man lernt, nichts tun könne, daß man aber in den Positionen der Kompetenz, die man durch sie erreicht, auch Macht haben werde — und dann werde man das System ändern; Bildung als Schulbildung ist damit zum Gegenteil dessen geworden, was Menschen sich darunter vorstellen wollen und was in den Lexika, in den Präambeln und Theorien steht — ein Stück sozialer Determinismus statt ein Akt geister Emanzipation" (S. 10 f.).

Es ist vielleicht nicht uninteressant, eine Untersuchung von Ernst Gehmacher zu zitieren, der 1978, vier Jahre nach der Einführung des österreichischen Schulunterrichtsgesetzes, eine Befragung von Eltern, Lehrern und Schülern in verschiedenen Schultypen durchgeführt hat. In dem neuen Gesetz wurde versucht, diese drei Gruppen zu einer „Schulgemeinschaft" zusammenzufassen.

Danach glauben die Lehrer, daß ihre Erziehungsziele Eigenständigkeit und Selbstvertrauen seien, die Schüler hingegen vermuten, daß es den Lehrern darauf ankäme, sie zu Fleiß, Gehorsam und gutem Benehmen zu erziehen. Während die Lehrer kritisches Denken in den Vordergrund stellen, sehen die Schüler nur Ordnung und Disziplin, dann erst Bildung. Ein wesentliches Machtinstrument in der Schule ist natürlich die Notengebung. Besonders unsicher zeigten sich die jüngeren Hauptschullehrer in bezug auf deren Objektivität.

Insgesamt darf man wohl hoffen — wie auch eine diesbezügliche Untersuchung zeigt, (Kitty Schmidt-Löw-Beer, 1983) — daß in der Schule eine Lockerung der Machtbeziehung im Dienste einer besseren Kommunikation zumindest möglich ist; dies würde sich jedenfalls für alle Beteiligten positiv auswirken.

Am Schluß dieses skizzenhaften Bildes der Schule als Macht- und Anpassungsinstrument sei das originelle Buch der italienischen Familientherapeutin Maria Selvini-Palazzoli *Der entzauberte Magier* über die Schulpsychologen erwähnt. Nach einer etwas böswilligen, aber natürlich nicht ganz falschen Schilderung dessen, was Psychoanalytiker tun, wird ein System empfohlen, das von einem klaren Vertrag ausgeht, demzufolge der Psychologe sich nicht mit einem einzelnen pathologischen Fall befassen soll, sondern mit dem ganzen beteiligten System. Betrachtet man die empfohlenen Interventionen, so handelt es sich fast immer um ein Umstoßen der bestehenden Hierarchie, also der Machtverhältnisse.

Hat man einmal Schule und Familie verlassen, dann wird man am Arbeitsplatz neuerlich mit Macht konfrontiert. Nur sind jetzt andere, oft viel feindlichere Kräfte und Motive im Spiel; wurde in den ersten beiden Institutionen wenigstens irgendwo im Hintergrund das Individuum gefördert, so werden nun persönlichkeitsfremde Interessen wirksam; die Machtträger sind an Profit, an Produktionssteigerung interessiert und an den Mitarbeitern nur so weit, als sie diesen Interessen dienen.

Selbst der sogenannte „Freiberufliche" ist erst, wenn er sicher etabliert ist, annähernd frei, vorher ist er von seinen Kunden, Klienten und Patienten fast noch mehr abhängig als der Arbeiter und Angestellte, als der „Lohnabhängige", wie es so schön heißt.

Die Macht, der der Mensch im Arbeitsleben ausgeliefert ist, orientiert sich jetzt kaum mehr an dessen Bedürfnissen; der Arbeitende wird „fremdbestimmt". Entfremdung ist dann auch mehr oder weniger deutlich das Ergebnis dieser Entwicklung. Die katastrophale Lage des Proletariats zur Zeit des Frühkapitalismus, die schreckliche Not, Ohnmacht und Ausbeutung führten zur mächtigsten politischen Bewegung der Neuzeit, der Arbeiterbewegung des Marxismus. Ein konservativer Mächtiger, Bismarck, hat den Sprengstoff, der darin lag, erkannt und mit seiner Sozialgesetzgebung einen Weg gesucht, eine Revolution zu vermeiden. Dies mag eine der Ursachen dafür sein, daß die Revolution von 1918, die ja vorwiegend durch das militärische Versagen der feudalen Mächte bedingt war, relativ milde ausfiel. Die russische Oktoberrevolution, deren Motor Lenin war, ein starker Theoretiker und Praktiker der Macht, und der eine stärkere soziale Spannung vorangegangen war, hatte eine viel tiefer wirkende Veränderung der Machtstruktur zur Folge. Die Parole „Alle Macht den Räten" strebte eine völlige Umkehrung der Hierarchie an.

Es ist tragisch, daß es letztlich — vielleicht wegen der zu geringen Industrialisierung Rußlands zu diesem Zeitpunkt — zu einer fast perversen Entwicklung in Richtung eines Staatskapitalismus und neuen Imperialismus kam und der Klassenkampf zwischen Arbeitern und ihren neuen Ausbeutern eine „neue Klasse" von Apparatschiks hervorbrachte.

Der Traum von einer klassenlosen Gesellschaft, in der Hierarchie aufgehoben und Macht gleichmäßig verteilt ist, taucht aber immer wieder auf — zum Beispiel in Hippiegruppen —, scheint aber nur in Kleingruppen, unter Grenzbedingungen, möglich, das heißt, verwirklichbar zu sein.

Wie aber steht die Psychoanalyse zu dieser Problematik? In den sozialisitischen Ländern wird sie, wohl wegen ihrer ideologiekritischen Tendenzen, als bürgerlich-dekadente Denkrichtung abgelehnt. Nur in Jugoslawien und Ungarn führt sie eine nicht sehr bedeutende Existenz. Wir müssen unsere Betrachtungen daher auf den Westen beschränken, wo eine Mischwirtschaft zwischen freiem Markt und Planwirtschaft, oft soziale Marktwirtschaft genannt, vorherrscht. Das England Margaret Thatchers und das Amerika Ronald Reagans sind zwar im Augenblick der Verfassung des Manuskripts radikal auf freien Markt und Monetarismus festgelegt, aber insgesamt neigt man im Westen doch wohl einem Kompromiß zwischen Arbeitnehmern und Arbeitgeberorganisationen zu, wie es in der konzertierten Aktion Erhards und der Sozialpartnerschaft in Österreich vorexerziert wurde beziehungsweise wird. Vor allem das letztgenannte Modell — charakterisiert durch eine lange Periode ohne Arbeitskampf und Streiks — hat gezeigt, daß die verschiedenen Interessen sehr wohl durch die Verantwortung für die Gesamtwirtschaft überbrückt werden können.

Obwohl der Klassiker in diesem Zusammenhang, *Das menschliche Dilemma der Führung* von Abraham Zaleznik, in den USA bereits 1966 erschienen ist, halte ich es doch für berechtigt, ihn hier ins Zentrum zu stellen, da er erstmals Psychoanalyse und Management zur Diskussion stellte.

Ich halte es auch für bemerkenswert, daß Zaleznik schon in den sechziger Jahren die Hoffnung auf die Wirksamkeit der T-Gruppen und der Gruppendynamik bei Führungsproblemen dämpfte. Bei beiden Bewegungen handelt es sich um eine sozial-psychologische Gruppenarbeit, die in der Erwachsenenbildung und im Managementtraining (T-Gruppen = Trainings-Gruppen) eine sehr weite Verbreitung gefunden haben. Der herrschaftsfreie Dialog, das gegenseitige Verständnis und die angestrebte „Wahrheit" haben diese Selbsterfahrungsgruppen zu einer Zukunftshoffnung unserer Zeit werden lassen. „Der Menschheit sind schon seit urdenklichen Zeiten die Schwierigkeiten der Machtausübung bewußt. Die Lösung von Machtkrisen durch ihre Verschiebung vom einzelnen zu einer Gruppe beinhaltet schon den Keim des eigenen Unterganges. Die positive Seite der Macht besteht in ihrer Koexistenz mit einem gewissen Verantwortungsgefühl im Menschen. Gruppen nehmen keine Verantwortung auf sich, nur einzelne Menschen tun es. Die Übernahme von Macht ohne Verantwortung führt zum Stillstand und zu einem Versagen des Arbeitsprozesses...(a. a. O., S. 293).
...Der Grund, warum organisatorische Lösungen nicht standhalten, läßt sich von der zunehmenden Fähigkeit des Menschen ableiten, sich der Natur gegenüber zu behaupten. Die wissenschaftliche Revolution machte es möglich, die Tradition zu stürzen und die Innovation weit über das normale Fassungsvermögen hinaus zu betreiben. Dieser Anstoß zum Wandel hat die Industrie getroffen und normalerweise logische Ansichten über die Ziele und Strategien von Konzernunternehmungen veralten erscheinen lassen.

Mit anderen Worten, die organisatorische Lösung beabsichtigt die Lösung vergangener Probleme und wird durch den

Einfluß ideenreicher Männer verdrängt. Der kreative Mensch, der durch Ideen und Innovation belebt wird, ist der zeitgenössische Held. Er ist so einzigartig in seiner Zeit wie die Helden des Altertums, die Kriege führten und Nationen schufen. Was jedoch der moderne Held mit den traditionellen Helden gemeinsam haben könnte, ist ein hochentwickeltes Selbstgefühl, Mut, seine Individualität durchzusetzen und die Ausdauer, den Schmerz des „Selbstseins" zu ertragen." (S. 308 ff.)

Max Weber sah übrigens ebenfalls die Zukunft der Macht entweder im Erstarren in der Bürokratie oder im Auftauchen neuer charismatischer Führer. Das eine verwirklichte sich in Rußland, das andere in den Gestalten Hitlers, Maos oder Castros. Die dritte Möglichkeit, nämlich die Förderung von Kleingruppenarbeit und verbesserter Kommunikation, war damals noch kaum bekannt.

Ich halte Zalezniks Buch nur in einer Hinsicht für überholt: Es befaßt sich nur mit Männern! Der Autor macht sich nicht einmal Gedanken darüber, daß zu seiner Zeit Frauen offenbar keinerlei Führungsrollen innehatten, obwohl es so viele weibliche Angestellte und Arbeiterinnen gab, ja ganze Branchen auf sie angewiesen waren. Schon zehn Jahre später wäre diese Verdrängung nicht mehr möglich gewesen. Da es sich hier nicht um einen Einzelfall handelt, kann man die — erfreulicherweise nicht mehr ohnmächtige — Wut der Feministen gut nachempfinden.

Es ist aber bekanntlich auch heute noch so, daß Frauen fast überall für die gleiche Arbeit weniger Entgelt bekommen als Männer und wesentlich seltener Machtpositionen erreichen. Dabei ist interessant, daß nicht nur die Männerwelt ihre traditionellen Machtpositionen nicht gerne räumt und alle möglichen Abwehrmaßnahmen — manchmal brutal, manchmal sehr subtil — setzt, sondern, daß auch viele Frauen aufgrund ihrer Sozialisation vor Führungspositionen zurückscheuen. Sind es ja oft die Mütter selbst, die ihre Söhne auch heute noch zu Paschatypen erziehen und ihre Töchter weiterhin auf die „dienende Rolle der Frau" hintrimmen. Für den Psychoanalytiker besteht kein Zweifel, daß dabei unbewußte ödipale Motive eine Rolle spielen: Mütter sehen in den Töchtern Rivalinnen, die unterdrückt werden müssen.

Aus der kargen Literatur zu diesem Problem sei eine in Europa wenig bekannte Autorin herausgegriffen, die Psychiaterin und Psychoanalytikerin Jean Baker-Miller (*Women and Power*, 1982). Sie meint, und das entspricht auch unserer klinischen Erfahrung, daß in unserer Kultur das Vorurteil stark verbreitet sei, Frauen sollten keine Machtpositionen einnehmen. Ausnahmen wie Margaret Thatcher, Indira Ghandi oder Golda Meir bestätigten eben die Regel. Frauen hätten aber immer enorme Macht indirekt dadurch ausgeübt, daß sie hinter den Kulissen andere in ihrer Machtentwicklung förderten und daraus eine wesentliche Befriedigung zogen. Diese Art verdeckter Machtausübung werde jedoch in unserer Männerwelt nicht erkannt und anerkannt. Falls Frauen die Ausübung von Macht in ihrem eigenen Interesse erwägen und anstreben, verbänden sie damit die Vorstellung von Selbstsucht, ja sogar Destruktivität, was mit ihrer Auffassung von weiblicher Identität nicht oder schwer vereinbar sei. Durch Macht fühlten sie auch die Beziehungen zu anderen gefährdet und scheuten daher zurück. Frauen und Männer hätten verschiedene Erlebniswelten, die weiblichen Eigenschaften müßten aber bekannter werden und könnten letztlich nicht nur für die Frauen, sondern auch für die Männer wertvoll sein.

Die Arbeit — durch die Erbsünde in unser Leben gekommen — kann Mühe und Last, aber auch Freude und Selbstbestätigung sein und unentbehrlich für unser Selbstwertgefühl. Die Bestrebungen zur Humanisierung der Arbeitswelt durch Partizipation, also Teilnahme an den Entscheidungen für alle Beteiligten, helfen bedrückende Machtverhältnisse abzubauen und mehr Arbeitsfreude zu schaffen.

Die Tatsache, daß infolge des schwachen Wirtschaftswachstums die Arbeitlosigkeit wahrscheinlich nicht mehr aus unserer Gesellschaft schwinden wird, hat sicher schwerwiegende Folgen für unsere seelische Gesundheit. Das klassische Werk von Jahoda, Lazarsfeld und Zeisel über die Arbeitslosen von Marienthal ist noch immer gültig. Der Arbeitslose ist der Prototyp des Ohnmächtigen, er hat sein Prestige verloren und ist von der Solidarität der noch Arbeitenden total abhängig. Es bildet sich eine neue Randgruppe der Ausgestoßenen, wie die der Gastarbeiter oder Behinderten. Es ist nicht unwahrscheinlich, daß in diesem Bereich neue, gefährliche Unruhe entsteht. Daß auch Leistung Macht bedingen kann, ist unbestritten; um die Kritik am Leistungsprinzip ist es aufgrund der neuen Arbeitsmarktlage in den Industriegesellschaften stiller geworden. Die Chance, eine Leistung vollbringen zu können, hat wieder an Wert gewonnen.

Wenn ich innerhalb der „Szenen der Macht" die Politik erst an dieser Stelle behandle, so deswegen, weil ich in erster Linie am Alltag interessiert bin. Dort spielt sich der Kampf um die Macht und ihre Verteilung sowie die tägliche Konfrontation mit ihr ab: in Familie, Schule und Beruf. Die Politik beeinflußt zwar dieses Alltagsgeschehen grundsätzlich, tritt aber relativ wenig ins Bewußtsein. Die meisten Männer lesen den Sportteil der Zeitungen zuerst, die Frauen den Lokalteil, über die Politik wird eher nur geschimpft. Diskussionsthema sind die Skandale durch Korruption, das Versagen beim Privilegienabbau, im Hintergrund steht ein tiefes Mißtrauen gegen die große internationale Politik, die die Abrüstung nicht zuwege bringt und gegen die nationale, die immer mehr Verschuldung erzeugt. Olivecrona, der es eigentlich wissen mußte, sagte zu seinem Enkel ja, er könne sich gar nicht vorstellen, mit wieviel Dummheit die Welt regiert werde.

Nun muß ich sagen, ich bin keinem Mächtigen begegnet, der nicht intelligent gewesen wäre. Nur gibt es eben viele Spielarten der Intelligenz. Was in der Politik offenbar gebraucht wird, ist die Fähigkeit, Menschen zu manipulieren, Vorteile rasch zu erfassen und auszunützen, Gefahren zu vermeiden, aber trotzdem initiativ zu sein. Fähigkeiten (wie logisches und abstraktes Denken), die den sogenannten „Intellektuellen" zugeschrieben werden, sind dabei offenbar eher hinderlich. Ich möchte wieder etwas unkonventionell Helmut Schelskys *Die Arbeit tun die anderen* (1977) an die Spitze dieses Kapitels stellen. Dieses Buch ist einerseits ein Vorreiter der Tendenzwende, andererseits hat es mit Arbeit etwas zu tun, gehört aber meines Erachtens zur politischen

Literatur — sein Untertitel lautet ja charakteristischerweise „Klassenkampf und Priesterherrschaft der Intellektuellen".

Dieses Pamphlet eines „Rechtsintellektuellen" gegen Liberale und „Linksintellektuelle" wie Böll, Augstein, Dahrendorf und Mitscherlich, ist für mich deswegen interessant, weil es einen selten besprochenen Machtaspekt in den Vordergrund stellt. Schelsky geht dabei von Max Weber aus. Er sieht die geistigen Auseinandersetzungen unserer Zeit als einen Kampf von Herrschaftsgruppen um die soziale Macht und als einen Kampf von sozialen Klassen neuer Art. Es handle sich bei diesem Kampf um eine Wiederbelebung der uralten Auseinandersetzung zwischen weltlicher und geistlicher Herrschaft. Eine neue Klasse der politisch und ökonomisch sich durchsetzenden Sinnvermittler und Heilslehrer befände sich im interessenhaften Klassengegensatz zu denen, die sich der Produktion von Gütern verschrieben haben, Gütern, die der Lebensbefriedigung, dem Wohlstand und dem Funktionieren eines gesellschaftlichen Systems dienen. Die neue Klasse, die dem Klerus sehr ähnlich sei, habe Bildung, Information und Wissenschaft als Produktion und Herrschaftsmittel monopolisiert. Schelsky übersieht allerdings, daß auch er selbst ein Mitglied dieser Klasse ist, und nicht nur die von ihm gehaßten Linken und Liberalen, und das wirkt ein wenig komisch; doch hat er eine Frage angeschnitten, die in einer modernen (und selbst postmodernen) arbeitsteiligen Gesellschaft zweifellos wichtig geworden ist. Haben die Intellektuellen eine neue Machtposition, und soll dies so sein, das heißt ist es wünschenswert? (Wobei noch offen bleibt, für wen dies erstrebenswert wäre, beziehungsweise wer es erstrebt).

Nach Webers Vorbild wird der Begriff Macht als zu allgemein für die Diskussion auf politische Herrschaft eingeschränkt. Voraussetzung dafür sei „Zustimmung", also „Legitimation".

Legitimität kann nun 1. rational begründet sein in Legalität (Rechtsstaat), 2. traditionell oder 3. charismatisch. Nur

die erste Form entspräche unserer Zeit. An die Stelle des Kampfes um die Macht trete der Kampf um die Legalität. Die Leitideen eines modernen Staates (Machtmotive) seien:
1. innerer und äußerer Frieden,
2. Wohlfahrt und
3. Freiheit des Individuums.

Da Macht immer wieder nur durch Macht gebändigt und kontrolliert werden kann, ergibt sich als nächste Frage, welche Machtmittel in einer legitimen Herrschaft die Beherrschten zur Verfügung haben. Schelsky ist weder mit dem Prinzip der Gewaltenteilung, noch mit der Überführung des Volkswillens in Herrschaftswillen durch Repräsentationsverfahren, noch mit den abgeleiteten institutionellen Autonomien sehr glücklich. Öffentlichkeit als weitere Kontrollmöglichkeit wird noch gesondert zu besprechen sein. Wenn sie wirksam sein soll, muß sie allerdings auch Machtcharakter erhalten.

Neben der politischen Herrschaft kennt Weber aber auch die „Hierokratie, die Machtausübung als psychischen Zwang": „*Hierokratischer* Verband soll ein Herrschaftsverband dann und insoweit heißen, als zur Garantie seiner Ordnung psychischer Zwang durch Spendung oder Versagung von Heilsgütern (hierokratischer Zwang) verwendet wird. *Kirche* soll ein hierokratischer *Anstalts*betrieb heißen, wenn und soweit sein Verwaltungsstab das *Monopol* legitimen hierokratischen Zwanges in Anspruch nimmt." (Schelsky, a. a. O., S. 49)

Die Hoffnung auf eine Sinngebung durch erlösende Zukunft, das „Charisma", sei dabei das entscheidende Machtmittel. Eine Voraussetzung sei die Aufrechterhaltung eines Not- und Elendsbewußtseins, es verbinde sich damit ein Totalanspruch der „Heilsvergemeinschaftung". Daraus aber ergebe sich ein Widerspruch zum Freiheitsbedürfnis. Charismatische Systeme seien außerdem rechts- und wirtschaftsfremd und lebten von der Arbeit der anderen, eine Arbeit, die abgewertet und zugleich ausgebeutet werde.

Solche Führungssysteme sollen

1. eine theoretische Erklärung der Umwelt (Weltorientierung) bieten,
2. eine praktische Handlungsanleitung und
3. Tröstung und Sinngebung in Not- und Leidsituationen.

Schelsky betrachtet die Welt offenbar als bedroht von der „Herrschaft einer Reflexionselite", die eine „vollkommene Gesellschaft im Kopfe" und die endgültige Befreiung der Subjektivität des Individuums (Emanzipation) verspricht. Die Träger dieser „neuen Klasse" (etwas anderes als bei Djilas, der die Funktionselite sozialisitischer Staaten meint) seien die *Intellektuellen.* Darunter versteht Schelsky:

1. die technisch-organisatorischen Spezialisten und Experten,
2. die Kulturschaffenden,
3. die Sozialwissenschaftler und
4. die Pragmatiker und Analytiker unserer Zeit,
5. die Lehrer auf allen Niveaus,
6. Informationsleute,
7. heilsverkündende Intelligenz (Priester).

Ich will Schelskys Ausführungen nicht weiterverfolgen; in der Diskussion über sein bewußt provozierendes Buch fällt nur die völlige Humorlosigkeit auf, obwohl sich eine gewisse Ironie aufdrängt, weil doch gerade die angeführten Gruppen ständig über ihre Ohnmacht klagen.

Nur einen Punkt möchte ich noch erwähnen, nämlich Schelskys Meinung zur Psychoanalyse. Er findet besonders bei Alexander Mitscherlich eine unzulässige Erweiterung psychoanalytischer Erkenntnisse in den Makrokosmos. Es werde hier den Massen eine Therapie aufgedrängt; ferner glaubt Schelsky bei Mitscherlich das Aggressionspotential einer missionarischen Überzeugung feststellen zu müssen.

Dazu wäre zu sagen, daß Mitscherlich zwar hie und da aufgrund seiner kämpferischen Haltung übers Ziel geschossen hat (wie zum Beispiel bei der „Analyse" der Persönlichkeit Barzels im Fernsehen), daß er aber in seinen Hauptwerken, etwa in *Die Unfähigkeit zu trauern,* in vorbildlicher Weise ohne jeden Machtanspruch, psychoanalytisches Wissen auf gesellschaftliche Zusammenhänge anwandte.

Als Gegenpol zu dem Konservativen Schelsky möchte ich hier den Analytiker und Philosophen Herbert Marcuse anführen, der lange Zeit der Guru der Studentenrevolution war. Marcuses drei Vorträge, die unter dem Titel *Psychoanalyse und Politik* 1968 herausgegeben wurden, sind wegen ihrer Dichte schwer referierbar, aber ich will versuchen, wenigstens einige Gedanken wiederzugeben. Hier zunächst seine Definition von Herrschaft: „Herrschaft ist überall da wirksam, wo die Ziele und Zwecke des Individuums und die Weisen, sie zu erstreben und zu erreichen, dem Individuum vorgegeben und als vorgegebene von ihm ausgeführt werden. Herrschaft kann von Menschen, von der Natur, von Dingen ausgeübt werden — ja sie kann innerlich sein, von dem Individuum an sich selbst vollzogen werden, in der Form der Autonomie erscheinen. Diese Form spielt in der Freudschen Trieblehre eine entscheidende Rolle: das Über-Ich nimmt die autoritären Vorbilder — den Vater und seine Stellvertreter — in sich auf und macht ihre Gebote und Verbote zu seinen eigenen Gesetzen, zu seinem Gewissen. Die Triebbeherrschung wird zum eigenen Werk des Individuums: Autonomie." (S. 6)

Danach aber ist Freiheit eine Form von Herrschaft, unter der die vorgegebenen Mittel die Bedürfnisse des Individuums befriedigen, wobei nur ein Minimum an Unlust und Entsagung in Kauf genommen werden müßte. In unserer Kultur sei Freiheit nur aufgrund von Triebunterdrückung möglich. Das Lustprinzip widerstrebe dem Aufschub der Befriedigung, der Beschränkung und Sublimierung, der Lust der nicht-libidinösen Arbeit. Nun sei Kultur Sublimierung. Um den Menschen gesellschafts- und damit lebensfähig zu machen, müsse das Lustprinzip durch das Realitätsprinzip überwunden werden.

Herrschaft, also moralischer und physischer Zwang, meint Marcuse, sei die allgemeine Vernunft der Kulturentwicklung. Freiheit müsse den Zwang enthalten.

Das Programm, welches uns das Lustprinzip aufdrängt, nämlich glücklich zu werden, sei nicht zu erfüllen, sagte Freud. Die private Repression habe zwar abgenommen, der Vater sei kein effektvoller Repräsentant des Realitätsprinzips mehr und die Auflockerung der Sozialmoral erleichtere die Überwindung des Ödipuskomplexes, dafür aber habe die öffentliche Macht zugenommen. Der Freiraum, in dem Anderssein und Unabhängigkeit sich entfalten könnten, sei begrenzt geworden. In der heutigen Massendemokratie seien nicht mehr Einzelmenschen und identifizierbare Gruppen die Elemente der Politik, sondern gleichgeschaltete Totalitäten. Herrschaft tendiere dazu, neutral, auswechselbar zu werden.

Freud selbst hielt den Kampf zwischen Eros und Todestrieb, Produktivität und Destruktion für aussichtslos, und wenn wir die geschichtliche Entwicklung bis heute betrachten, müßten wir ihm eigentlich zustimmen. Marcuse geht in seiner Utopie aber einen anderen Weg, für ihn stammt Kultur aus der Lust. Arbeit sei ursprünglich libidinös. Die wachsende Produktivität schaffe auch wachsende Genußmöglichkeiten und somit die mögliche Umkehrung des gesellschaftlich erzwungenen Verhältnisses von Arbeit und Genuß, Arbeitszeit und freier Zeit.

Ich möchte darauf hinweisen, daß die strukturelle Arbeitslosigkeit, mit der wir konfrontiert sind, seit die Wirtschaft nicht mehr wächst und wahrscheinlich nicht mehr wachsen kann, die Frage der Arbeitszeitverkürzung brennend aktuell gemacht hat. Im oben angedeuteten Zusammenhang kann diese Problematik auch im Sinne einer psychoanalytischen Deutung interessant werden.

Wenn Marcuse mit seiner Konzeption auch eindeutig im Widerspruch zu Freud steht, wogegen an sich nichts einzuwenden ist, so findet man doch auch bei Freud selbst Anklänge an eine optimistische Utopie, wie zum Beispiel die Schlußsätze von *Das Unbehagen in der Kultur* zeigen: „Die Menschen haben es jetzt in der Beherrschung der Naturkräfte so weit gebracht, daß sie es mit deren Hilfe leicht haben, einander bis auf den letzten Mann auszurotten. Sie wissen das, daher ein gut Stück ihrer gegenwärtigen Unruhe, ihres Unglücks, ihrer Angststimmung. Und nun ist zu erwarten, daß die andere der beiden ‚himmlischen Mächte‘, der ewige Eros, eine Anstrengung machen wird, um sich im Kampf mit seinem ebenso unsterblichen Gegner zu behaupten." (*Gesammelte Werke*, Bd. 14, Frankfurt/Main 1968, S. 506)

Es ist übrigens charakteristisch für den raschen Wandel der Moden in der Psychoanalyse, daß der Narzißmus bei Marcuse kaum eine Rolle spielt.

Josef Rattner bietet in seinem Buch *Tiefenpsychologie und Politik* einen guten Überblick über die poltische Psychologie vom psychoanalytischen Standpunkt aus, wobei die Machtfrage allerdings nicht im Vordergrund steht. Wir danken ihm eine ungewöhnliche Sammlung von Freud-Zitaten, die die recht negative soziale Einstellung dieses sonst so genialen Menschen aufzeigen. Ein Liebling Rattners ist begreiflicherweise Erich Fromm, der so ziemlich den Prototyp des politisch interessierten Tiefenpsychologen darstellt und der sich als fruchtbarer Kulturschriftsteller zweifellos große Verdienste um die Popularisierung humanistischen Gedankengutes erworben hat.

Eine seiner bedeutendsten Erkenntnisse war die von der „Furcht vor der Freiheit" (1971); dazu ein Zitat aus Rattner: „Im modernen Menschen kann man mehrere Fluchtmechanismen diagnostizieren, durch die er der Freiheit enflieht, da er die mit ihr verbundene Verantwortung und Autonomie scheut. Fromm ist beeindruckt durch die Entstehung totalitärer Systeme in unserem Jahrhundert, wo unzählige Bürger auf ihre Souveränität Verzicht leisteten und sich unter das Joch einer wahnwitzigen Tyrannei beugten. Offenbar bieten kollektivistische Gewaltideologien ein Heilmittel gegen die ‚Freiheitsphobie‘, die dem europäischen Menschen durch soziale Verhältnisse und Erziehung eingepflanzt worden ist. Der wichtigste Fluchtmechanismus ist die *autoritäre Tendenz:* in ihr und durch sie versucht das Individuum durch Aneignung von Macht oder durch Unterwerfung unter sie das Gefühl der eigenen Nichtigkeit zu übertönen. In der Richtung dieses Prinzips liegen sadistische und masochistische Charakterzüge, die für ganze Volksklassen, für den Menschen unserer Kultur überhaupt kennzeichnend sind. Der Sadomasochismus ist immer ein Symptom für tiefe Unsicherheit, verbunden mit Abhängigkeitswünschen, die als Herrschaftsverlangen (aktiv) oder als Unterwürfigkeit (passiv) zum Ausdruck kommen. Fromm sieht in dieser Deformation der menschlichen Lebenseinstellung, die im Grunde ein pervertiertes Freiheitsbedürfnis bekundet, einen Schlüssel zum Verhalten von Individuum und Masse in den modernen Demokratien und Diktaturen. Der Sozialcharakter des Durchschnittsmenschen der christlich-kapitalistischen Gesellschaftsordnung darf als sadomasochistisch bezeichnet werden." (S. 72)

Rattner weist übrigens mit Recht darauf hin, daß man Hitler und seiner Wirkung mit einer psychiatrischen Etikettierung, etwa Paranoia, nicht gerecht wird. Wenn man schon einen solchen Versuch unternehmen will, wäre „fanatischer Psychopath" wahrscheinlich korrekter.

Rattner spricht weiter über Lasswell, den wir schon kennen. Dieser unterscheidet zwischen Agitatoren und Administratoren. Die ersteren sind meist narzißtische Typen, oft homosexuell (Zug zum Ähnlichen), frühe Objektbeziehungsstörungen charakterisieren ihre Dynamik. Administratoren haben meist eine Entwicklung ohne Krisen hinter sich, sie passen sich leichter an, sind weniger von narzißtischen Zufuhren abhängig. Lasswell meint, daß politische Ansichten wie neurotische Symptome deutbar seien.

Mehr hält Rattner von Alex Comfort. Dieser Autor sieht bei Mächtigen oft kriminelle Motivationen. Die gegenwärtige Gesellschaft gestatte vielen potentiell Kriminellen den Aufstieg zur Macht. Das Verlangen nach Selbstbestätigung in und durch Herrschaft sei oft für angepaßte Menschen charakteristisch. Der politische Psychopath sei oft unauffällig — wie dies bei vielen Naziverbrechern der Fall war, die vor und nach ihren Verbrechen keinerlei psychische Besonderheiten aufwiesen. Besteht ein Zusammenhang zwischen unseren Institutionen und einer psychischen Erkrankung ihrer Träger und Führer? Ist Machtwille allein schon ein Hinweis auf Delinquenz? Der rationale, demokratische Führer sei gegenüber dem autoritären im Nachteil, weil er weniger emotionelles Echo finde. Ferner, meint Comfort, suchen die potentiell Kranken oft den Krieg, da sie ihre Tendenzen dort ungehemmt ausleben können.

Rattner meint auch, daß die Psychanalyse, wenn sie sozialer, aktiver und realitätsnäher wird, eine wichtige Aufgabe in diagnostischer, therapeutischer und präventiver Hinsicht sowie vor allem in der Forschung übernehmen könnte, um Fragen der Politik, Herrschaft und Macht zu behandeln.

Einen sehr modernen Ansatz bietet Murray Edelmans *Politik als Ritual*. Der Autor versteht Politik als symbiotische Form, wobei er davon ausgeht, daß sich Mensch und Politik ineinander spiegeln. Grundlegend für das Erkennen symbolischer Formen im politischen Prozeß sei die Unterscheidung zwischen Politik als „Zuschauersport" und politischer Tätigkeit von organisierten Gruppen zur Durchsetzung ganz spezifischer, greifbarer Vorteile. Zu den Symbolen bestehe eine gewisse Distanz, sie seien weitgehend unnahbar. Die Masse wolle Symbole, keine echten Nachrichten. Beschwichtigende Symbole seien bei autoritären Staaten bsonders beliebt. Rituale seien motorische Aktivitäten, bei denen sich die Beteiligten symbolisch zu einer gemeinsamen Unternehmung zusammenfinden.

Bei Edelman, der stark psychoanalytisch orientiert ist, findet sich auch ein Hinweis auf Ch. W. Wahl (1959), wonach die meisten Menschen von der Logik und Rationalität ihrer politischen Entscheidungen überzeugt seien. Psychotherapeutische Erfahrungen sprechen aber dafür, daß Politik und Religion bei den meisten von uns viel widerstandsfähiger gegen rationale Prozesse sind, als dies für andere Bereiche unserer bewußten Überzeugung und Wertsysteme gilt.

Ich möchte in diesem Zusammenhang auch noch R. Grossarth-Maticek erwähnen, der in seinem Buch *Revolution der Gestörten* über eine Befragung Heidelberger Studenten berichtete, daß die antiautoritär-linksradikalen Studenten in der Phase der Studentenbewegung tatsächlich stärker psychopathologisch gestört waren als alle anderen Gruppen politisch engagierter Studenten. Es zeigte sich bei ihnen eine typische familiäre Konfliktsituation: Eine dominante, frustrierende Mutter erzwingt einen Identifikation, die nur durch Aggression aufrechterhalten werden kann. Auch fanden sich häufig homosexuelle Tendenzen. Ähnliche Untersuchungen würde man sich auch über Mächtige wünschen.

Ganz am Schluß dieses Kapitels will ich noch das jüngste einschlägige Buch zumindest anführen — John K. Gallbraiths *Die Anatomie der Macht*: Hier referiert ein Experte über Theorie und Praxis der Macht, allerdings ohne wesentliche Beziehungen zur Psychoanalyse. Er teilt Macht in drei Formen ein: Zwangsmacht (*condign*), erreicht durch Strafen; kompensatorische Macht, erreicht durch Belohnung, und konditionale Macht, erreicht durch Überredung. Die drei Quellen der Macht seien Persönlichkeit, Besitz und Organisation. Macht könne sozial gefährlich sein, sei aber auch sozial unentbehrlich. Der gesunde Mensch, der Macht gewinne, liebe sie; Liebe zur Macht sei auch die Liebe zu uns selbst. Hier klingt das Motiv des Narzißmus an, aber nicht als pathologisches Phänomen. Jede Macht schaffe ihren eigenen Widerstand und begrenze ihre eigene Effektivität. Es käme letztlich darauf an, die dritte Form der Macht zu entwickeln — dann entstünden nicht Sklaven, sondern freie Arbeiter.

Dies ist der Titel des Abschlußkapitels von Gustav Bychowskis psychoanalytischer Studie *Dictators and Disciples*. Es werden darin das Leben und die Problematik eines Julius Cäsar, Oliver Cromwell, Maximilien de Robespierre, Hitler und Stalin eingehend im Sinne der *psychohistory* (einer psychoanalytischen Interpretation von Geschichte) besprochen.

In der Zusammenfassung wird aufgezeigt, daß blinder Gehorsam einem Führer gegenüber nur möglich ist, wenn das Volk in seinem Ich geschwächt ist und die Fähigkeit zu Kritik und Unabhängigkeit verloren hat. Das könne das Resultat von Angst, Unsicherheit, aber auch Armut, Hunger und einer bedrohlichen Situation sein. Auch verlorene Kriege oder Revolutionen könnten den Boden für eine Diktatur bereiten. Das kollektive Ich, hilflos geworden, regrediere — das heißt, es fällt in infantile Phasen zurück und sucht nach Unterstützung und Erlösung.

Die Auflösung einer sozialen Struktur errege nicht nur Angst, sondern unterminiere auch die Basis des kollektiven Ich-Ideals. Die Massen suchen dann aus ihrer Regression nach einem neuen Ideal, einem Kult, dessen Träger mit übernatürlichen Eigenschaften ausgestattet wird. Das regredierte kollektive Ich neige dazu, sich an ein Individuum anzulehnen, das ihm die Verantwortung für die Zukunft abnimmt. Diese Führerfigur werde mit fast göttlicher Allmächtigkeit versehen, ähnlich wie eine Elternfigur von einem naiven Kind mit magischen Kräften ausgestattet wird. So entstehe eine neue Mythologie. Dieses Führerbild entspreche dann einem neuen Über-Ich. In der Unterwerfung unter einen solchen Führer befriedige die Gefolgschaft ihre teilweise verdrängten masochistischen Tendenzen. Die sadistischen Tendenzen könnten gegenüber konstruierten inneren und äußeren Feinden ausgelebt werden.

Der Diktator erscheine seiner Gefolgschaft als Inkarnation der eigenen Ideale und Wünsche, der eigenen Ressentiments und Sehnsüchte nach Größe. Er sei unfehlbar und übe eine gewaltige Faszination aus. Wie ein Hypnotiseur vermittle er der Masse seine eigenen Tendenzen. Unterstützt von seiner Clique und der hochentwickelten Technik des Terrors und der Indoktrination infiltriere er die Massen mit Ideen, die so übertrieben und emotional sind, daß sie den kollektiven Wahnideen von Größe und Verfolgung entsprechen.

Das Verhältnis zwischen Führer und Gefolgschaft sei jedoch wechselseitig, von der Gefolgschaft bekomme der Führer moralische Unterstützung und Glauben; es herrsche ein Zustand wechselseitiger Identifikation. Aber auch Schuldgefühle verbänden sich mit Angst vor Strafe.

Diktatoren dieser Art hätten verschiedene Persönlichkeitsentwicklungen hinter sich, wiesen aber Gemeinsamkeiten auf: exzessiven Narzißmus, Aggressivität und Machtlust. Dahinter scheine jedoch eine Schwäche zu stehen, eine Minderwertigkeit, die frühen Frustrationen und einer schwachen Männlichkeit entstamme (dieser Begriff deckt sich bei Bychowski offenbar nicht völlig mit Potenz). Trotz dieser Schwächen (oder deswegen? Anmerkung des Verfassers) besitze der Diktator ein intuitives Verständnis für die Massen und die Fähigkeit, suggestiv zu führen. Seine unbewußten Motivationen widerstünden dem Druck von Logik und Realität, seine Tendenzen entsprächen überwertigen Ideen, ja Wahnvorstellungen. Natürlich überdeckten ideologische Rationalisierungen diesen Fanatismus. In den Massen spiegelten sich diese Emotionen wider. Der Diktator lasse sie glauben, daß er ihr bester Repräsentant, ihr Ideal, Retter, die Garantie ihrer Größe und ihres Glücks sei.

Seine passiven Tendenzen veranlaßten ihn, wie ein spiritistisches Medium für die Vorstellungen der Massen zu agieren, seine aktiven, aggressiven, sadistischen Züge hingegen gestatteten es ihm, die Massen zu unterwerfen und seine Gegner rücksichtslos zu eliminieren.

Seine Ideen kämen oft dem Größen- oder Verfolgungswahn nahe, seien aber leider so dynamisch, daß sie zur Realisierung drängten, (wie zum Beispiel die „Endlösung" der Judenfrage zeige). Der stabilste Gegner, gegen den sich der Diktator auf die Dauer schwer durchsetzen könne, sei die tief im Menschen verankerte Freiheitsliebe.

Bychowski macht sich verständlicherweise auch Gedanken über Prävention. Man muß dabei das Jahr der Veröffentlichung seines Buches, 1948, bedenken; eine Zeit, in der man, nach dem Ende des Zweiten Weltkrieges, eine Welle der Hoffnung erlebte. Schon Bychowskis erster Vorschlag in dieser Hinsicht hat sich inzwischen als sehr schwer realisierbar gezeigt. Er meint nämlich, daß eine gleichmäßige Verteilung der Ressourcen zur Eliminierung von Not und Hunger in der Welt, von wirtschaftlicher Depression und Arbeitslosigkeit eine unabdingbare Voraussetzung für die Vermeidung von Diktaturen sei. Inzwischen ist zwar in den sowieso reichen Ländern der Lebensstandard stark gestiegen, die Diskrepanz zu den ärmeren aber noch schärfer geworden.

Das ist eine tragische Bilanz. Aber auch mit den anderen Empfehlungen Bychkowkis sieht es nicht besser aus. Der Autor meint, daß die Industrialisierung eine Mechanisierung und Reglementierung mit sich gebracht habe, die mit einer wahrhaft individuellen Entwicklung unvereinbar sei. Er fürchtet auch, daß die Massenmedien eine gewisse Bereitschaft für die Slogans einer machtgierigen Demagogie schaffen. Hier ist die Situation leider inzwischen eher noch schlechter geworden — genauso auf sozialem Gebiet.

Weitere Hoffnungen Bychowskis sind aber der Realisierung vielleicht ein wenig näher: ein hochwertiges Angebot von Wissenschaft und Kunst für möglichst breite Kreise, und eine Früherziehung zur Demokratie. Positives Ideal in dieser Erziehung müßten jene Konzepte sein, die man heute zu den Menschenrechten zählt.

MEDIEN

Gewinnung, Erhaltung und Ausbau von Macht hängen vom Informationsaustausch, seiner Schnelligkeit, Verläßlichkeit, Vertraulichkeit und seinem Umfang ab.

Obwohl man die Wirksamkeit mündlicher, unsystematischer Weitergabe von Informationen auch heutzutage nicht unterschätzen soll — man denke etwa an die subversiven Untergrundsysteme in totalitären Staaten — besteht natürlich in allen größeren Gemeinschaften die Tendenz, bessere, kontrollierbare Systeme einzusetzen.

Auf die Entstehung von Sprache und Schrift als Voraussetzung für ein Informationssystem brauche ich hier nicht einzugehen. Läufer, Reiter, schnelle Wagen mit Relaisstationen für den Pferdewechsel gestatteten es, über große Distanzen Befehle an Untergebene zu übermitteln und deren Rückmeldungen an die Zentrale zu leiten. Es ist ja überhaupt erstaunlich, daß in der Zeit vor der Erfindung des Buchdrucks durch einfache handschriftliche Unterlagen geistige Bewegungen wie das Christentum ebenso wie die Reste antiken Erbes verbreitet werden konnten. Erst seit Gutenberg war es möglich, durch Bücher, Flugblätter und dergleichen größere Massen zu erreichen, zu informieren und natürlich zu beeinflussen. Seither zählen die Medien zu den wichtigsten Szenen der Macht; sowohl, was die Macht *über* sie, als auch die Macht durch sie betrifft. Durch Telefon, Film, rasche Transportmittel, Rundfunk und schließlich durch das wirksamste Kommunikationsmittel, das Fernsehen, werden diese Szenen immer bedeutungsvoller.

Wer die Medien kontrolliert — durch offene oder verdeckte Zensur — der bestimmt die öffentliche Meinung; er kann sich, etwa durch manipulierte Wahlen, Legitimität für seine Macht verschaffen. In allen totalitären Staaten wurde und wird dies praktiziert und gleichzeitig versucht, Informationen von außen durch Störsender und Einfuhrbeschränkungen fernzuhalten. Ich kann es mir hier ersparen, auf die einzelnen Methoden einzugehen, wie man sämtliche Medien gleichschaltet; doch darf ich darauf hinweisen, daß es heutzutage nicht mehr möglich ist, etwa Rundfunksendungen oder Untergrundliteratur völlig zu unterbinden. Die Verbreiter und Urheber solcher Informationen müssen allerdings über enormen Mut verfügen, daß sie immer wieder auftauchen! Es sei nur an die Samisdat-Literatur in Rußland oder die Solidarnosc-Meldungen in Polen erinnert.

Der Aufschwung der Massenmedien mit ihrer enormen Verbreitung und unzweifelhaften Wirkung auf die Bevölkerung (wie groß und anhaltend diese allerdings letztlich wirklich ist, wird uns noch beschäftigen) haben dazu geführt, daß man von der Medienmacht als der öffentlichen Kontrollmacht schlechthin spricht. Die Erwartungen, daß eine unabhängige Presse, Rundfunk und Fernsehen vor allem, im Sinne eines Aufdeckungsjournalismus Machtmißbrauch, Korruption und andere Mißstände anprangern und dadurch Abhilfe schaffen würde, waren hochgespannt.

Leider haben sich diese Hoffnungen nur zum Teil erfüllt. Wie jedes Instument, das uns die technische Entwicklung beschert hat, erlauben die Medien auch den Mißbrauch und fordern ihn oft geradezu heraus. Die Informationsflut ist dafür ein typisches Beispiel.

Herausgeber, Kolumnisten, Kommentatoren, die sich einen regelmäßigen und leichten Zugang zu den Medien erworben oder erkämpft haben, unterliegen natürlich leicht der Versuchung, ihre eigenen Machtbedürfnisse auszuleben und narzißtischen Gewinn aus der angemaßten Rolle eines über den Dingen stehenden Schiedsrichters zu erzielen. Gerd Bacher, der Generalindentant des Österreichischen Rundfunks, der es ja wissen muß, sprach in seiner Rede zur Eröffnung der Salzburger Festspiele 1984 in Anspielung auf die Auswüchse des Enthüllungsjournalismus von einer „Mischung zwischen Voyeurismus und Vergewaltigung".

Das Medium verführt sehr, es dazu zu benutzen, die eigene Eitelkeit und exhibitionistischen Tendenzen — oft sogar unbewußt — mit dem Mantel intellektueller und moralischer Überlegenheit zu verhüllen. Manchmal ist die Aufdeckung von Skandalen tatsächlich verdienstvoll und im Allgemeininteresse notwendig, manchmal dominiert dabei aber auch die Freude an der Kopf- oder Hexenjagd. Letztlich aber sind es oft reine Profitinteressen oder politische und wirtschaftliche Bedürfnisse von Gruppen, die offen oder verdeckt hinter den Journalisten stehen.

Die tiefe Tragik der Medien in sogenannten freien Gesellschaften liegt eben darin, daß nur „schlechte Nachrichten gut" sind. Dadurch wird das Bild der Welt, das uns in diesem Spiegel unserer Wirklichkeit vermittelt wird, fast ausschließlich von Katastrophen bestimmt. Wenn — um nur irgendein Beispiel zu wählen — berichtet wird, daß ein Sträfling während eines Hafturlaubs ein neues Verbrechen begeht, müßte dazu auch angemerkt werden, daß ein solches Versagen nur einmal in so und so vielen Fällen vorkommt, um nicht eine völlig falsche Reaktion in der Öffentlichkeit entstehen zu lassen. Jeder Beobachter weiß aber, daß eine solche Aussage praktisch nie gemacht wird.

So vermitteln uns die Medien durch die Auswahl der Worte und Bilder, durch ihre Perspektiven Anschauungen, die nur schwer mit der Wirklichkeit vereinbar sind.

Fünf kurze, typische Beispiele aus eigener Erfahrung mit Medien sollen das illustrieren:

1. Auf der Heimfahrt nach Wien las ich in der Zeitung Nachrichten über Überschwemmungen, die den Eindruck erweckten, halb Österreich sei in den Wogen versunken. Als ich durch die betreffenden Gebiete kam, war kaum etwas zu merken.

2. Oder ich reise in ein südamerikanisches Land, wo den Nachrichten zufolge gerade eine Revolution tobt. Aber auch

dort sind fast keine Anzeichen dafür zu entdecken. Ein einheimischer Freund zeigt mir am Tage des Ausschlusses des Landes aus der Vereinigung amerikanischer Länder das Außenministerium, ein Musterbeispiel spanischen Kolonialstils. Außer dem Portier ist kein Mensch da, man läßt uns frei herumspazieren.

Was ist jetzt das „wahre" Bild? Dasjenige, das die Medien vermitteln, oder das, was ich sehe? Wahrscheinlich sehe ich in diesem Fall einen eher unwesentlichen Aspekt der politischen Vorgänge; oder ist dieser Aspekt vielleicht doch sehr wichtig für die Frage, wie Politik in diesem Land gehandhabt wird?

3. Ein weiteres persönliches Erlebnis mit der Presse: Während des Prozesses gegen den ungarischen Kardinal Mindszenty in Budapest erfahre ich zu meinem Schrecken, daß die maßgebliche katholische Wochenzeitung Österreichs in einem Artikel die Theorie vertreten hatte, der Kardinal sei durch „Narkotherapie" — also mittels Drogen — zu seinem Geständnis gebracht worden. Als „Beweis" dafür waren lange Zitate aus zwei meiner Arbeiten angeführt worden, die zwar korrekt wiedergegeben waren, aber in keinerlei Beziehung zu dem Anlaßfall standen. Ich untersuchte damals — ohnehin äußerst skeptisch — die sogenannten Halbnarkosen auf ihren diagnostischen und therapeutischen Wert; das kam in den gewählten Ausschnitten aber nicht zum Ausdruck.

Österreich war damals noch von den Alliierten besetzt, und ich war mir über die Gefährlichkeit der Situation völlig im klaren, auch mein damaliger Chef, Erwin Stransky, teilte meine Besorgnis und verschaffte mir sofort die Möglichkeit zur Vorsprache beim Herausgeber der Zeitschrift. Dieser teilte mir mit, daß er selbstverständlich jede gewünschte Berichtigung veröffentlichen würde, empfahl mir aber, zuerst mit dem anonymen Verfasser des Artikels zu sprechen, und vermittelte mir sofort einen Termin bei einem Rechtsanwalt, einem der einflußreichsten

Männer im Umfeld der großen konservativen Partei des Landes. Bei dem Artikelschreiber kam ich in den Genuß einer schönen „Szene der Macht". Es sei ihm gleichgültig, erklärte er, ob die Sache psychiatrisch korrekt sei oder nicht, ich könne mich jedenfalls nicht beschweren, daß die Zitate falsch seien. Seine Darstellung sei ihm politisch wichtig, und er möchte mich nur warnen: Eine Berichtigung würde mich in den Verdacht bringen, ein Kommunistenfreund zu sein. Ich solle mir überlegen, ob ich das haben wolle oder nicht. Damit war ich verabschiedet.

Ich besprach die Angelegenheit mit meinem Chef und einigen Freunden und zog mich auf den Rat aller eine Zeit aus dem Verkehr, indem ich für Journalisten unerreichbar blieb. Heute wird das jeder als Mangel an Zivilcourage verdammen, und ich bin auch nicht stolz auf diese Lösung. Man bedenke aber den weitgehend rechtlosen Status eines besetzten Landes. Tatsächlich verlief sich die Journalistenmeute nach einigen Tagen, aber die Meldung mit meinem Namen ging um die ganze Welt. Ein Freund schickte mir sogar einen einschlägigen Artikel aus Australien. Ich bin auch heute noch überzeugt, daß meine Reaktion in der damaligen Situation zwar weder schön noch heldenhaft, aber richtig war. Eine korrekte „Entgegnung" wäre viel zu kompliziert gewesen; da ja niemand an der Wahrheit wirklich interessiert ist, sondern entweder an der Sensation oder an der Bestätigung der eigenen, ideologisch vorgefaßten Meinung, nimmt sich auch niemand die Mühe, sämtliche Artikel zu studieren oder sehr komplizierte Erläuterungen wiederzugeben.

4. Hier noch ein Beispiel dafür, welche Komplikationen dadurch entstehen können, daß die Presse zu Vereinfachungen gezwungen ist. Vor vielen Jahren hielt ich bei der österreichische Richtertagung auf Einladung des Justizministeriums einen Vortrag zum Plan eines neuen Familienrechtes. Ich empfahl, dabei darauf zu achten, daß man nicht durch ungeschickte Formulierungen die Möglichkeit zu

Versuchen mit alternativen Lebensformen blockiere. Der Vortrag wurde ohne besondere Probleme positiv diskutiert. Am nächsten Tag erschien ein Bericht in einer Boulevardzeitung mit dem Titel: „Strotzka fordert Gesetze für Kommunen." Der Inhalt des Berichts war, trotz notwendiger Kürzungen, korrekt. Die Headline aber hatte überraschende Konsequenzen; der Artikel selbst wurde offenbar nicht gelesen. Das Wort „Kommune" erwies sich damals (vor etwa zehn bis zwölf Jahren) als ein negatives Reizwort, das zu den merkwürdigsten Protesten und empörten Reaktionen führte. Besonders absurd war der lange Brief eines Kollegen, der mich als „Schandfleck der Fakultät" bezeichnete.

Da das Wort „Kommune" im Vortrag gar nicht erwähnt worden war, rief ich den Reporter, der mir als solide bekannt war, an, und fragte, wie diese Überschrift zustande gekommen sei. Er berichtete, daß der Umbruchredakteur diesen Titel gewählt habe, weil er am besten in den zur Verfügung stehenden Raum gepaßt hätte. Er selbst hatte einen anderen, weniger provokanten Titel vorgesehen gehabt. Von bösem Willen sei keine Rede gewesen.

Auch in diesem — natürlich viel harmloseren — Fall schien es mir wichtig, überhaupt nicht zu reagieren. Wenn man nämlich selbst keinen Kampf in den Medien auslöst, werden solche Nachrichten zu Eintagsfliegen und rasch vergessen. In Verbindung mit solchen Erfahrungen erhebt sich ja überhaupt die Frage, ob die Medien wirklich so mächtig sind, oder ob Nachrichten eher Unterhaltungswert haben und ob ihre einzige wesentliche Funktion nicht darin besteht, kurzfristig die Langeweile zu vertreiben. Sicher gibt es zahlreiche Beispiele für die Macht der Medien, wie etwa bei der Watergate-Affäre, als eine Zeitung den amerikanischen Präsidenten zum Abdanken zwang. Es gibt aber auch Gegenbeispiele; so kann sich eine Mitleidsreaktion einstellen, und die öffentliche Meinung steht dann ganz im Gegensatz zu der veröffentlichten. Oder es bilden sich merkwürdige Solidaritätshaltungen. Wir hatten kürzlich in Österreich zwei Fälle, in denen Politikern massiv Korruption vorgeworfen wurde. Wie das Wahl- und Meinungsverhalten der Bevölkerung jedoch zeigte, haben sich offenbar zahlreiche Menschen mit den Beschuldigten solidarisiert, und die Sympathie für sie hat eher zugenommen.

Es spielt dabei allerdings auch ein tiefes Mißtrauen eine große Rolle: Ist das, was da lauthals verkündet wird, tatsächlich wahr, oder tendenziös verfälscht?

Ich erinnere mich in diesem Zusammenhang auch an den Krieg — viele von uns glaubten am Ende weder den offiziellen Meldungen noch den sogenannten „Feindsendern", auf deren Abhören hohe Strafen standen. Das Ergebnis einer solchen Verunsicherung ist allerdings gefährliche Apathie und Resignation.

5. Ein letztes eigenes Beispiel: Eine Patientin berichtet, eine Freundin habe ihr erzählt, sie habe mich tags zuvor im Fernsehen gesehen. Auf die Frage „Worüber hat er denn geredet?" sagte die Dame: „Ich weiß nicht", die Patientin insistierte: „Du mußt dich doch an irgend etwas erinnern." Die Antwort: „Ja, ich glaube, es war irgend etwas über Sexualität." „Ja, aber was genauer?" — „Ich weiß nicht recht, aber ich glaube er war dafür."

Diese Antwort entspricht weitgehend den Ergebnissen empirischer Medienforschung: es werden jene Informationen ausgewählt, die die eigenen Wünsche und Erwartungen verstärken, das übrige wird kaum wahrgenommen oder vergessen.

Die Hauptgefahr der modernen Massenmedien liegt sicher in einer Passivierung der Bevölkerung. Die Spannung zwischen Manipulierung der Bedürfnisse und Ansporn zur Emanzipation durch die Medien ist ein ständiges Problem für die Medienverantwortlichen. Leider — oder Gott sei Dank — sind die Macht und der Einfluß der Medien auf Verhalten und Einstellung des Publikums insgesamt nicht so groß, wie man ursprünglich vermutet hat. Die Mitarbeit am Institut für Publikumsforschung der Österreichischen Akademie der Wissenschaften hat mir nur gezeigt, wie problematisch die Forschungsarbeit auf diesem Gebiet in methodologischer Hinsicht ist, und wieviel hier noch zu leisten wäre. So waren unsere Untersuchungen der psychohygienischen Wirkung eines Films über Alkoholmißbrauch mit psychophysiologischen Methoden eher enttäuschend (siehe Tinchon, Azizi, Pfundner, Strotzka).

Am Schluß dieses Abschnitts darf ich auf eine Entwicklung hinweisen, die auf eine Verschiebung der Medienmacht zu einer durch die Medien möglich gewordenen Publikumsmacht hinweist. Dies entspricht allgemeinen Tendenzen zur Partizipation und der Aktivierung von Selbsthilfe durch die Medien.

Thomas Chorherr, Chefredakteur der Wiener „Presse" hat, ausgehend von der Differenz zwischen der hohen Selbsteinschätzung der Meinungsmacher und ihrer extrem niedrigen Einstufung innerhalb verschiedener Berufe bei Meinungsbefragungen folgendes festgestellt: „...Solches aber spüren die Menschen. Die Diskrepanz zwischen Selbsteinschätzung und Fremdeinschätzung des heimischen Journalismus wächst nicht zuletzt aus der Tatsache, daß die Medienrezipienten und Informationskonsumenten, sprich: die Leser, Hörer und Seher, wacher, sensibler, skeptischer geworden sind. Sie haben einen Spürsinn entwickelt, den es früher so nicht gab. Wir können einen Abkoppelungsprozeß feststellen, eine Art Abnabelung der Rezipienten von den Medien: Öffentliche Meinung ist nicht mehr unbedingt gleich veröffentlichter Meinung.

Das zeigt sich in zweierlei Hinsicht. Erstens ist die Artikulationsfähigkeit größer geworden, gleichzeitig die Artikulationslust, der Untertan wird Staatsbürger. Hier ist ein demokratischer Prozeß im Gange, der nicht hoch genug eingeschätzt werden kann. Er zeigt sich an der Zunahme von Bürgerinitiativen, an der Häufigkeit von Unterschriftenlisten, am generellen Wunsch, selbst teilzuhaben an Entscheidungsprozessen der Politik, und vor allem dort, wo es das eigene

Umfeld betrifft, die Dinge selbst in die Hand zu nehmen. . . .
Als Instrument und Tribüne der Öffentlichkeit von dieser
anerkannt, wird die Zeitung nun auch zum Vehikel der öffent-
lichen Meinung von „unten". Die Eigenständigkeit der
Rezipientenmeinung wächst, und zwar in erfreulichem Maß."
(„Die Presse", 21./22. Juli 1984)

Im Zusammenhang mit diesem Thema habe ich Ruth
Wodak, eine Linguistin, die auch der Psychoanalyse sehr
verbunden ist, gebeten, die Frage kurz von ihrem Standpunkt
aus zu behandeln:

„Die Massenmedien sind Sprachrohre der Macht, also des
Staates, der Parteien und anderer mächtiger politischer
Gruppen (Gewerkschaften, Industrie, Bauern, Kirche und
so weiter). Eigentlich sollten ja Zeitungen, Rundfunk und
Fernsehen einer „objektiven" Nachrichtenvermittlung dienen,
den Bürger informieren, damit er sich eine Meinung bilden
kann. Die Realität allerdings schaut anders aus, und zwar
nicht nur in Diktaturen, wo ja die illegitime Macht jegliche
Reflexion und andere Meinungsbildung aus Angst unterdrücken muß. Auch in einer Demokratie wird Meinung gemacht, es wird uns vermittelt, was wichtig ist, und auch,
wie etwas zu bewerten ist. Dies gilt zum Beispiel sogar für
die Kurznachrichten im Hörfunk. Nicht nur werden diese
nur von einer Minderheit der Hörer verstanden (also auch
hier exisitieren Sprach- und Verstehensbarrieren), die vermittelten Fakten werden verzerrt, selektiert, reduziert,
stereotypisiert und ritualisiert. Information, Meinungsbildung und ein Lernprozeß werden nicht mehr oder kaum
ermöglicht.

Was sind nun die Charakteristika der Nachrichtensprache?
Eine Häufung von Substantiva, Nominalisierungen; Passiv-
konstuktionen; lange Sätze; Klischees und Stereotype; un-
klare Referenzen; Abkürzungen; unerklärte Fremdworte;
Hintergrundinformation; kaum Erklärungen. Viele Untersuchungen haben schon erwiesen, daß alles dies Merkmale
sind, die ein Verstehen besonders erschweren. Und diese

ritualisierte, inflexible Sprache gibt stereotype Inhalte wieder. Meinungen und Prozesse werden als Fakten dargestellt, es wird damit eine eigene Wirklichkeit geschaffen. Untersuchungen haben gezeigt, daß Versuchspersonen meist nicht imstande waren, den Inhalt von Nachrichten wiederzugeben, und wenn doch, dann in den gehörten Phrasen. Umschreiben und wiederholen in eigenen Worten erwies sich als sehr schwierig. Dieser Jargon beherrscht vor allem Sprache und Denken (!) Jugendlicher. Ideologien werden auf die Weise verbreitet, Menschen manipuliert. Solange — wie in einer Demokratie — Reflexion prinzipiell möglich ist und Ideologien verschiedenster Art gleichzeitig Platz haben, so lange muß diese Manipulation nicht gefährlich werden; wird jedoch nur eine einzige Ideologie, eine einzige Meinung, eine einzige Sprache erlaubt und alles andere verboten, dann wird Macht gefährlich, damit auch die Sprache der Macht und die *Macht der Sprache der Macht* ... So wurden in der Zeit des Nationalsozialismus bekanntlich sogar Witze mit dem Tode bestraft.“

MEDIZIN

1. Organische Medizin

Seit bei uns im Westen Massenurteile über Tod und Leben kaum mehr ausgesprochen werden, sind es allein die Mediziner, die oft in einem sehr kurzen Verfahren in größerem Maßstab über die Zukunft ihrer Patienten entscheiden. Ihre Macht ist daher unerhört; sie wurde dadurch verschleiert, daß man ihnen in den meisten Fällen einen Vertrauensvorschuß gab, daß sie ihre Arbeit in kompetenter Weise zum Besten der Gesundheit ihrer Patienten ausübten und daß im großen und ganzen keine wesentlichen Klagen zu erheben waren. Kunstfehler wurden akzeptiert, weil ja auch die „Götter oder Halbgötter in Weiß" im Grunde Menschen sind und daher Versager vorkommen können, seien sie durch Mangel an Kenntnis, Verantwortung oder Können oder durch sonstige Fehlleistungen verursacht. Dieser paradiesische Zustand hat seit ungefähr fünfzehn Jahren an Glanz verloren, und das Machtgebäude bröckelt an fast allen Ecken. Allerdings gilt das nur für die westliche Welt, wo die gesellschaftlichen Verhältnisse freie Kritik gestatten, die sowohl zum Teil kapitalistischen Motiven entstammt, wie in den USA, als auch zum Teil der marxistischen Subkultur. In Amerika haben Kunstfehler-Anzeigen und -Prozesse so bedrohlich zugenommen, daß manche Ärzte in ihren Überlegungen, was sie tun oder unterlassen sollen, nicht mehr nur von den Interessen der Patienten geleitet werden, sondern auch von der Sorge, vor Gericht gezerrt zu werden. Da dann die Geschicklichkeit des Anwaltes und die Unberechenbarkeit der Richterentscheidung eine ausschlaggebende Rolle spielen, ist eine solche Haltung zumindest verständlich. Ich sehe natürlich auch die andere Seite der Medaille: Bei den viel selteneren Prozessen dieser Art in Europa versucht meist eine geschlossene Abwehrfront von Sachverständigen und Kostenträgern jede Anklage zu unterdrücken und abzuschmettern. Auch Geschädigte, die offenbar zu Recht versuchen, ihre Ansprüche durchzusetzen, haben es hier sehr schwer und scheitern nur allzu oft.

Der Zweifel an der institutionalisierten Medizin und ihren Trägern hat jedenfalls im großen und ganzen zugenommen. Damit ist natürlich auch deren Macht stark zusammengeschrumpft. Es wäre allerdings ein Irrtum zu glauben, daß diese Entwicklung ausschließlich den Patienten zugute kommt.

Sie suchen den Arzt auf, damit dieser ihre Ängste beruhige, wenn keine krankhaften Befunde vorliegen; im anderen Falle erwarten sie eine gesicherte Diagnose, optimale Behandlung, die möglichst schonend und ökonomisch tragbar ist, eine hoffentlich gute Prognose, oder, wenn diese nicht möglich ist, Tröstung. Alles das funktioniert bis zu einem gewissen Grad, einem sehr weit verbreiteten Bedürfnis zufolge, in einem charismatischen Klima viel besser; bei weitgehender Transparenz, durch Offenlegung der nur statistischen Wahrscheinlichkeiten und durch vielerlei — berechtigte oder unberechtigte — Kritik aber wird dieses Klima doch recht erheblich gestört.

Der Medizin ist allerdings noch eine andere, recht dubiose Machtquelle zugewachsen. Es ist aus der Ökonomie bekannt, daß in einem Gemeinwesen die Höhe des Budgetanteils eines Subsystems auch auf dessen Machtanteil einen starken Einfluß hat; das gilt fast gleichermaßen für Einkünfte und Ausgaben. Wenn jemand viel Geld verdient — auf welche Art immer — hat er mehr Macht; das ist aber auch umgekehrt gültig. Denn der, der viel ausgibt, der muß das ja im Verteilungssystem anderen wegnehmen, und er befriedigt, oft in Umverteilung, die Bedürfnisse vieler anderer. Beides bedeutet Macht. Diese Situation erinnert an das Bonmot, wonach kleinere und mittlere Schulden das Problem des Schuldners sind, große hingegen das Problem des Gläubigers, respektive des Kreditgebers.

Nun sind die Kosten des Gesundheitswesens weit überproportional gewachsen; dies hat aber kaum zu einem *echten* Machtzuwachs bei den Medizinern geführt, sondern eher zu einer Abwehr in der Öffentlichkeit, die mit Recht beanstandet, daß die Mehrkosten nicht zu entsprechenden Fortschritten im Gesundheitswesen (insbesondere bei der Bekämpfung von Herz- und Kreislauferkrankungen und bei Krebs) geführt hat.

Nun gibt es einsichtige Gründe für die sogenannte Kostenexplosion:

1. Die Menschen werden älter, daher ist mehr Betreuung notwendig. (Die Lebenszeitverlängerung ist nicht so sehr ein Verdienst der Medizin, sondern eher auf die Verbesserung der Lebensqualität bei der Ernährung, Wasserversorgung, Wohnung und so weiter zurückzuführen).

2. Die Arbeitsbedingungen, insbesondere die Arbeitszeit des Gesundheitspersonals (besonders der Schwestern und Ärzte) mußten an die der übrigen Arbeitnehmer angeglichen werden.

3. Jede neue Technik und Entwicklung auf medizinischem Gebiet zwingt zu deren Anwendung (das Machbare wird auch gemacht) und erhöht die Kosten.

Was von der Öffentlichkeit aber nicht akzeptiert wird, ist der Mangel an emanzipatorischer Haltung bei den Medizinern, an Kommunikation mit den und Information der Patienten, die Überspezialisierung und die Automatisierung, Technisierung und Bürokratisierung des Gesundheitswesens.

Der Patient fühlt sich körperlich, seelisch und sozial nicht als Ganzheit akzeptiert, seine Wünsche und Ängste werden nicht berücksichtigt, er ist ausgeschlossen aus dem Entscheidungsprozeß. Nur mehr ganz wenige, sehr Reiche können heute das Risiko eingehen, auf jedwede Krankenversicherung zu verzichten, daher hat man praktisch überall eine mehr oder weniger kollektive Versorgung einführen müssen. Diese kann entweder in einem staatlichen Gesundheitsdienst mit Steuermitteln realisiert werden (was, wie England und Schweden zeigen, nicht nur in sozialistischen Staaten, sondern auch in einem anderen Wirtschaftssystem funktioniert) oder durch vollständige oder teilweise Versicherungssysteme.

In der Sprache der Psychoanalyse ausgedrückt könnte man also sagen, daß in der Übertragung der Gesundheitsvorsorge auf den freien Markt und die Privatinitiative das „Es" zum Ausdruck kommt, das allerdings de facto in allen Gesellschaftssystemen bereits gezähmt ist. Würde ein reines Laissez-faire-System existieren, kämen natürlich die Schwächsten unter die Räder. Die staatliche Reglementierung entspräche dann dem „Über-Ich", und die Mischsysteme zwischen Subsidiaritäts- und Solidaritätslösungen von obligaten und privaten Versicherungen mit Staatszuschüssen kämen dem „Ich", das heißt dem Realitätsprinzip gleich.

Da es die Ärzte in den achtziger Jahren des 19. Jahrhunderts von ihrer scheinbaren All-Macht geblendet, versäumt haben, sich entscheidend in die gesundheits- und sozialpolitische Entwicklung einzuschalten, sind sie in eine Zwickmühle zwischen Arbeitgebern und -nehmern geraten, die sie letztlich zu „Erfüllungsgehilfen" der Systeme sozialer Sicherheit degradierten. Den Patienten gegenüber behielten sie wohl ihre Macht als Beurteiler und Behandler, aber aus den politischen Entscheidungen wurden sie weitgehend ausgeschlossen. Erst eine mühselige und nach außenhin nicht sehr eindrucksvolle Standespolitik, charakterisiert durch ständiges Feilschen um Honorare, hat ihnen mit der Zeit wieder eine, wenn auch eine etwas unwürdige, Machtrolle verschafft.

Ihre Macht zeigt sich am reinsten in einer Funktion, die dem eigentlichen Ethos der Mediziner als Heiler überhaupt nicht entspricht, nämlich in ihrer Rolle als Begutachter von Arbeits- und Berufsfähigkeit, Invalidität und dergleichen für die Kostenträger. Auch hierbei erwarben sie sich oft keine Ruhmesblätter. Im Dienst ihrer Brötchengeber beteiligten sie sich nicht selten maßgeblich an einer Jagd nach Simulanten und übersahen, daß sie nicht in erster Linie den Säckel der Allgemeinheit zu verteidigen haben, sondern Anwalt der Unterprivilegierten sein sollen. Statt hier mit Sympathie und Verständnis zu agieren, standen sehr viele ärztliche Gutachter wie Erzengel mit flammendem Schwert vor dem Gralshort der öffentlichen Mittel — in der fälschlichen Annahme, vordringlich gegen Mißbrauch und Verschwendung kämpfen zu müssen. Diese Energie, für eine Reform der Prozedur mit entsprechender Aufklärung und Einfühlung in die Lage der Patienten aufgewendet, wäre menschlicher, ärztlicher und sozial sinnvoller gewesen. Ich erspare mir hier Beweise für diese Behauptung, aber jeder, der im Begutachtungswesen einige Erfahrung hat (ich habe einige Jahre als Gutachter beim Schiedsgericht der Sozialversicherung gearbeitet), wird mir beistimmen. Wir sahen in diesen Verfahren oft nur „Staatsanwälte", aber keine Ärzte.

Doch nicht nur als Gutachter verfügt der Arzt über eine bedenkliche Macht, sondern auch als einfacher Diagnostiker. Wir Mediziner waren eigentlich immer guten Gewissens der Ansicht, daß unsere routinemäßige Tätigkeit wertfrei sei, soweit sie dem „Stand der Wissenschaft" entsprechend ausgeübt werde. Es mußten bedauerlicherweise erst die Sozialwissenschaftler kommen (Scheff), um uns darauf aufmerksam zu machen, daß unsere scheinbar so „sauberen" Diagnosen schwerwiegende soziale Folgen für die Patienten haben können. Diese Ettikettierungs- oder Labelingtheorie hat uns gezeigt, wie wir etwa mit der Bezeichnung Schizophrenie, Psychopathie, Tuberkulose und so weiter, einen bisher sozial relativ integrierten Lebenslauf ins Katastrophale verändern können, und wie groß in dieser Beziehung unsere Verantwortung ist. Es ist natürlich so, daß einzelne derlei immer berücksichtigt haben; aber niemand hat die Mediziner gelehrt, diesen Aspekt systematisch zu berücksichtigen.

Man möge mich nicht mißverstehen — ich bin ein dankbarer Freund der naturwissenschaftlichen Schulmedizin. Mindestens fünfmal hat mir diese traditionelle Medizin entweder das Leben gerettet oder mich vor schwerster Behinderung bewahrt. Es erscheint mir daher unverantwortlich, ja lächerlich, wenn Ivan Illich die Abschaffung der Medizin empfiehlt und die Verantwortung für die Gesundheit an die Laien zurückverweisen will. Ich erinnere mich an ein Gespräch, das ich vor einigen Jahren mit dem Leiter des Europäischen Büros der Weltgesundheitsorganisation (WHO), Caprio, nach einem Vortrag Illichs in Graz führte. Caprio sagte damals: „Die Medizin ist uns mit ihrer Technik davongelaufen, hier zu bremsen, gelingt uns mit unseren Mitteln nicht. Solche Menschen wie Illich, mit ihrem großen Echo und radikalen Forderungen, helfen aber vielleicht, Auswüchse der Technik abzubremsen."

Auch ich bin der Meinung, daß wir eine Reform, vor allem des Studiums und der medizinischen Forschung in Richtung auf psycho-soziale Belange anstreben sollten, dabei aber die naturwissenschaftliche Ausrichtung nicht aufgeben dürfen.

Bevor ich mich nun aber der Psychiatrie zuwende, noch ein Wort zur *Ohnmacht* der Medizin. Paul Lüth, einer der bedeutendsten Vorkämpfer einer neuen Medizin der Kommunikation im deutschen Sprachraum, hat in seinem Buch *Die Leiden des Hippokrates* zwar nicht der Macht, wohl aber der Ohnmacht der Mediziner ein Kapitel gewidmet. Diese Ohnmacht sei praktisch von der Natur, die entweder hilft oder nicht, vorgegeben, der Arzt stehe dieser Tatsache relativ hilflos gegenüber. Der Mediziner versuche, sich durch den Abwehrmechanismus des Dogmatismus dagegen abzuschirmen. Seine Allmacht stamme jedoch weniger aus den eigenen Bedürfnissen, als aus den Erwartungsvorstellungen der Patienten.

2. Psychiatrie

Als Übergang von der organischen Medizin zu den seelischen Störungen sei ein Absatz aus Eliot Freidsons Buch *Dominanz der Experten* (1975) zitiert: „... Es scheint in der Natur der professionell organisierten Autorität zu liegen, daß sie sich auf die Kraft und die Vorrechte ihres offiziellen Status verläßt, statt sich auf das mühsame Geschäft, zu überzeugen und zu beweisen, einzulassen... Sie insistiert auf ihrer Entscheidungsgewalt über alles und jedes, das vage mit dem Wort ‚Gesundheit' verknüpft ist, unter Einschluß jenes weitläufigen, undifferenzierten Problems, das man ‚psychische Krankheit' nennt, für die weder die Medizin noch irgendeine andere Disziplin irgendeine durchgängig wirksame therapeutische Lösung vorgewiesen hat. Wenn ihre Macht über ihre Fähigkeit, zufriedenstellende Leistungen zu erbringen, hinausgeht, dann können die Ansprüche, auf denen diese Macht beruht, nur noch scheinheilig wirken." (S. 167 f.)

Die Psychiatrie, eine der jüngsten und von den etablierten Fächern immer noch mit Mißtrauen betrachtete Disziplin der Medizin, hat dadurch, daß sie sich als unfähig erwies, den Massenmord an Geisteskranken durch den Nationalsozialismus zu verhindern, schwere Schuld auf sich geladen. Vorher und bis zu einem gewissen Grade auch nachher war es bedenklich, daß die Psychiater sich selbst und vor allem ihre Patienten in eine gefährliche Isolierung manövrierten. Einem Beobachter von außen mag es erscheinen, daß diese Ärzte ihre Patienten entweder nicht sehr geliebt haben oder aber, daß sie sich mit ihnen identifizierten und isolierten (ein alter Scherz etwa sieht den wesentlichen Unterschied zwischen dem Anstaltspsychiater und seinen Patienten darin, daß der Arzt den Schlüssel zu der geschlossenen Abteilung besitzt).

Nun war, aus heutiger Sicht, die stürmische Bewegung der Antipsychiatrie, die gleichzeitig mit der Studentenrevolution auftrat, ähnlich wie die antiautoritäre Erziehung, nicht allzu erfolgreich. Die „negierte Institution" Basaglias in Triest bewirkte zwar, daß in Italien ein Gesetz verabschiedet wurde, das die verhaßten Anstalten weitgehend abschaffte, aber mangels entsprechender offener Auffangeinrichtungen kamen die meisten Patienten zu Schaden. Und auch Laing und Szász scheiterten mit ihrer Verleugnung der Schizophrenie als Krankheit an der klinischen Realität.

Geblieben sind allerdings erfreulicherweise einerseits die Psychiatriereform, die die Anstalten aus der Isolierung und Passivierung herausführte, und die Psychosozialen Dienste und Arbeitsgemeinschaften, die sich im großen und ganzen ausgezeichnet bewähren.

Die Macht des Psychiaters, der als Beurteiler und Betreuer seine oft entmündigten, also völlig machtlosen Patienten in totalen Institutionen beherrscht, sollte heute weitgehend eingeschränkt sein, der Betreuer psychisch Kranker sollte sich stark in Prävention und Rehabilitation engagieren und mit Patienten, ihren Angehörigen und der Öffentlichkeit in therapeutischen Gemeinschaften gleichberechtigt zusammenarbeiten. Die klischeemäßige Überzeichnung ist mir in diesem Zusammenhang bewußt, dient aber der Vereinfachung.

Die Rolle der Psychoanalyse in diesen bewegten Jahrzehnten war merkwürdig widersprüchlich. Einerseits wurde sie, vor allem von manchen Theoretikern, fast zur Ideologie unserer Zeit hochgejubelt, andererseits aber haben viele konkurrenzierende Psychotherapiemethoden ihre Monopolstellung als Behandlung vielfältig untergraben; schließlich wurde ihr vor allem von den Praktikern in der Sozialpsychiatrie Mangel an sozialer Verantwortung und Engagement vorgeworfen. De facto hat sie sich aber recht gut gehalten; sie stellte die Balintgruppenleiter und Supervisoren, ohne die eine Reform der psychosozialen Versorgung gar nicht denkbar gewesen wäre (Michael Balint, ein bedeutender Psychoanalytiker, hat in den vierziger Jahren an der Tavistock-Klinik mit Gruppen von Allgemeinpraktikern zu experimentieren begonnen. Diese sollten sich in der Gruppendiskussion mit einem erfahrenen Psychoanalytiker über ihre Problemfälle — also jene, bei denen psychische Faktoren beteiligt waren — neue Umgangs- und Verständnisweisen erarbeiten, ohne im engeren Sinne Pschotherapeuten zu werden. Aus diesen Versuchen ist eine Weltbewegung geworden. — Das Supervisionsprinzip entspricht etwa den sogenannten „Kontrollfällen" in der psychoanalytischen Ausbildung, das heißt, es wird die Behandlung der Patienten regelmäßig von einem dazu qualifizierten, erfahrenen älteren Psychoanalytiker kontrolliert, das heißt, mit dem Therapeuten besprochen). In der modernen Sozialarbeit ist dieses Prinzip erfolgreich verwirklicht worden und findet bei allen möglichen Gruppen, die mit Menschen zu tun haben, sinnvolle Anwendung. „Praxisbegleitung" ist dabei ein gern verwendeter Begriff. Wir haben uns in unserem Buch über die Arbeit in Institutionen eingehend damit befaßt — Strotzka et al., 1980.

Aber auch innerhalb der Psychoanalyse haben neue Entwicklungen eingesetzt. H. M. Lohmann schildert in *Das Unbehagen in der Psychoanalyse* die Gefahren einer Medizinalisierung (wogegen sich schon Freud ausgesprochen hat). Er spricht auch davon, daß der Geist der Aufklärung und Selbstreflexion zu „medicozentrischer Borniertheit und bürokratischer Selbstverstümmelung" degeneriert sei. Unverdächtige Zeugen wie M. Balint und R. R. Greenson und viele andere haben ebenso wie die aufmüpfigen Kandidaten in Ausbildung mit ihrer Kritik an der Ausbildung nicht zurückgehalten: „Die ganze Atmosphäre erinnert stark an die Initiationsriten der Primitiven. Auf seiten der Initiatoren — der Unterrichtsausschüsse und Lehranalytiker — beobachten wir Geheimhaltung ihres esoterischen Wissens, dogmatische Verkündigungen unserer Forderungen und autoritative Techniken. Auf Seiten der Kandidaten, also der zu Initiierenden, beobachten wir willige Annahme der esoterischen Legenden, Unterwerfung unter die dogmatische und autoritative Behandlung ohne viel Protest und ein überaus respektvolles Benehmen. Wir wissen, welches Ziel alle Initiationsriten haben: Sie sollen den Neuling zwingen, sich mit dem Clan zu identifizieren, den Initiator und seine Ideale zu introjizieren und aus diesen Identifikationen ein starkes Über-Ich zu errichten, das ihn lebenslang beeinflußt.

Der Ausbildungsritus scheint tatsächlich so angelegt zu sein, daß gegebene Machtverhältnisse möglichst sicher einbetoniert werden. Paul Parin meint, daß Psychoanalytiker umstürzlerische Gesellschaftsfeinde seien und subversive Wühlarbeit leisten sollten, um die Machtverhältnisse dieser Gesellschaft anzugreifen. Wenn man sich demgegenüber die Psychoanalyse mit ihren starken konformistischen Tendenzen vor Augen führt, dann staunt man über diese Diskrepanz, versteht aber Parins Zorn.

Der Abschluß seines Artikels in dem denkwürdigen Sonderheft der Zeitschrift *Psyche*, das „der Psychoanalyse in der Krise" gewidmet ist, wird auch von mir voll unterstützt: „Ich sehe nur einen Ausweg, die Psychoanalyse als einzigartige Wissenschaft vom Menschen zu retten und wieder lebendig zu machen. Die Psychoanalytiker müßten sich dazu bekennen, daß sie eine Forschungsrichtung und Methode vertreten, die jeder Herrschaft kritisch gegenübersteht. Nicht nach dem politischen Bekenntnis ihres Entdeckers, aber nach dem Gehalt seiner Erkenntnisse ist die Psychoanalyse revolutionär." (Psyche 7, 38. Jg. 1984, S. 634 f.)

Bis jetzt haben wir uns mit der Beziehung zwischen Psychoanalyse und gesellschaftlicher Macht befaßt; ihre Stellung zwischen Anpassung und Emanzipation ist aber natürlich vor allem in der therapeutischen Begegnung und deren generellen Konzeptualisierung von Bedeutung. Theoretisch sollte eine korrekte Technik mit Neutralität, sympathisierender Einfühlung, „freischwebender" Aufmerksamkeit und vorsichtiger Deutung von Widerstand, Übertragung und Inhalt, entsprechend dem Assoziationsangebot des Patienten und seiner Verständnisfähigkeit (womit psychoanalytische Technik umschrieben wäre) jede Beherrschung des Patienten vermeiden. Daß dem nicht immer so ist, ergibt sich schon aus dem Setting (der Patient liegt, der Analytiker thront hinter ihm). So sehr man auch versucht, suggestive Beeinflussung durch die Kontrolle der Gegenübertragung auf ein Minimum zu beschränken — es ist unmöglich, aus der Psychotherapie, welcher Art auch immer, jede Andeutung von Suggestion und auch Persuasion zu eliminieren.

In allen anderen Psychotherapieformen kommen Manipulation und asymetrische Machtverteilung stärker zum Tragen als in der klassischen Psychoanalyse, und dort wird auch am meisten darüber reflektiert. Sie ist daher sicher am stärksten emanzipatorisch, das heißt an der Entwicklung der selbständigen Identität des Patienten motiviert, aber unterschwellige Lenkung, Lernen am Vorbild sind nicht völlig vermeidbar und meines Erachtens auch legitim.

In dem Abschnitt über die theoretischen Grundlagen wurde die Psychoanalyse in bezug auf Macht skizziert; eben haben wir sie selbst als Szene der Macht umrissen; das Ergebnis ist eigentlich recht merkwürdig und sollte zum Nachdenken anregen.

Von Marxisten wird der Psychoanalyse vorgeworfen, daß sie eine bourgeoise Dekandenz repräsentiere, die verboten werden müsse (offizielle Haltung der meisten sozialistischen Staaten), andere — bessere? — Marxisten sehen in ihr ein Instrument der Anpassung, wieder andere — noch bessere? — ein Instrument der Revolution. Ob das gegen den Marxismus (welchen?) spricht oder gegen die Psychoanalyse (welche? Die der Anpassung oder die der Revolution?) möge der Leser entscheiden.

Ich selbst bin davon überzeugt, daß die Psychoanalyse per definionem ideologiekritisch ist, das heißt, irrationale Vorurteile abzubauen versucht. In diesem Sinne ist sie eine Gegnerin jeder Macht, die der Versuchung zum Mißbrauch unterliegt; darüber aber will ich noch weiter unten sprechen.

Daß diese meine Auffassung berechtigt ist, läßt sich leicht beweisen. Die Psychoanalyse ist in allen Ländern, in denen die Macht — kommunisitisch oder faschistisch — durch Totalitarismus mißbraucht wird, verboten oder mißliebig. Daß auch die katholische Kirche, soweit sie Amtskirche ist, sie nicht schätzt, überrascht wohl niemanden.

„Gott ist allwissend und allmächtig!" Diese Behauptung
ist ungeheuerlich — sie kann wohl nicht ernstlich für einen
personalen Gott gelten, sondern nur für ein übergeordnetes
Prinzip, das nicht beweisbar ist, an das bloß geglaubt werden
kann. Warum glauben aber so viele Menschen an ein solches
Prinzip höchster denkbarer Macht? Was die weltliche Macht
betrifft, so kann man über Mißbrauch nachdenken, bei der
göttlichen allenfalls über ihren Nicht-Gebrauch. Zum letzten-
mal eingesetzt wurde diese göttliche Macht bei der Sintflut
und bei der Vernichtung von Sodom und Gomorrha. Seither
hat der Blitz zwar manchen Übeltäter getroffen, öfter aber
wohl Unschuldige. Vielleicht jedoch wird sich die ganze Welt
bald selbst vernichten: Dann hätte Gott seine unendliche
Geduld verloren und würde die Welt endgültig für ihre zahlreichen Sünden bestrafen. Dieses Beispiel allerhöchster Macht
soll auch vom psychoanalytischen Standpunkt vordringlich
betrachtet werden, wobei wir aber, wie bisher, auch andere
Disziplinen heranziehen.

Die aufs erste absurd anmutende Konzeption von Allmächtigkeit und Allwissenheit wird uns verständlich, wenn
wir überlegen, daß das kleine Kind zwangsläufig relativ lange
das überzeugende Gefühl hat, Erwachsene — natürlich besonders die Eltern — besäßen jene Eigenschaften, seien also
Gottmenschen. Vielleicht ist es oder wäre es die Lösung
aller menschlichen Probleme, wenn es gelänge, die entscheidende Erfahrung des Kindes, daß auch Erwachsene irren,
versagen und machtlos sein können, und daß Kinder selbst
kritisch zu urteilen und autonom zu entscheiden imstande
sind, zeitlich nach vorn zu verschieben. Eine solche Erfahrung wird aber selten unmittelbar erlebt, vor allem handelt

es sich nicht um einen Augenblick der Erleuchtung, sondern um eine lange Periode der Unklarheit, der Verstöße und des Zurückweichens, in der das Kind beziehungsweise der Jugendliche sich langsam emanzipieren. In dieser Zeit verliert der Heranwachsende entweder die anerzogene Religiosität, oder sie verankert sich in ihm zu einem oft lebenslangen, manchmal zwanghaft wirkenden Glaubensritual. Dieses Ritual kann naiv, natürlich und unproblematisch sein oder neurotisch, skrupulös und Leiden schaffend. In beiden Fällen fühlt sich der Betroffene einer übergeordneten (übernatürlichen) Macht ausgeliefert, die jedoch in der erstgenannten Situation vertrauensvoll akzeptiert wird als Sicherung, Orientierung und vor allem als Hoffnung, in der zweiten aber als bösartig, gefährlich, bedrohlich und verhängnisvoll empfunden wird. Es kann aufgrund schwerer Schuldgefühle zu selbstzerstörerischen Handlungen kommen — als Sühne und Selbstbestrafung. Wir sprechen dann von „ekklesiogenen" Neurosen — ein Ausdruck, den der Theologe und Analytiker Thomas geprägt hat. Tilman Moser hat in seiner *Gottesvergiftung* eine solche Entwicklung in überwältigender Weise künstlerisch dargestellt.

Horst Eberhard Richter schildert in *Gotteskomplex* exemplarisch die Beziehungen zwischen Solidarität, Sympathie und Macht. In dem biographischen Einleitungskapitel stellt er fest: „Mir fiel es überaus schwer, auf Übereinstimmung mit meiner aktuellen Umwelt zu verzichten, bis ich — spät genug — zu durchschauen lernte, daß ich mein Bedürfnis nach sozialer Verbundenheit eigentlich erst dann freier ausleben konnte, als ich mich denjenigen „Solidarisierungs"-Forderungen zu widersetzen lernte, die nichts anderes als eine Anpassung an hierarchische Strukturen und eine Unterwerfung unter das Machtprinzip bedeuten. Mir ging auf, wie auf Schritt und Tritt menschlicher Gemeinschaftssinn dadurch korrumpiert wird, daß er als Pflicht zur „Solidarität" in einem durch Rivalität bestimmten System des gesellschaftlichen Zusammenlebens ausgebeutet wird. Während in dem Urphänomen der Sympathie eine sympathische, eine mitfühlende und mitleidende Verbundenheit mit allem menschlichen Leben von gleich zu gleich begründet ist, wird uns überall eingeredet, es gebe nur ein Zusammenhalten mit den einen gegen die anderen. So wird das Sympathieprinzip vom Machtprinzip quasi aufgesogen: „Solidarität" wird zum Instrument im Machtkampf."

Ernest Jones beschreibt den gleichen Sachverhalt in seiner *Psychoanalyse der christlichen Religion.* Der unbewußten Fantasie, sich mit Gott zu identifizieren, liege meist nicht der Anspruch Gottes, der Schöpfer zu sein, zugrunde, sondern ein aktueller Allmachtswunsch, der einem kolossalen Narzißmus entstamme. Autoerotik, Exhibitionismus und Schautrieb spielten dabei eine entscheidene Rolle. Als Reaktion trete nicht selten übertriebene Bescheidenheit und Selbstverleugnung auf, verbunden mit der Tendenz, sich abzusondern und mit einem Schleier des Geheimnisses zu umgeben. Amüsant in solchen Fällen sei das Interesse an Psychologie und Psychoanalyse. Menschen mit diesem Gott-Mensch-Komplex lehnten Neuerungen meist ab, sie weisen natürlich nie das volle Syndrom auf.

Wenden wir uns nun einem recht ungewöhnlichen katholischen Theologen zu, Hans Küng, dem Autor von *Existiert Gott?.* Er fragt sich, ob Gott vom Anfang an eine Projektion der Menschen (Feuerbach), Opium des Volkes (Marx), Ressentiment der zu kurz Gekommenen (Nietzsche) oder eine Illusion der Infantil-Gebliebenen (Freud) gewesen sei. Glaube ist nach Küng eng verwandt mit E. H. Eriksons „Urvertrauen"; eine Auffassung, der wohl die meisten Analytiker zustimmen.

Bei Küng finden wir folgende aufschlußreiche Passagen: „Zu Recht kritisiert Freud auch den *Machtmißbrauch der Kirchen.* Es ist genügend bekannt:
Welch eine Fülle von Machtarroganz und *Machtmißbrauch* in der Geschichte der Kirchen: Intoleranz und Grausamkeit gegenüber Abweichlern, Kreuzzüge, Inquisition, Ketzeraus-

rottung, Hexenwahn, Kampf gegen theologische Forschung, Unterdrückung der eigenen Theologen — bis heute. Welch eine *Über-Ich-Wirkung* der Kirchen durch die Jahrhunderte: Herrschaft über die Seelen im Namen Gottes, Abhängigkeit und Unmündigkeit der armen Sünder, Tabugehorsam gegenüber ungeprüfter Autorität, immer wieder neue Unterdrückung der Sexualität und Mißachtung der Frau (Zölibat, Ausschluß der Frau von kirchlichen Ämtern) — bis heute. Welch eine Anzahl *ekklesiogener Neurosen:* Neurosen aufgrund von Zwängen des kirchlichen Systems, klerikaler Herrschaft, Beichtpraxis, sexueller Verdrängung, Fortschritts- und Wissenschaftsfeindlichkeit — bis heute. Die ‚Chronique scandaleuse‘ des Christentums und der Kirchen ist hier nicht noch einmal aufzurollen.

Zu Recht kritisiert Freud schließlich das *traditionelle Gottesbild.* Es ist noch zu wenig bekannt:

Oft genug entspringt das Gottesbild eines Gläubigen statt ursprünglicher Einsicht und freier Entscheidung einem vorgeprägten strafenden oder gütigen *Vaterbild.*

Oft genug werden frühkindliche Erlebnisse mit Erwachsenen, die als „Götter" erscheinen, positiv wie negativ *auf Gott übertragen,* so daß hinter dem Gottesbild das eigene Vaterbild sichtbar wird, obwohl dies längst vergessen oder verdrängt wurde (auch Mutterbild — Gottesmutter — Mutter Kirche)." (S. 349)

In einer empirischen sozialpsychologischen Untersuchung (Argyle und Beit-Hallahmi) finden wir folgende einfache, aber unser Thema berührende Definition der Religion: ein System des Glaubens an eine göttliche oder übernatürliche Macht, und Praktiken der Verehrung oder andere Rituale, die an diese Macht gerichtet sind.

Von den vielen Testergebnissen Argyles und Beit-Hallahmis sei der Schluß erwähnt, daß hohe Religiosität mit hohen Autoritarismuswerten Hand in Hand geht. Dies könne aber zum Teil mit niedrigem sozialen Status und niedrigerer Bildung erklärt werden. Da diese Korrelation vor allem zu

Orthodoxie und Dogmatismus bestehe, mag sie auch mit Mangel an Elastizität und eingeengter Perspektive zusammenhängen. Höchst merkwürdig sei auch, daß religiöse Menschen kriegsfreundlicher sind als andere. Generell habe Religion eine konservative Funktion. Unterwerfung unter Normen seien daher häufig, ebenso wie Vorurteile.

Bei den Theorien über Religion unterscheiden die beiden Autoren zwischen Theorien der Entstehung von Religion, ihrer Beibehaltung und ihrer Folgen.

Was die Entstehung anbelangt, so diskutieren sie

1. kognitive Bedürfnistheorien, zum Beispiel Erklärungsangebote für das Rätselhafte und Sinnlose;

2. Freuds Vater-Projektionstheorie. Die Tests sprechen im großen und ganzen dafür, daß Gott allgemein ein projiziertes Liebesobjekt darstellt.

3. Flugels Theorie des projizierten Über-Ichs findet ebenfalls manche experimentelle Stützung, zum Beispiel durch die vergleichende Untersuchung primitiver Kulturen von Unwin, die zu dem Ergebnis kommt, daß unterdrückte Sexualität mit hoher Religiosität korreliert.

Was die Beibehaltung der Religion betrifft, so führen die Autoren

1. soziales Lernen,

2. Deprivation und Kompensation,

3. von psychoanalytischer Seite Schuldgefühlentlastung,

4. Todesangst,

5. Unterdrückung der Sexualität und

6. Zwangsmechanismen an.

Als Folge der Religiosität werden individuelle und soziale Integration, also letztlich Kontrolle und Anpassung, verstanden.

Auch in diesem Zusammenhang ist auf Max Webers Feststellung hinzuweisen, daß Protestanten härter arbeiten, mehr sparen und größere wirtschaftliche Erfolge haben, woraus unter anderem ein Zusammenhang zwischen protestantischer Ethik (innerweltliche Askese) und der Entwicklung des Kapitalismus gefolgert wird.

Die Einstellung des Christentums zu Machtkampf und kriegerischer Gewalt ist vielschichtig und komplex. Durch die Etablierung des Christentums als Staatsreligion konnte das christliche Recht auf die Gewalt als Mittel der Politik nicht mehr verzichten. Zwischen den beiden großen Heilsreligionen, Christentum und Marxismus, bestehen starke Ähnlichkeiten. Der „Gott der Liebe" lebt, sagte Max Weber mit dem „Dämon der Politik" in einer inneren Spannung, die jederzeit in einen Konflikt ausarten kann. Im kirchlichen Bereich stellt die Moral oft einen erheblichen Machtfaktor dar und ein hervorragendes Instrument des Machtkampfes. Gegner werden als Untermenschen abqualifiziert. Beides finden wir auch bei den Faschisten und Kommunisten. Zur Zeit der französischen Revolution wurden die demokratischen Rechte, wie Presse-, Versammlungs- und Redefreiheit als Mittel zur Eindämmung der Macht verwendet und dann gleich wieder abgebaut (die Verschwörung der Gleichen, Gracchus, Babeuf). Karl Marx sei, schreibt A. Künzli in dessen Psychographie, eine autoritäre Persönlichkeit gewesen: „Dominierend waren in dieser Seele, die sich ihres ,dämonischen Abgrundes' dunkel bewußt war, der Trotz und der Hohn, Neid, Rache, Haß, Verachtung, der Trieb zu Destruktion und Selbstvernichtung, aber auch zur Neuschöpfung der Welt aus sich selbst heraus, gepaart mit einem unverhüllten Willen zur Macht und zur Selbstvergottung."

Die Übereinstimmung mit der Nekrophilie Fromms ist unverkennbar. Die klassenlose Gesellschaft ist eine ähnliche Utopie wie das Paradies, nur daß es schon für das Diesseits versprochen wird: „Als Endziel setzen wir uns die Abschaffung des Staates, d. h. jeder organisierten und systematischen Gewalt, jeder Gewaltanwendung gegen Menschen überhaupt... In unserem Streben zum Sozialismus sind wir überzeugt, daß er in den Kommunismus hinüberwachsen wird und daß im Zusammenhang damit jede Gewaltanwendung gegen Menschen überhaupt, der *Unterordnung* eines Menschen unter den anderen, eines Teils der Bevölkerung unter den anderen verschwinden wird, denn die Menschen werden sich daran *gewöhnen,* die elementaren Regeln des gesellschaftlichen Zusammenlebens *ohne Gewalt* und *ohne Unterordnung* einzuhalten." (W. I. Lenin: Staat und Revolution, Werke Bd. 25, 1960, S. 469 f.)

Schließlich sei noch auf zwei große empirische Studien über die Religiosität von Arbeitern und Angestellten in England von Fred Blum hingewiesen. Ich zitiere aus seinen zusammenfassenden Bemerkungen: „Macht bedeutet für die meisten Menschen ‚Macht zu befehlen‘, ‚den Leuten sagen, was sie tun sollen‘, wie aus ihren Antworten auf die Frage: ‚Was bedeutet Macht für Sie?‘ zu ersehen ist. Ein solches Machtbild drückt die Realität der traditionell organisierten Industrie aus. Man kann entweder anderen sagen, was sie tun sollen: dann hat man Macht; oder man kann anderen nicht sagen, was sie tun sollen: dann hat man keine Macht. Macht als Selbstverwirklichung ist keine lebendige Vorstellung bei den befragten Personen, da sie in ihrem Leben keine lebendige Erfahrung darstellt. Die vorherrschende Erfahrung von Macht ist die des Zwanges — daher die Verbindung zwischen einem Machtgefühl und der tatsächlichen Macht im Entscheidungsprozeß. Das Gegenstück und der fundamentalere Grund für diese Situation ist eine unzulängliche Selbstverwirklichung, die Schwierigkeit, etwas zu erleben, was wirklich zu einem selbst gehört und dessen Verwirklichung von der Bezogenheit zu anderen Menschen abhängt." (*Der industrialisierte Mensch,* Wien, 1973, S. 156)

Ich will nun kurz zusammenfassen: Der Machtanspruch der Religionen, vom Einzelindividuum bis zu den Großkollektiven, zu denen die Gläubigen gehören, ist enorm und total. Pluralismus und Toleranz werden in der Regel erst durch die Anpassung an die Realität erzwungen. Weltliche Macht hat die geistliche zu Legitimierungszwecken mißbraucht („Von Gottes Gnaden"), geistliche umgekehrt die weltliche zur Durchsetzung ihrer Ziele.

Die Notwendigkeit der Trennung von Staat und Kirche

zur Verhütung von Mißbrauch ist eine späte Entwicklung, die sich aber weitgehend durchgesetzt hat. Dort, wo sie nicht erfolgte oder wieder aufgehoben wurde — wie etwa im Fall Ayatollah Khomeinis — gibt es keine Kontrolle mehr.

Trotz Säkularisierung und Aufklärung scheint das Bedürfnis nach übernatürlicher Sicherung, Orientierung und Hoffnung so stark zu sein, daß die Irrationalität immer wieder durch die Hintertür — sprich Ideologien und Sekten — hereinkommt. Vielleicht können wir wirklich nicht ohne Illusionen leben?

Juristen denken und handeln oft anders, als die breite Öffentlichkeit und besonders die helfenden Berufe es erwarten. Sie erscheinen uns zu formalistisch, zu abstrakt und zu unverständlich. Oft wünschen wir, sie mögen doch spontaner und lebendiger sein und doch vor allem uns selbst recht geben, wenn wir in irgendeinen Konflikt mit der Staatsgewalt oder einen Rechtsstreit mit jemand anderem geraten, der natürlich immer unrecht hat. Wir haben Schwierigkeiten, uns im Gestrüpp der Gesetze und Verordnungen zu orientieren, ärgern uns über die Sprache, die wir nicht verstehen, und fühlen uns machtlos gegenüber einer Maschinerie, deren Augenbinde wir ganz gerne abreißen wollen, damit die Justiz endlich sehend werde und unsere Not erkenne und helfe. Auf der anderen Seite ist für den einzelnen, der in die Mühle der Mächtigen kommt, der wenigstens halbwegs funktionierende Rechtsstaat die einzige Hoffnung, nicht zu unterliegen oder gar vernichtet zu werden. Das gleiche gilt für benachteiligte Gruppen, die aus eigener Kraft nicht imstande sind, ihre berechtigten Wünsche und Interessen durchzusetzen.

Immer sagten zwar Beobachter des sozialen Geschehens aufgrund unzähliger Beweise wie Spinoza: „Jeder habe so viel Recht, als seine Macht reiche." Und im philosophischen Wörterbuch der DDR steht wörtlich: „Recht ist das in einer Gesellschaft geltende System staatlich garantierter Verhaltensregeln, deren Inhalt sich aus den materiellen Lebensbedingungen der herrschenden Klasse ableitet."

Weiters wird von den stabilisierenden und disziplinierenden Funktionen des Rechts gesprochen, das verbindlich anordnet, was Bürger, Betriebe, Staats- und Wirtschaftsorgane zu tun oder zu unterlassen haben. Rechtsverhältnisse seien im Grund Eigentumsverhältnisse; Recht eine Widerspiegelung einer ökonomischen Struktur.

Uns geht es hier — von einer neutralen Position aus — vor allem um die Persönlichkeitsrechte. Im objektiven Sinn ist der Staat der Rechtserzeuger; seit dem Mittelalter, aber auch, allerdings in nur sehr langsam zunehmendem Maß, die Völkerrechtsgemeinschaft. Die für alle bedeutsame Frage, ob das Recht mehr der Rechtssicherheit oder mehr der Gerechtigkeit dienen soll, beantworte ich eher in Richtung der zweiten Alternative. Der Schöpfer der österreichischen Verfassung, Hans Kelsen, stellte fest: „Keine gesellschaftliche Ordnung kann die Ungerechtigkeit der Natur völlig ausgleichen."

Daß Gerechtigkeit das größtmögliche Glück der größtmöglichen Zahl sei, (Bentham) ist insofern unmöglich, als dem einen sein Uhl die Nachtigall des anderen ist. Die Gerechtigkeitstheorien lassen sich letztlich auf einen metaphysisch-religiösen und einen (pseudo-)rationalistischen Grundtypus reduzieren. Das Prinzip „Jedem das Seine" ist eine typische Leerformel. Das gleiche gilt für „Jeder nach seinen Fähigkeiten, jedem nach seinen Bedürfnissen". Der Ablehnung der Goldenen Regel („Was du nicht willst, daß man dir tu, das füg auch keinem andern zu") kann ich nicht zustimmen, da hier zumindest der Gedanke der Reversibilität als moralisches Grundprinzip aufgestellt wird.

Weiters ist es meines Erachtens nicht ganz richtig, wenn Kelsen meint: „Absolute Gerechtigkeit ist ein irrationales Ideal. Vom Standpunkt rationaler Erkenntnis gibt es nur menschliche Interessen und daher Interessenskonflikte. Für deren Lösung stehen nur zwei Wege zur Verfügung: entweder das eine Interesse auf Kosten des anderen zu befriedigen, oder ein Kompromiß zwischen beiden herbeizuführen. Es ist nicht möglich, zu beweisen, daß nur die eine, nicht aber die andere Lösung gerecht ist. Wenn sozialer Friede als höchster Wert vorausgesetzt wird, mag die Kompromißlösung als gerecht erscheinen. Aber auch die Gerechtigkeit des Friedens ist nur eine relative, keine absolute Gerechtigkeit." (*Was ist Gerechtigkeit?* Wien 1975, S. 40)

Es gibt jedenfalls ohne Zweifel viele Bereiche, in denen ein allgemeiner Konsens darüber besteht, was ungerecht ist:

1. Zum Beispiel hinsichtlich des Umstandes, in einer Region geboren zu sein, wo nur ein kurzes miserables Leben zu erwarten ist (Sahel, Bangla Desch),
2. oder des Ausschlusses großer Bevölkerungsgruppen vom Wahlrecht (Rassen, Frauen),
3. oder im Falle allgemeiner Verletzungen der Menschenrechte.

Man wird Kelsen aber natürlich wieder darin zustimmen können, daß die Moral einer relativistischen Gerechtigkeitsphilosophie Toleranz ist, wie sie in einer Demokratie herrschen sollte.

Lord Dennis Lloyd schreibt, daß das Recht eine zentrale Institution für die soziale Natur des Menschen sei. Philosophen von Plato bis Marx meinten, daß das Recht böse sei und die Menschheit gut daran täte, sich davon zu befreien. Die historische Erfahrung zeige dagegen, daß das Recht eine hohe zivilisierende Kraft habe und daß das Wachstum mit der allmählichen Entwicklung eines Systems gesetzlicher Regeln und der Maschinerie, sie auch durchzusetzen, an die Zivilisation gekoppelt ist.

Natürlich könne das Recht als Instrument der Tyrannei mißbraucht werden; es diene zur Sicherung der nötigen Freiheiten in der Demokratie. Gesetze könnten jedoch nur mit Autorität und Zwang durchgesetzt werden. Die moralische Pflicht, den Gesetzen zu gehorchen, ergebe sich aus der Legitimität des Gesetzgebers. Lloyd folgt Max Weber, was die Wurzeln der Autorität betrifft. (1. Charisma, 2. Tradition und 3. Legalität).

Recht ohne Macht durchzusetzen, ausgehend davon, daß der Mensch gut sei und erst durch die Institutionen verdorben werde, scheint eher utopisch. Das Völkerrecht sei ein Beispiel dafür, daß oft die Macht fehlt, für die Durchsetzung des Rechts zu sorgen. Trotzdem zeigten sich Ansätze zu einem Wirksamwerden. Ein interessantes Beispiel sei das Eingreifen von Großmächten, die sich die Funktionen einer internationalen Polizei anmaßen. Dabei fehle es zwar nicht an Macht, aber oft sehr deutlich an Legitimität: man denke nur an die russischen Interventionen in der Tschechoslowakei und in Afghanistan sowie an die der USA in Grenada. Was hier oft völkerrechtlich getarnt werde (meist wird die Erhaltung des „Friedens" ins Treffen geführt), seien fast immer imperialistische Eigeninteressen.

Lloyd ist sehr zurückhaltend, was die Notwendigkeit von Zwang angeht, und vertritt eine dynamische Rechtstheorie. Interessant ist seine Stellungnahme zur Psychoanalyse: Er bezieht sich darauf, daß Freud mächtige aggressive Triebkräfte annahm, die verdrängt und sublimiert, aber nicht eliminiert werden können. Jede Kultur, so folgerte er, müsse notwendigerweise auf Zwang und Zurückdrängung von Trieben aufgebaut werden. Lloyd deutet aber auch an, es bestehe — obwohl derzeit noch Skepsis angezeigt sei — eine vage Hoffnung, daß dies nicht immer so sein muß.

Lloyd schneidet auch die Frage der internationalen Gerichtshöfe an. Ich will in diesem Zusammenhang noch anmerken, daß die Kriegsverbrecherprozesse nach dem Zweiten Weltkrieg leider eher Siegertribunale waren und gezeigt haben, daß gerade übernational die Macht entscheidend ist. Hier wäre eine Aburteilung nach geltendem Recht des Landes wohl sinnvoller und überzeugender gewesen.

In *Conscience and Society* stellt Raymond West trocken fest: „Wenn wir hinter Gerechtigkeit eine Weltarmee stellen, dann schaffen wir die Loyalität für eine Weltgemeinschaft." Diese Loyalität sei biologisch in einem Bedürfnis nach Einheit begründet, das persönliche Opfer für die Sicherheit der Herde fordere und einen sozialen Instinkt, der häufig stärker sei als der Selbsterhaltungsinstinkt.

Ich möchte dieses Kapitel folgendermaßen zusammenfassen: Macht kann Recht schaffen; je autoritärer und totalitärer das System ist, um so willkürlicher ist es auch. Eine wache internationale Kontrolle läßt der Willkür vielleicht aber nicht mehr so viel Spielraum wie früher. Natürlich hängt es von der wirtschaftlichen und politischen Stärke des Landes ab, wie weit es sich von dieser Kontrolle unabhängig machen kann. Die Geschichte der Apartheidpolitik in Südafrika zeigt, daß der ständige Druck der Kritik von außen doch unangenehm werden kann.

Recht hat andererseits — zumindest in Demokratien — aber auch die Aufgabe, den einzelnen und unterprivilegierten Gruppen (zum Beispiel Minderheiten) vor der Willkür der Macht zu schützen, und oft erfüllt es diese Aufgabe auch.

Was die Haltung der Psychoanalyse zu diesem Thema betrifft, so kann man sich kaum größere Gegensätze vorstellen als zwischen der früheren und auch noch gegenwärtigen Rechtspflege mit ihrem Strafvollzug und dieser Denkrichtung. Die Utopie einer straffreien Gesellschaft, wie sie frühe Analytiker vertreten haben, wird vielleicht nie realisiert werden können, aber wir sollten über Urteil und Strafe vielleicht doch noch mehr nachdenken:

Wir strafen

1. aus Motiven der Rache und Vergeltung (was nicht gerade rational wirksam ist),
2. aus Gründen der General- und Spezialprävention (was nicht sehr wirksam ist),
3. aus Sicherheitsgründen (was nicht ökonomisch ist),
4. zum Zweck der Resozialisierung, was nur halbherzig gemacht wird und bei Haftstrafen kontraproduktiv ist (das heißt, es wird der umgekehrte Effekt erzielt).

Hier wäre mehr psychoanalytisches Verständnis bestimmt sehr hilfreich. Auf die Herausgabe zweier psychoanalytischer Klassiker der zwanziger Jahre durch T. Moser über Psychoanalyse und Justiz sei wenigstens hingewiesen (Theodor Reik, *Geständniszwang und Strafbedürfnis*, Franz Alexander und Hugo Straub, *Der Verbrecher und sein Richter*).

SEXUALITÄT

Daß Sexualität auch ein ernst zu nehmendes Machtproblem darstellt, ist erst seit kurzer Zeit ins Bewußtsein der breiten Öffentlichkeit gedrungen. Das Hauptverdienst daran haben feministische Autoren. Titel wie *Sexus und Herrschaft* von Kate Millett und *Sexualität ist Macht* von Angela Carter mögen hier für eine ganze Reihe von Publikationen exemplarisch erwähnt werden.

Natürlich gibt es, wie immer, zahlreiche Vorläufer bis in die Antike — da ist die bezaubernde Geschichte vom Sexualstreik der Frauen gegen das Kriegsspielen der Männer in der *Lysistrata*, da sind Engels' Untersuchungen und Betrachtungen über die politisch-ökonomische Lage der Frauen im 19. Jahrhundert, Wilhelm Reichs Sexpol-Bewegung und vor allem die historischen Betrachtungen, die etwa in Ernst Bornemanns Buch *Das Patriarchat* zusammengefaßt sind.

Natürlich stand die dienende und untergeordnete Rolle der Frau im Patriarchat im Vordergrund, und die Betrachtungsweise *Sexualität als Klassenkampf* (Reiche) hat zumindest heute vielleicht noch mehr Berechtigung als das klassische Modell von Besitzenden und Proletariat.

Aber nicht nur die gesellschaftliche Rolle der Frau spielt in diesem Themenkreis eine Rolle, sondern auch die Probleme anderer Unterprivilegierter, wie die der Homosexuellen; hierher gehören aber auch Prostitution, Pornographie, Familienplanung oder Schwangerschaftsabbruch. Es sind Beispiele dafür, wie Politik, das heißt letztlich Macht, sich in diesen Bereich einmischt.

Aber auch im engsten Definitionsbereich, in der sexuellen Privatsphäre, sind Macht und Gewalt von größter Bedeutung. Vergewaltigung außerhalb und innerhalb der Ehe, Gewalt gegen den Partner werden zunehmend aus einer offenbar enormen Dunkelziffer ins Licht der Diskussion gebracht. Das Phänomen des Sadomasochismus wird eingehender untersucht; auch die erschreckende Dunkelziffer der Kindesmißhandlung berührt diesen Fragenkomplex.

Natürlich ist es nicht so, daß alle Macht bei den Männern ist und nur die Frauen erniedrigt werden. Frauen, die ihre Partner quälen, verachten, dominieren, mit ihrem Ehrgeiz und ihrer Habgier hetzen und letztlich zerstören, sind uns ebenso bekannt wie Mütter, die ihre Kinder nicht in die Selbständigkeit entlassen, freigeben können und lebenslang tyrannisieren. Aus der Familientherapie wissen wir allerdings, daß Schuldzuschreibungen sinnlos sind, da es sich immer um zirkuläre Systemzusammenhänge handelt, die sich über Generationen erstrecken. Daß aber die Unterdrückung der Frauen im Vordergrund steht, ist durch harte Daten (Unterschiede in der Honorierung ihrer Leistungen, Beteiligung an Führungspositionen und so weiter) hinreichend erwiesen. Und das meiste, was man Frauen, auch in bezug auf Gehässigkeit, vorwerfen kann, läßt sich eindeutig als Reaktion auf diese Unterprivilegierung erklären.

Eine ziemlich traurige Rolle spielt in der ganzen Frage auch die Psychoanalyse. Freud war in dieser Beziehung durchaus ein Kind seiner Zeit. Er, der die Bedeutung — vor allem auch der kindlichen Sexualität für das gesamte psychische Geschehen und Verhalten aufdeckte und dieses Gebiet einer wissenschaftlichen Bearbeitung zugänglich machte, zeigte gegenüber der weiblichen Sexualität eine merkwürdige Unsicherheit. Die irrige Annahme, daß der klitoriale Orgasmus ein Zeichen der Unreife und nur der vaginale ein Charakteristikum der genitalen Reife sei, hat — von den frühen Analytikerinnen wie Helene Deutsch und der Prinzessin Bonaparte leider unkritisch übernommen — Generationen vor allem intellektueller Frauen viel Unglück gebracht. Erst die psychophysiologischen Untersuchungen von Masters und Johnson haben bewiesen, daß die ganze Schamregion reagiert und dieses frühe analytische Dogma nicht bestätigt werden kann. Auch der zweifellos beobachtbare weibliche Masochismus und der Penisneid sind kein psychobiologisches Schicksal, sondern eines der Folgephänomene jahrhundertelanger patriarchalischer Unterdrückung.

Erst die moderne Sozialwissenschaft und vor allem die junge Disziplin der Sexologie haben zusammen mit der jüngeren Generation von Psychoanalytikerinnen (Chasseguet-Smirgel und andere), getragen von der politischen Kraft des Feminismus und progressiver Linker, die Voraussetzungen dafür geschaffen, daß sich die öffentliche Meinung langsam in Richtung einer echten Gleichberechtigung ändert. In vielen Ländern sind auch schon manche Gesetzesänderungen in der Familienpolitik zu verzeichnen.

Nachdem das einzig diskutable Motiv zur Unterdrückung der Homosexuellen, nämlich die Bevölkerungspolitik, durch die Übervölkerung wegfällt, gibt es meines Erachtens auch keinen denkbaren Grund mehr, die Homosexuellen zu diskriminieren und anders zu behandeln als die Heterosexuellen. (In Parenthese bemerkt: Die Unterdrückungsmaßnahmen hatten dort, wo sie nicht das Ausmaß physischer Vernichtung annahmen, sowieso keinen Erfolg).

Es ist ein an sich paradoxes und nicht leicht verständliches Phänomen, daß die Herrschenden fast immer und überall die freie Sexualität der Untertanen zu unterdrücken versuchten. Ich hätte eigentlich gemeint, daß eine freie Entfaltung der Sexualität der Unterprivilegierten ein Ventil darstellen könnte, das die politische Ruhe und Unterwerfung in anderen Bereichen eher fördert. Daß dem nicht so ist, dürfte mehrfache Ursachen haben. Das Unterdrücken der Lust der anderen scheint ein starkes Symbol für Macht = potentia = Potenz zu sein, die nichts anderes neben sich duldet — ein klassisch narzißtisches Phänomen. In einer gewissen Verbindung damit dürfte als Motiv die Angst stehen, daß die „Untermenschen" sich ungehemmt vermehren und durch ihre Masse zu einer Macht werden, die revolutionäre Potenz erreichen könnte.

Die Unterdrückung der Sexualität, das heißt der Lust der Frau im Patriarchat, die bis zur Klitorisexstirpation geht, dürfte hingegen der Angst der Männer entstammen, die Frauen könnten zu anspruchsvoll werden, wenn sie Gelegenheit hätten, ihre Lust voll auszuspielen. Damit ist allerdings noch nicht die Ablehnung der Randgruppen, wie etwa der Homosexuellen und Andersrassigen, erklärt. Eine der Wurzeln dafür könnte in der allgemeinen Xenophobie, der Fremdenfeindlichkeit, als infantil-regressivem Motivationsrest liegen; alles, was sich in irgendeinem Merkmal von uns unterscheidet, ist fremd und potentiell gefährlich; ein Phänomen, das übrigens als kurze Entwicklungsphase biologisch vielleicht normal, im übrigen aber auf die Erziehung während der Vorschulzeit zurückzuführen ist. Das Bedürfnis, ein Feindbild zu produzieren, in das alle eigenen abgelehnten Eigenschaften hineinprojiziert werden können, scheint eine weitverbreitete sozialpsychologische Erscheinung in einer unsicheren, paranoid-ängstlichen Gesellschaft zu sein; eine Erscheinung, die in einer Atmosphäre der Rivalität und Feindseligkeit gedeiht.

In diesem Zusammenhang möchte ich auf ein ganz merkwürdiges Buch verweisen: Angela Carters *Sexualität ist Macht*. Es handelt sich um eine feministische Analyse des Werkes des Marquis de Sade, des klassischen Autors der Grausamkeit und Macht in Verbindung mit Sexualität, dessen Romane Modelle harter Pornographie darstellen. Sade gilt als Frauenfeind; er sah jedoch in einer geradezu modernen Weise die weibliche Sexualität nicht bloß im Zusammenhang mit der Fortpflanzungsfunktion. Er schuf zwei Extremtypen von Frauen: Justine, die sich widerspruchslos den Grausamkeiten der Männer ausliefert; sie ist das tugendhafte ewige Opfer, wird immer wieder gedemütigt und vergewaltigt. Juliette dagegen übertrifft die Männer an Skrupellosigkeit und Brutalität. „Sie setzt ihre Sexualität hemmungslos ein, um sich Vorteile in einer Welt zu verschaffen, in der Zärtlichkeit bloßer Vorwand, in der das Bett in Wirklichkeit

Kampfplatz ist. Sie ist die ewige Siegerin. Ihr Lohn ist Reichtum und Macht. In der Gegenüberstellung dieser beiden Frauentypen zeigt Sade, daß sexuelle Beziehungen Herrschaftsbeziehungen sind: Sexualität als Machtkampf. ‚Liebe‘ wird als der erbarmungslose Egoismus des Starken entlarvt, der den Schwachen tyrannisiert", heißt es im Klappentext.

Am Ende ihres Buches zitiert Angela Carter Emma Goldmann, *Das Tragische an der Emanzipation:* „Die Geschichte lehrt uns, daß jede unterdrückte Klasse die wahre Befreiung von ihren Beherrschern nur durch eigene Anstrengungen erreicht hat. Es ist notwendig, daß die Frau dieses einsieht, daß sie erkennt, daß ihre Freiheit so weit reichen wird wie ihre Macht zur Erreichung ihrer Freiheit. Es ist daher um so wichtiger, sich von der Last der Vorurteile, Traditionen und Gewohnheiten zu lösen. Die Forderung nach gleichen Rechten ist gerecht und fair; letztendlich ist jedoch das wichtigste Recht das Recht auf Liebe und darauf, geliebt zu werden. Soll die teilweise Emanzipation tatsächlich zu vollständiger und reiner Emanzipation werden, so muß aufgeräumt werden mit der lächerlichen Vorstellung, geliebt zu werden, Geliebte und Mutter zu sein, sei gleichbedeutend mit Sklave und Untertan zu sein. Es muß aufgeräumt werden mit der absurden Vorstellung des Dualismus der Geschlechter oder daß Mann und Frau Vertreter zweier feindlicher Lager seien.

Kleinlichkeit spaltet, Großzügigkeit verbindet.

Laßt uns groß und großzügig sein. Laßt uns über all das Triviale das Wesentliche nicht aus den Augen verlieren. In der echten Beziehung zwischen Mann und Frau wird es keinen Sieger und keinen Besiegten geben, sondern nur eines: immer wieder zu geben, um dadurch bereichert zu werden, tiefer empfinden zu können und gütiger zu werden." (S. 189 f.)

Architekten, Bildhauer, Maler, Dichter und Schriftsteller sowie Musiker (Komponisten, Interpreten, Sänger) und Schauspieler erzielen oft enorme Wirkung. Neuerdings gilt das auch für Kabarettisten und andere sogenannte „Kleinkünstler". Es erhebt sich also die Frage, wieviel Macht diese Gruppe eigentlich hat? Sind es die Mäzene — Kirchenfürsten, weltliche Herrscher, reiche Bürger, die öffentliche Hand — die diese Künstler wie Marionetten zappeln lassen und als Hofnarren engagieren, oder handelt es sich hier um eine eigenständige Macht?

Je nach Zeit, Ort, kulturellen und sozioökonomischen Bedingungen wird die Antwort verschieden ausfallen. Sicher haben Künstler wie Michelangelo, Leonardo da Vinci, Raffael, Dante bis herauf zu den Beatles und den Rolling Stones, oder zu Böll, Grass und Enzensberger, eigenständige Macht gehabt; Thomas Mann war sogar so etwas wie eine moralische Instanz. Es scheint mir aber doch so, als steuerten die Medien oder die Mäzene durch Aufträge oder deren Verweigerung die Kunst und den Kunstmarkt. Das gleiche gilt für die Intendanten von Schauspiel- und Opernhäusern und für die Filmverleih- und Schallplattenfirmen, die den Geschmack des Publikums und den Marktwert von Künstlern bestimmen, oder für Verlage, die für ihre Autoren mehr oder weniger werben und deren Bücher vertreiben. Ohne die Künstler allerdings wären diese Institutionen letztlich ebenfalls machtlos.

Die Mediengewaltigen konzipieren die Radio- und Fernsehprogramme, entweder nach der Parteilinie in autoritären Staaten oder nach der Markteinschätzung (Einschaltziffern) in sogenannten freien Gesellschaften. Künstler, die ihnen willig folgen, finden sie immer ohne Schwierigkeiten. Dabei besteht überhaupt kein Zweifel, daß von Kunst Macht ausgeht; die Frage ist nur, ob es eine *direkte* Macht ist oder eine übertragene und übersetzte, die aus anderen Quellen gespeist wird. Macht in diesem Zusammenhang bedeutet Anziehung eines großen Publikums und dessen Beeinflussung, die so weit gehen kann, daß sie über die reine Rezeption hinaus eine Verhaltensänderung bewirkt — man denke nur an den Vandalismus bei Rock- und Popkonzerten und die Abkehr der derart Aufgeputschten von anderen Werten.

Die letzte Jahrhundertwende stellt in diesem Zusammenhang sicherlich einen Markstein dar. Vorher haben Tempel, Paläste und Kathedralen die Macht und Bedeutung der herrschenden Klasse und deren Doktrin eindrucksvoll demonstriert, Bilder, Fresken, Lieder und Dichtungen die Tradition lebendig gehalten. Die Musik verlieh all diesen Bestrebungen den emotionellen Hintergrund. Letztlich wurde Natur abgebildet. Ausbrüche aus dieser Tradition — wie sie etwa Villons Balladen widerspiegeln — waren die Ausnahmen, die eher die Regel bestätigen. Die Kunst war daher im wesentlichen eine Dienerin der herrschenden Macht und verlieh ihr den Glanz, der ihr sonst gefehlt hätte. Die Künstler waren, willig oder zähneknirschend, Knechte und Mägde der Macht. Einzelne kritische Stimmen waren aber immer vernehmbar. Goya ist ein typisches Beispiel für die paradoxe Doppelrolle eines Rebells und gleichzeitig Dieners der Macht. Waren die Herrscher aber einsichtig, konnten Künstler manchmal sogar relativ hohe Positionen erreichen, wie etwa Goethe.

Ein besonderes Kapitel in diesem Zusammenhang stellt die Architektur dar. Der Parthenon, der Koloß von Rhodos, die Peterskirche, Versailles, Schönbrunn sind nur einige willkürlich gewählte Beispiele für die Manifestationen von Macht. Napoleon soll 1807 geschrieben haben: „Die Ausführung großer Bauvorhaben liegt ebenso notwendig im Interesse meiner Völker, wie sie meiner eigenen Befriedigung entspricht." Die monumentalen Pläne der Revolutionsarchitektur (zum Beispiel eines Boullée, Ledoux, Lequeu) sind allerdings — und vielleicht glücklicherweise — zum Großteil nicht ausgeführt worden, ebensowenig wie viele von Speers Projekten, die Hitlers Megalomanie hätten wiedergeben sollen.

Nun hat sich die Situation der Kunst um 1900 und danach völlig verändert. Mit Kubismus, Surrealismus und gegenstandsloser Malerei, mit Dadaismus und Nonsenskunst, mit neuen literarischen Mitteln, wie dem inneren Monolog bei Schnitzler oder den freien Rhythmen, der atonalen Musik, der Zwölftonmusik, der seriellen, aleatorischen und Klangflächenmusik hat eine ganz neue Ära begonnen. Schließlich hat der Jazz, die improvisierende amerikanische Negermusik mit ihren charakteristischen Rhythmen hohen Kunstwert erlangt. Zur gleichen Zeit hat sich die Psychoanalyse entwickelt.

Gemeinsamer Ursprung dieser Veränderungen ist erstens, daß sich die traditionellen Kunstmittel totgelaufen hatten und das Unbewußte plötzlich dargestellt wurde (obwohl es natürlich auch hier Vorläufer gegeben hat, wie zum Beispiel Hieronymus Bosch) und zweitens, daß die Technik voll zum Einsatz kam; die Fotographie übernahm wichtige Aufgaben der darstellenden Kunst, Radio, Film und Fernsehen ermöglichten die enorme Verbreitung von Wort, Bild und Ton, neue Tonmaschinen vervielfältigen die musikalischen Möglichkeiten (Synthesizer). Sehr tief ist nun, vor allem wegen dieser ungeheuren Verbreitung, die Kluft zwischen Massenkunst (Kitsch) und einer Oberklassenkunst, die nur wenige Experten verstehen und schätzen, geworden.

Beide Richtungen haben eine gewisse Macht — wie die Wirkung von Ausstellungen, Konzerten und Preisen bei der elitären Kunst, Massenbegeisterung und -konsum von Ton- und Videokassetten bei der populären zeigen. Die Massenbegeisterung, die Einzelunterhalter und Gruppen manchmal hervorrufen, vermitteln dem Beobachter ähnlich beunruhigende Gefühle wie diejenigen bei politischen Veranstaltungen. Manche dieser Leute haben klare politische

Intentionen, wie etwa Biermann, manche ästhetische, manche rein materielle; Kombinationen sind nicht selten. Bert Brecht mit seinen politischen Lehrstücken war ein Meister der Verbindung von politischen mit ästhetischen Momenten.

Man kann sagen, daß die Kunst unseres Jahrhunderts das Unbewußte im psychoanalytischen Sinne entdeckt hat und anspricht. Ihr wichtigster Fortschritt liegt möglicherweise darin, daß die Kunstempfänger zu aktiverer Mitarbeit aufgefordert werden. Demgegenüber steht, und das ist eine Auswirkung der Medien, eine Passivierung und Massenbildung, besonders bei Jugendlichen, die hier ein pseudoreligiöses Bedürfnis nach Gurus befriedigt.

Macht wird von und noch mehr mit Hilfe von Künstlern ausgeübt, daran kann kein Zweifel sein; die Vorbildfunktion von Künstlern, von Popsängern bis Karajan, ist enorm; allerdings bleibt ihr Einfluß — von den erwähnten Ausnahmen abgesehen — politisch weitgehend unverbindlich.

Eine Generalisierung der Macht des Künstlers über das Ästhetische hinaus hält sich also in Grenzen. Andererseits soll man die Meinungsbildungsfunktion auch nicht unterschätzen, die von — mit klingenden Namen unterzeichneten — Petitionen und Manifesten ausgeht.

Ein künstlerisches Phänomen der neuen Kunst war ohne Zweifel Picasso. Seine Mutter soll zu ihm gesagt haben: „Wenn du Soldat wirst, wirst du General werden. Wenn du ein Mönch wirst, wirst du schließlich Papst werden." Er meinte dazu: „Statt dessen habe ich es als Maler versucht und bin Picasso geworden." Das war ein origineller Künstler, der kraft seines Genies die Händler wie Marionetten tanzen lassen konnte und die Preise für seine Werke selbst bestimmte.

Die Aufgabe des Militärs ist die organisierte Anwendung von Gewalt zwischen kriegsführenden Parteien — wobei es sich meistens um Länder handelt; allerdings gibt es Krieg auch innerhalb eines Landes, wie etwa im Libanon, wo Militär oder paramilitärische Organisationen zum Einsatz kommen. In der Regel ist es aber ein Machtmittel nach außen, während die Polizei ein internes Machtmittel ist, das die „Ruhe und Ordnung" im gegebenen Rechtsrahmen aufrechterhalten soll.

In allen Rechtsstaaten sollte das Militär unter ziviler Kontrolle sein, das heißt dem Kommando der Regierung unterstehen. Da Machtmittel aber nicht selten die Tendenz haben, sich selbständig zu machen, übernimmt das Militär unter labilen politischen Bedingungen nicht selten selbst die Regierungsgewalt, wobei in der Regel die bürgerlichen Rechte ganz oder teilweise aufgehoben werden. Armeen werden zunehmend nicht mehr als Machtmittel bezeichnet, sondern als Verteidigungsheere gegen die Angriffsgelüste des jeweiligen bösen Feindes. Wir finden hier das gerade bei Machtfragen häufige Phänomen des Etikettenschwindels. Daß „Angriff die beste Verteidigung" sei und daß man, wenn man „den Frieden wolle, zum Krieg rüsten solle", sind gefährliche Slogans, die zu diesem Bereich gehören. Die Notwendigkeit, sich mit diesen Fragen zu befassen, ist vor allem dadurch gegeben, daß nicht mehr Pfeile und Lanzen, Gewehre, Artillerie, Panzer und Flugzeuge die üblichen Waffensysteme sind, sondern zumindest potentiell Atombomben, Raketen, chemische und biologische Waffen, die nicht mehr nur die kämpfenden Parteien betreffen, sondern im Ernstfall die ganze Menschheit mit ihren Overkill-Kapazitäten auslöschen können. Obwohl die modernen Armeen immer mehr industriell-bürokratischen Großunternehmen gleichen — dabei spielt vor allem die Komplizen- und Interessengemeinschaft mit der Rüstungsindustrie eine Rolle —, haben sich doch psychologisch interessante Besonderheiten ergeben. Uniform, Waffentragen, Rituale des Verhaltens, wie Salutieren und so weiter zeigen die starke traditionelle Verbundenheit mit aristokratischen Lebensformen und weisen soziologisch gesehen die Kennzeichen totaler Institutionen auf (Goffmann).

Zu solchen „totalen Institutionen" rechnet Goffmann auch:

1. Heime für Behinderte,
2. Anstalten für psychiatrische Kranke, Tbc-Patienten und so weiter,
3. Gefängnisse, Konzentrationslager,
4. Armee- und Polizeikasernen, Schiffe, Internate und
5. Klöster.

Alle menschlichen Aktivitäten, meint er, spielen sich dort konzentriert ab. Es bestehe eine tiefe Kluft zwischen Führung und Untergebenen; Aufnahmerituale, Erniedrigungen, die sich aber auch in Privilegien verwandeln können, seien typisch. Positiv zeigten sich aber auch Solidarisierungen, die manchmal starke Erlebnisqualität hätten (zum Beispiel die glorifizierenden Kriegs- und Militärerinnerungen auch im Frieden). Latente Homosexualität spiele dabei eine Rolle. Bei den — allerdings nur relativ — Mächtigen in solchen Institutionen fänden sich eine strenge Hierarchie und ein rigides Zeremoniell.

Meine eigenen Erfahrungen im Zweiten Weltkrieg und danach als Soldat, Sanitätsoffizier und amerikanischer Kriegsgefangener in Italien haben für mich vor allem die Fragen der Ausbildung in den Vordergrund gerückt. Das mehr oder weniger ausgesprochene Prinzip der Ausbildung zum Soldaten besteht zuerst in der Brechung der zivilen Persönlichkeit durch Erniedrigung und Überanstrengung, woraus eine möglichst perfekte Befehlsausführungsmaschine entstehen soll, die aufgrund der Erfahrung, daß nur totale Anpassung ein Überleben ermöglicht, jede kritische eigene Geistestätigkeit abwürgt. Sicher ist dies heute nicht mehr in dem Ausmaß der Fall wie im Dritten Reich, und die Bemühungen von Baudissin um innere Führung, den Bürger in Uniform, sind nicht ganz vergeblich gewesen; doch das Prinzip ist letztlich erhalten geblieben, es ist nach wie vor eine Grundvoraussetzung für blinden Gehorsam.

Das fürchterliche Erlebnis des Zweiten Weltkrieges hat dazu geführt, daß in der Öffentlichkeit Kriegsdienstverweigerung nicht mehr (gänzlich) als Schmach und Schwäche diskriminiert wird wie früher, sondern da und dort (das heißt in den westlichen Ländern!) sogar als Zivilcourage gilt.

Die Skrupellosigkeit von Machtträgern kommt dadurch zum Ausdruck, daß einige wenige Führer Millionen Menschen in den oft schrecklichen Tod schicken und sich dafür noch als Helden verehren lassen können. Daß militärische Führer oft nichts anderes als Schreibtischtäter sind, ist erst im letzten Krieg wenigstens einem Teil der Öffentlichkeit bewußt geworden.

Die Art, wie der einzelne sich mit dieser Situation abfindet, kann extrem verschieden sein. Die Mehrzahl läßt sich ins Verderben treiben und rationalisiert dies oft durch den Irrationalismus des Glaubens an die Propagandaslogans von einem gerechten Krieg (wenn ein solches Paradoxon erlaubt ist). Derzeit findet zum Beispiel ein „heiliger" Krieg statt, in dem die Iraner Tausende von Kindern in den Tod schicken, angeblich, damit diese die ewige Seeligkeit erlangen. Wenn wir aber vielleicht glauben, daß so etwas in Ländern alter demokratischer Tradition nicht möglich wäre, dann sei an die Begeisterung in England während des Falkland-Krieges erinnert.

Andere Menschen resignieren, lassen sich treiben und drücken sich, wo sie nur können. Ich möchte in diesem Zusammenhang zwei Lösungen beschreiben, die ich selbst erfahren habe:

1. Die Flucht nach vorn, und
2. die Flucht in die Krankheit.

ad 1.: Nach wenigen Wochen des Rußlandkrieges als Hilfsarzt bei einem Infanteriebataillon war mir klar, daß ich diesem Krieg weder physisch noch psychisch gewachsen war. Ich überlegte Desertion, Selbstbeschädigung oder Suizid, fand das alles aber nicht optimal. So versuchte ich, mich möglichst stark zu exponieren, da die Wahrscheinlichkeit einer Verwundung zwanzigmal größer war als die zu fallen. Die Rechnung ging auch auf, und infolge der Schwere der Verwundung wurde ich auch nicht mehr an die Front geschickt. Kurioserweise bekam ich sogar noch eine Auszeichnung für Tapferkeit. Am Tag meiner Verwundung verlor übrigens die Division nicht weniger als sieben Ärzte durch Tod oder Verwundung. Es wurde dann bald auch die Taktik der Sanitätseinheiten, die zweiten Bataillonsärzte mit der Spitzenkompanie vorgehen zu lassen (man erhoffte sich dadurch eine bessere Kampfmoral) aufgegeben.

ad 2.: Wenige Tage vor dem Waffenstillstand in Italien mußte ich aus einer fast friedensmäßig sicheren Kriegslazarettbasis in Frontnähe fahren. Ich war, wie berichtet, seit meiner Verwundung nicht mehr an der Front gewesen. Bei einem Tieffliegerangriff sprang ich aus dem Wagen und drückte mich in eine Ackerfurche, aber mit dem Gesicht nach oben, um das Geschehen beobachten zu können. Ich war verwundert, daß ich keinerlei Angst empfand. Während ich die Einschläge der Bordkanonen verfolgte, trat aber ein subjektiv entsetzliches Phänomen auf. Mit elementarer Gewalt begann meine linke Körperseite zu zittern (ich bin umerzogener Linkshänder). Hätte ich den Mechanismus nicht so genau gekannt, ich würde vielleicht heute noch zittern. So aber gelang es mir mit äußerster Kraft und autogenem Training, innerhalb von Minuten die Kontrolle über mich wiederzugewinnen. Ich muß gestehen, daß mein Hauptmotiv dafür die spektakuläre Blamage war, die ich befürchten mußte. Die Heeresgruppe Süd wäre in homerisches Gelächter ausgebrochen: „Der zweite Arzt der neuropsychiatrischen Abteilung des Kriegslazarettes A ist knapp vor Kriegsende als Kriegszitterer in die eigene Abteilung aufgenommen worden!" Damals waren die psychogenen Reaktionen auf Gefahren schon gut bekannt und daher viel seltener als im Ersten Weltkrieg. Überhaupt hat sich die Psychiatrie — wie fast immer in der Geschichte — voll in den Dienst der Macht gestellt und mit sehr problematischen Mitteln der Disziplinierung gegen die Kriegsneurosen gekämpft.

Im Zweiten Weltkrieg zeigte sich im Gegensatz zu den hysterischen Reaktionen, die im Ersten Weltkrieg häufig waren, eine sehr interessante Form der Abwehr gegen den spezifischen Kriegsstreß, besonders auf der deutschen Seite. Diesmal häuften sich die psychosomatischen Krankheiten, vor allem im Bereich des Magens. Infolgedessen standen nicht so sehr die Psychiater im Vordergrund, als viel mehr die Internisten. Die merkwürdige Lösung der deutschen Führung — die Aufstellung sogenannter „Magenbataillone" für solche Patienten mit einer Art Diätverpflegung — war nicht allzu wirksam. Offenbar hatte die Diskriminierung der Kriegshysterien zu einer Symptomverschiebung in Richtung Somatisation (Verlagerung auf körperliche Symptome) geführt, wie es übrigens damals dem Zeitgeist entsprach.

Zusammenfassend kann man sagen, daß die Armee zu den wichtigsten Instrumenten der Macht gehört, die mit ihren Werten Disziplin und Gehorsam und mit der Möglichkeit der Indoktrination durch ihre spezifischen Erziehungsmethoden in diesem Zusammenhang eine ganz wesentliche Bedeutung hat.

Die berechtigte Angst vor einem Dritten Weltkrieg hat zur Entstehung der bemerkenswerten Friedensbewegungen geführt. Das Typische dabei ist, daß sich solche Bewegungen nur im Westen mit seinen Freiheiten entfalten können. Im Osten werden sie, obwohl wahrscheinlich das Bedürfnis noch größer wäre, weitgehend unterdrückt. Daß auch der

Pazifismus eine gewisse Macht der Machtlosen entwickeln kann, gilt für jede Massenbewegung, die genug Echo in den Medien bekommt.

Die Frage, ob vielleicht eine starke Weltregierung mit einer Art internationaler Polizeitruppe für Frieden sorgen könnte und müßte, ist immer noch unbeantwortet. Erste sehr schüchterne Ansätze dazu sind etwa die Entsendung internationaler Truppen zur Friedenssicherung in Krisenregionen. Wesentlich mehr Forschung und politische Initiativen in dieser Richtung wären angesichts der enormen Gefahr und des Versagens der bisherigen Abrüstungsversuche äußerst dringend. Die Führungsspitzen der Großmächte scheinen unfähig zu sein, wirklich entscheidende Schritte in dieser Sache zu unternehmen.

Einseitige Abrüstung wäre, solange man sich in Overkill-Kapazitäten bewegt, nicht einmal sehr riskant, und ich halte es für wahrscheinlich, daß eine Umkehrung der Rüstungsspirale eine zwar paradoxe, aber wirksame Macht entfalten könnte.

Die Polizei garantiert die Herrschaft nach innen und hat viele Ähnlichkeiten mit der Armee. Ihr Öffentlichkeitsbild schwankt zwischen dem eigenen Rechtfertigungsslogan „Dein Freund und Helfer" und dem haßerfüllten „Bullen"-Image. Über eines herrscht allerdings kein Zweifel: Eine Gesellschaft braucht unbedingt eine Ordnungstruppe, während sie eventuell ohne Armee auskommen könnte, wenn es der „böse Nachbar" gestattet (allerdings darf auch nicht vergessen werden, daß ein Katastropheneinsatz größeren Ausmaßes in der derzeitigen Organisation praktisch nur von einem Heer geleistet werden kann). Das häufig negative Bild der Polizei stammt meist aus zwei Quellen: aus Berichten der Medien über oder direkter Erfahrung bei brutalen Straßenkämpfen, und aus den Berichten über Willkürakte und eventuell Folterungen, zum Beispiel durch sogenannte Geheimpolizeigruppen. Nun hat jede Gesellschaft natürlich die Polizei, die sie verdient. In Österreich ist es, allerdings unter wesentlich leichteren Bedingungen, meist gelungen, durch vorsichtiges Taktieren schwere Konfrontationen etwa mit Demonstranten zu vermeiden und eher auf Gesprächsbasis die Einhaltung des Gesetzes zu erreichen; vielleicht keine immer perfekte Lösung, aber ausreichend (die sogenannte „Wiener Taktik").

Die Bekämpfung der Kriminalität wirft an sich kaum unlösbare prinzipielle Probleme auf. Ganz anders ist die Situation im Bereich der politischen Polizei, die in erster Linie die gegenwärtige Herrschaft aufrechtzuerhalten sucht, oft mit Folter, Internierung und Mord. Die internationale Selbsthilfeorganisation „Amnesty International" ist bemüht, durch Information die Welt über die den Menschenrechten widersprechenden Praktiken zu informieren und durch Patenschaften einen gewissen moralischen Druck auszuüben. Je demokratischer eine Gesellschaft ist, desto größer sind die Chancen für eine Humanisierung der einschlägigen Praktiken, je autoritärer das Gemeinwesen ist, um so eher werden diese Bestrebungen als gefährliche Schwäche interpretiert.

Ferner möchte ich noch auf eine Beobachtung hinweisen: daß nämlich manchmal eine an sich leere Demonstration der Macht eine positive Wirkung haben kann. Als 1956 zur Zeit der ungarischen Revolution zweihunderttausend Flüchtlinge nach Österreich kamen, bedeutete dies ein Jahr nach Abzug der alliierten Besatzungstruppen eine schwere Krise und Gefährdung für die Zweite Republik. Die wenigen, an der österreichischen Ostgrenze stationierten Panzer des eben entstandenen Bundesheeres, die kaum fahren, geschweige denn schießen konnten, wurden jedoch zu einer wesentlichen moralischen Stärkung für Flüchtlinge und Helfer.

Schließlich soll noch die Macht der Kriminellen selbst erwähnt werden. Klassisches Beispiel ist die Mafia, die in Süditalien eine große Region weitgehend beherrscht und in den USA gewisse problematische Geschäftszweige, wie etwa Glücksspiele und Wetten, kontrolliert. Das Studium der Entstehung dieser Organisation und die Korrumpierung von Behörden durch sie wäre ein wichtiges Sondergebiet bei der Erforschung von Theorie und Praxis der Macht. Der Lustcharakter der Macht ist bei Verfolgern und Verfolgten gleichermaßen registrierbar, es ist aber eine Lust, die dem Tode und gegenseitiger Zerstörung bedenklich nahesteht.

Seit Max Weber ist allen Interessierten klar, daß die Beamtenschaft nicht nur eine große, sondern sogar eine immer größer werdene Rolle im Gefüge der Macht spielt. Sie ist zwar weisungsgebunden und theoretisch nur ausführendes Organ, aber durch ihren Umfang und ihre Eigengesetzlichkeit gestaltet sie, um den gesetzlichen Vorschriften gerecht zu werden, alle Verwaltungsvorgänge schwerfällig und umständlich. Zivilcourage, Elastizität, Kreativität sind dort selten zu finden, und wenn solche Tendenzen auftauchen, ersticken sie bald im Dschungel der Vorschriften, der immer dichter wird. Der Bürger, dem durch diese Entwicklung nach dem Parkinsonschen Gesetz immer weniger Freiraum gegenüber der staatlichen Macht bleibt, findet sich immer schwerer in den vielfach aufgesplitterten Kompetenzen und Verantwortlichkeiten zurecht.

Hartmut Häußermann hat vor allem darauf hingewiesen, daß es für die Bürokratie mit ihrem impliziten Konservatismus schwer sei, sich in den Dienst von Neuerungen stellen zu lassen. Immer wieder werden Verwaltungsreformen gefordert. Ich habe selbst eine Zeitlang einer Kommission, die Grundlagen dafür schaffen sollte, angehört und dabei den Eindruck gewonnen, daß zwar alle die Notwendigkeit solcher Reformen einsehen, daß aber niemand wirklich den Mut hat, sie aktiv anzugehen. Wahrscheinlich sind sie nur zu realisieren, wenn eine starke politische Macht sich ernsthaft dafür einsetzt. Eine apparatsinterne Organisationsreform ist praktisch unmöglich.

Es ist interessant, daß Lenin in *Staat und Revolution* als Mittel gegen die lähmende Macht der Bürokratie die Wählbarkeit und Absetzbarkeit von Beamten vorschlägt, eine

Lösung, die auch die kapitalistische USA teilweise verwirklicht hat. Leider ist dadurch die Gefahr der Korruption noch größer geworden, als es bei nicht absetzbaren Beamten der Fall war, wie zum Beispiel im preußischen und (alt)österreichischen System.

Für Max Weber handelt es sich bei der Bürokratie um eine legale und rationale Herrschaft nach dem Prinzip der festen Kompetenzen. Dazu kommen noch Amtshierarchie, Aktenkundigkeit der Kommunikation, Fachschulung der Beamten und Amt als Hauptberuf sowie Amtsführung nach bestimmten Regeln. Die Ursache der Bürokratisierung liege in der ungeheuren quantitativen Entfaltung der Staatsaufgaben. Das Dilemma zwischen bürokratischer Effizienz und demokratischer Kontrollierbarkeit sei allerdings kaum lösbar. Macht sei im allgemeinen besser kontrollierbar, wenn sie geteilt ist, daher sei ein pluralistischer Bürokratismus empfehlenswert; das gelte besonders vom regionalen Gesichtspunkt (Gemeinden, Länder, Bund).

Elliott Jaques meint, Bürokraten seien weder zentralistisch noch pluralistisch, weder humanisierend noch das Gegenteil, sondern vielmehr abhängige soziale Instrumente. Die jeweilige Regierung bestimme deren Einsatz. Die Bürokratie solle allerdings nie die Regierungsgewalt übernehmen. Bürokratische Organisation sei wichtig für die Produktion aller Güter und für alle Dienstleistungen (inklusive Erziehung und Therapie), bei denen Leistung objektiv definierbar ist. Wenn allerdings sehr vertrauliche persönliche Leistungen gefordert würden (Psychotherapie), wenn es sich um Fragen der Freiheit außerhalb des üblichen Rahmens handle oder um religiöse Probleme, dann werde Bürokratie kontraproduktiv.

Psychoanalytisch interessiert zeigt sich M. F. R. Kets de Vries in *The Irrational Executive*. Alle Beiträge darin sind tiefenpsychologisch orientiert und nehmen gegen die Annahme eines rationalen „Homo oeconomicus" Stellung. Der Mythos von der Rationalität von Organisationen wird in

Frage gestellt. Aus den zahlreichen Beiträgen, die vorwiegend von der kleinianischen Psychoanalyse ausgeht, möchte ich einige wenige Gedanken zitieren.

Douglas Labier beschreibt vier Typen von Regierungsbeamten: die irrationalen Anpasser, die positiv Normalen, die irrationalen Nichtanpasser und die negativ Normalen, ferner zeigt er die interessanten und komplizierten Zusammenhänge zu den anstellenden Organisationen auf.

Besonders wichtig scheint mir Otto Kernbergs Beitrag über Regression in der Organisationsführung. Er nimmt mit seinen Ansichten eine Mittelstellung zwischen den Verfechtern der Theorie des „geborenen" Führers und jenen der Theorie von den erlernten Führungsqualitäten ein. Er beschreibt die Schwierigkeit eines psychoanalytischen Institutionsberaters und erklärt, daß es unter Umständen auch notwendig sei, den Leiter auszuwechseln, wenn dies zuerst auch hart erscheint.

Partizipatorisches Management sei die wichtigste Hilfe gegen regressive Auswirkungen einer gestörten Führerpersönlichkeit auf eine Verwaltung. Eine autoritäre Persönlichkeit könne auch durch eine entsprechende Organisationsstruktur entstehen. Den Gegensatz dazu bilde nicht ein demokratisches, sondern ein funktionierendes Management. Kernbergs Typologie der Führer ist eher klinisch orientiert: er unterscheidet die schizoiden (isolierten), die zwanghaften (pedant, oft entscheidungsschwach, manchmal sadistisch), die paranoiden (mißtrauischen) und die narzißtischen (exzessiv selbstbezogen mit Extremschwankungen des Selbstwertgefühls). Letztere umgeben sich meist mit Ja-Sagern und beurteilen Menschen nicht ganzheitlich, sondern partikularistisch entsprechend ihrer Internalisierung von Teilobjekten.

Daß Management aus Schuldgefühlen heraus zustande kommen und daß man seine Untergebenen in den „Wahnsinn" treiben kann, schildern weitere Beiträge. Wir kennen letzteres aus unserer eigenen Lebens- und Berufserfahrung. Immer wieder wird von verschiedenen Blickwinkeln aus darauf hingewiesen, daß Managementuntersuchungen an der wesentlichen Problematik vorbeigehen, wenn sie nicht die Persönlichkeitsproblematik der Menschen selbst in Betracht ziehen. Zaleznik stellt in einem weiteren Essay fest, Organisationen seien politische Strukturen, die dadurch funktionieren, daß sie Autorität verteilen und eine Plattform für Machtausübung zur Verfügung stellen. Das werde jedoch oft verschleiert und verleugnet. Das legitime Ziel jedes guten Angestellten bestehe darin, seine Macht zu nützen und zu riskieren, um eine optimale Problemlösung im Dienst eines wesentlichen und sinnvollen Ziels zu erreichen. Die Macht der anstellenden Organisation hänge entscheidend von deren Prestige ab, das häufig rational nicht begründbar sei.

Maccoby beschreibt schließlich die Partizipation als Veränderungstechnik, wobei er nicht nur die sozialwissenschaftliche Technik teilnehmender Beobachtung meint, sondern eher das Modell der Zusammenarbeit zwischen Analytiker und Analysand. Elliot Jaques schildert die Fantasien, vorwiegend depressiver und paranoider Art, die mit Veränderungen verbunden sind; Institutionen werden aber auch von ihren Mitgliedern oft als Abwehr gegen solche Ängste verwendet.

Wie bedrohlich die Macht bürokratischer Institutionen von einem feinfühligen großen Dichter empfunden wurde, sehen wir bei Kafka: Der „Maler" beschreibt K. das Funktionieren des Gerichtes im *Prozeß:*

„Die untersten Richter nämlich, zu denen meine Bekannten gehören, haben nicht das Recht, endgültig freizusprechen, dieses Recht hat nur das oberste, für Sie, für mich und für alle ganz unerreichbare Gericht. Wie es dort aussieht, wissen wir nicht und wollen wir, nebenbei gesagt, auch nicht wissen. Das große Recht, von der Anklage zu befreien, haben also unsere Richter nicht, wohl aber haben sie das Recht, von der Anklage loszulösen. Das heißt, wenn Sie auf diese Weise freigesprochen werden, sind Sie für den Augenblick der Anklage entzogen, aber sie schwebt auch weiterhin über Ihnen und kann, sobald nur der höhere Befehl kommt, sofort in Wirkung treten... Von außen gesehen, kann es manchmal den Anschein bekommen, daß alles längst vergessen, der Akt verloren und der Freispruch ein vollkommener ist. Ein Eingeweihter wird das nicht glauben. Es geht kein Akt verloren, es gibt bei Gericht kein Vergessen. Eines Tages — niemand erwartet es — nimmt irgendein Richter den Akt aufmerksamer in die Hand, erkennt, daß in diesem Fall die Anklage noch lebendig ist, und ordnet die sofortige Verhaftung an. Ich habe hier angenommen, daß zwischen dem scheinbaren Freispruch und der neuen Verhaftung eine lange Zeit vergeht, das ist möglich, und ich weiß von solchen Fällen, es ist aber ebensogut möglich, daß der Freigesprochene vom Gericht nach Hause kommt und dort schon Beauftragte warten, um ihn wieder zu verhaften. Dann ist natürlich das freie Leben zu Ende.' ,Und der Prozeß beginnt von neuem?' fragte K. fast ungläubig. ,Allerdings', sagte der Maler, ,der Prozeß beginnt von neuem, es besteht aber wieder die Möglichkeit, ebenso wie früher, einen scheinbaren Freispruch zu erwirken. Man muß wieder alle Kräfte zusammennehmen und darf sich nicht ergeben.'" (S. 190 ff.)

In dieser Geschichte erleben wir exemplarisch, wie hilflos das Individuum äußeren Mächten, die in die unbewußten Anteile des Über-Ich introjiziert werden, ausgeliefert ist. Wir spüren die dämonische Kraft solcher rational unverständlicher Introjekte, die immer wieder wirksam, immer wieder nach außen projiziert werden in dem Versuch, ihnen zu entkommen; doch sie führen nur wieder zu Identifikationen.

MACHT DER SPRACHE
Von Ruth Wodak

„Wir wollen übrigens das Wort nicht verachten. Es ist doch ein mächtiges Instrument, es ist das Mittel, durch das wir einander unsere Gefühle kundgeben, der Weg, auf den anderen Einfluß zu nehmen. Worte können unsagbar wohltun und fürchterliche Verletzungen zufügen. Gewiß, zu allem Anfang war die Tat, das Wort kam später, es war unter manchen Verhältnissen ein kultureller Fortschritt, wenn sich die Tat zum Wort ermäßigte. Aber das Wort war ursprünglich ein Zauber, ein magischer Akt, und es hat noch viel von seiner alten Kraft bewahrt." (S. Freud, Ges. Werke, Bd. 14, S. 214).

In diesem Zitat unterstreicht Freud die Macht des Wortes, der Sprache, gleichzeitig dessen Bedeutung für den „Fortschritt" der Menschheit und der Kultur: Von zunächst wortlosen und stummen Handlungen habe sich der Mensch weiterentwickelt, sei über Sprache und Kommunikation in der Lage, Taten zu planen und nachher zu reflektieren. Worte können zwar Schmerzen zufügen, aber nicht sogleich töten. Freud relativierte jedoch seine Aussage: Nur unter manchen Verhältnissen kann dieser Fortschritt als positiv angesehen werden. Und dies führt uns sogleich zu unserem Thema. Es kommt natürlich darauf an, wer zu wem, wo, wann, mit welchen Motiven, welchen Mitteln und mit welcher Macht ausgestattet spricht. Denn oft folgen gewissen Worten (beziehungsweise Reden) schreckliche Taten, Sprache kann Menschenmassen mobilisieren, Ideologien prägen, Barrieren errichten und andere zum Verstummen bringen. Dies wurde von Politikern schon zu Zeiten Ciceros bewußt genützt, zur Zeit des Nationalsozailismus wurde Sprache in sämtlichen Medien ungeheuerlich geschickt eingesetzt, um die größtmögliche massenpsychologische Wirkung zu erzielen. Demnach kann Sprache auch etwas sehr Gefährliches sein. Aber Sprache besitzt auch positive Macht: In der Hand des Therapeuten etwa — wenn wir von „Scharlatanen" absehen — ist Sprache und Verbalisierung nicht nur Kommunikationsmittel, sondern auch Instrument der Therapie. Psychotherapie braucht Sprache, funktioniert nur über Kommunikation, wobei wir hier einen sehr weiten Sprachbegriff heranziehen (siehe unten).

Von Anfang an steht der Mensch in kommunikativen Zusammenhängen, zunächst in der Mutter-Kind-Beziehung, danach in Schule und Beruf. Hinzu kommen noch Einflüsse der Medien und der Peergroups. Das Kind erwirbt also über Sprache Realität, und zwar beeinflußt von den genannten Vorbildern. Die Sprachkompetenz (universale Fähigkeit zum Spracherwerb) ist zwar überall dieselbe, genetisch festgelegt, die jeweils erworbene Sprache, die Sprecherstrategien, die Wahrnehmung und Gestaltung der Wirklichkeit sind jedoch systematisch verschieden, abhängig von Kultur, Religion, Geschlecht, sozialer Schicht, Charakterdispositionen der Eltern und so weiter.

Die individuelle „Note" hängt von dem Grad an Institutionalisierung ab (vergleiche ein Gespräch unter Freunden und bei Gericht etwa). Trotzdem aber wird natürlich jedes Gespräch individuell spezifisch erlebt, private Werte werden daran geknüpft. Gerade in Institutionen wird Macht beziehungsweise Sprache der Macht explizit: Es wird gesetzlich bestimmt, wie man sich zu verhalten hat, wie und was gesagt werden darf. Und Überschreitungen werden bestraft; Das „richtige" Sprachverhalten hingegen belohnt. Denn meist ist es der Fall, daß man gar nicht verstehen will, der Mächtige oktroyiert eben, die Regeln des anderen werden außer Kraft gesetzt, gar nicht anerkannt. Die Sprache der Macht besitzt auch Macht. Die Medien — als Sprachrohr der Macht — diktieren, welche Phänomene wichtig und wie sie zu verstehen sind. Andere Inhalte beziehungsweise andere Sprecherstrategien werden gar nicht zugelassen, die Schwachen verstummen: Markant hier die Untersuchungen des „Black English": Werden schwarze Kinder von weißen Lehrern geprüft, so versagen sie total, sind blockiert; werden sie hingegen von schwarzen Lehrern befragt, so sind ihre Leistungen durchaus angemessen und um nichts schlechter als diejenigen weißer Kinder (Labov). In unserer Gesellschaft spiegelt sich dieser Konflikt in schichtspezifischen Sprachbarrieren, wobei nicht der Gebrauch des Dialekts ausschlaggebend ist, sondern andere Sprecherstrategien, die zum Teil dialektal sein können. Chancengleichheit bleibt also so lange Utopie, solange man nicht imstande ist, beziehungsweise sich bemüht, einander zu verstehen, den anderen zu tolerieren und als gleichwertig in jeder Hinsicht zu akzeptieren.

Und auch der „Geschlechterkampf" manifestiert sich sprachlich: Männer bestimmen die Gesprächsthemen, unterbrechen häufiger, sprechen länger, geben Statements ab, wirken sicher, stellen keine Fragen, befehlen statt zu bitten. Schon das Sprachverhalten der beiden primären Bezugspersonen ist unterschiedlich (Vater und Mutter): Mütter sind indirekt kontrollierend, emotional, Väter sind direkt und „rational". Die Unterschiede sind also nicht quantitativer, sondern vor allem auch qualitativer Natur. Daß natürlich beide Geschlechter angemessene Strategien beherrschen, haben Untersuchungen auch wissenschaftlich inzwischen belegt.

Besonders deutlich wird der Symbolcharakter von Sprache in konfliktreichen Minderheitensituationen: Der Kampf um die eigene Identität, um Autonomie spielt sich oft als Kampf um die eigene Sprache oder zumindest um Zweisprachigkeit ab (siehe „Ortstafelkonflikt" in Kärnten oder die Situation in Kanada). Wird die Sprache verboten, so erfolgt das Verstummen einer ganzen Kultur, eines Volkes, meist gleichzeitig mit dem Verlust der Sprache, diese ist vom „Aussterben" bedroht.

Macht und Autorität können sich aber auch durchaus

positiv auswirken: Gerade in der Kindererziehung ist zum Beispiel ein gewisses Maß an Autorität unumgänglich, es kommt alleine auf die „Verpackung" an, auf die Vermittlung. Erklärt man Verbote und Gebote, läßt man den anderen auch reden, kann man zuhören, ist man bereit, Fehler zuzugeben und Kompromisse zu machen, so erwachsen positive, emotional befriedigende Beziehungen. Und dies gilt für alle Arten von Beziehungen. Reflexion und Aufarbeitung (kognitiv und emotional) sollten ins Gespräch integriert werden; damit verschwinden zwar die Macht- und Statusunterschiede nicht, aber sie werden bewältigbar und verstehbar.

Sprachinhalte können unterschiedliche Bedeutung annehmen, je nachdem wie sie gebracht werden, und sie wirken auch unterschiedlich. Wird zum Beispiel zwischen Arzt und Patienten ein echtes Vertrauensverhältnis hergestellt, wird die Angst vor dem „Gott im weißen Mantel" vermindert, so fühlt sich der Patient wohler, sicherer, gibt mehr Informationen her; ein solches ärztliches Gespräch kann letztlich sogar lebensrettend sein, denken wir nur an depressive oder suizidale Patienten. Nicht die Autorität *per se* ist also negativ zu bewerten, sondern gewisse Formen der Machtausübung sind es.

Daher wäre gerade bei Eltern, Lehrern, Ärzten und Richtern, bei Fürsorgern und Sozialarbeitern gezielte Aufklärung über die Folgen ihres Auftretens und über die Macht der Sprache sehr wichtig. Die Kontrolle des eigenen Verhaltens, der Gegenübertragungen (die natürlich in jeder menschlichen Beziehung auftreten), der Machtausübung müßte bei solchen Berufen automatisch integriert werden, durch Supervision, Balintgruppen, Familien und Elternschulen und -beratungen und so weiter.

Denn daß Eltern zum Beispiel totale Macht über den Säugling besitzen, ist selbstverständlich: Das Baby ist hilflos ausgeliefert. Andrerseits erfährt es — im guten Fall — über die aufopfernde Elternliebe die Realität, erwirbt Sprache und Wirklichkeit. Steter Liebesentzug, subtile Formen der

Schuldgefühlvermittlung sind jedoch Formen verbaler Machtausübung, die dem Kind schwere Schäden zufügen können.

1. Die Macht der Sprache der Macht

Die Kombination von Demagogie, Rhetorik, bestimmter Sprache und sprachlicher Mittel, charismatischer Führerpersönlichkeiten und beeinflußbaren Massen erweist sich als besonders gefährlich: Wobei es ununterscheidbar ist, was größeren Einfluß hat — Macht oder Sprache, Führer oder Massen, Programm oder Mythos?

„Wenn die Menschheit keine Phrasen hätte, bräuchte sie keine Waffen..." (Karl Kraus). Ideologien in bestimmter Form, von charismatischen Persönlichkeiten vorgetragen, können zu schrecklichen Taten anregen und diese auch rechtfertigen. Das individuelle Über-Ich weicht einem kollektiven Gewissen, Gruppen bilden sich, die eine eigene Sprache besitzen, eigene Ideale und Mythen, eine eigene Realität letztlich, und auch einen Außenfeind; gerade im Kampf gegen diesen und in Abgrenzung von anderen wird die Bindung gefestigt, man regrediert in „kindliche Passivität", ohne Angst vor Sanktionen.

Ideologie manifestiert sich sprachlich, wirkt durch und über Sprache und wird erst durch diese ermöglicht und hergestellt. Damit greift sprachliches Verhalten unmittelbar in die gesellschaftliche Praxis ein.

Die ideologische Sprache besitzt doppelten Charakter: Sie ist sowohl Ausdruck ideologischen Denkens als auch Vermittlerin dieses Gedankenguts. Sie manipuliert und ist Manipuliertes.

Wie sieht nun eine solche ideologische Sprache aus? Nehmen wir als Beispiel zwei Stellen aus Hitlers *Mein Kampf,* nämlich aus der Biographie und aus dem Programm:

1. „Als ich nun nach dem Tode der Mutter zum dritten Male nach Wien und dieses Mal für viele Jahre zog, war bei

mir mit der unterdessen verstrichenen Zeit Ruhe und Entschlossenheit zurückgekehrt. Der frühere Trotz war wiedergekommen und mein Ziel endgültig ins Auge gefaßt. Ich wollte Baumeister werden, und Widerstände sind nicht da, daß man vor ihnen kapituliert, sondern daß man sie bricht. Und brechen wollte ich diese Widerstände, immer das Bild des Vaters vor Augen, der sich einst vom armen Dorf- und Schusterjungen zum Staatsbeamten emporgerungen hatte. Da war mein Boden doch schon besser, die Möglichkeit des Kampfes um so viel leichter; und was damals mir als Härte des Schicksals erschien, preise ich heute als Weisheit der Vorsehung. Indem mich die Göttin der Not in ihre Arme nahm und mich oft zu zerbrechen drohte, wuchs der Wille zum Widerstand, und endlich blieb der Wille Sieger. Das danke ich der damaligen Zeit, daß ich hart geworden bin und hart sein kann. Und mehr noch als dieses preise ich sie dafür, daß sie mich losriß von der Hohlheit des gemächlichen Lebens, daß sie das Muttersöhnchen aus den weichen Daunen zog und ihm Frau Sorge zur neuen Mutter gab, daß sie den Widerstrebenden hinwarf in die Welt des Elends und der Armut und ihn so die kennenlernen ließ, für die er später kämpfen sollte."

2. „Die zweite Frage von geradezu ausschlaggebender Bedeutung war folgende: An wen hat sich die Propaganda zu wenden? An die wissenschaftliche Intelligenz oder an die weniger gebildete Masse? Sie hat sich ewig nur an die Masse zu richten!"

Die Sprache ist stark mit Affekten aufgeladen. Gerade durch diese Emotionalisierung wird die Vernunft ausgeschaltet. Alte Begriffe bekommen neue Bedeutungen. Sachverhalte werden festgestellt, ohne argumentativen Nachdruck, sie sind wahr. Dazu gehören Worte wie „ewig", „unendlich", also der besondere Gebrauch von Adjektiva und Superlativa. Stereotype und Klischees werden geschaffen, die Vorurteile prägen und diese als wahre Urteile herstellen (Antisemitismus,

Rassismus). Die Gruppenbindung und der Außenfeind werden zum Beispiel durch bestimmte Pronomina erreicht (wir — die anderen), Identifikationen damit ermöglicht.

Die Widerspruchsfreiheit und Geschlossenheit des Systems werden durch Passiva, Abstrakta, Nominalisierungen, Kausal-zusammenhänge erreicht. Wichtig ist besonders der „Schick-salsgedanke" (Wille der Götter, Göttin der Not), wie auch neue Theorien (Rassismus, Übermensch—Untermensch). Letztlich ist die Sprache — scheinbar — leicht verständlich, dringt ins Gedächtnis ein (ritualisierter Stil, Verkürzungen, Wiederholungen). Dazu gehört auch die Planung der verbalen Wiedergabe, also nicht nur des schriftlichen Textes. Gerade zur Zeit des Nationalsozialismus wurde „Sprache" (und damit Ideologie) multimedial eingesetzt. Die alten Mittel der Rhetorik wurden wiederbelebt: „Brutus ist ein ehren-werter Mann..."

2. Die Macht der Sprache – Mittel zur Emanzipation

Sprache ist also in den Händen mancher Mächtiger ein gefährliches Instrument; Sprache kann aber auch trösten, heilen, erlaubt Reflexion — und im therapeutischen Prozeß dient sie in ihrer Vielschichtigkeit als Instrument des Thera-peuten: Psychoanalyse als Sprachanalyse. Was ermöglicht diesen kathartischen Effekt? Schon das Setting — die An-ordnung, in der der Arzt sitzt und der Patient liegt — in der Therapie ist dem Alltag entgegengesetzt; eine Interaktion, in der sich die Partner nicht gegenübersitzen. Nur einer redet über sich, der andere kommentiert, interveniert, inter-pretiert, bleibt aber — im Idealfall — eine „weiße Wand". Die Regeln der Alltagskommunikation sind also umgekehrt worden — eine Autorität, die einem aber nicht sagt, was man tun soll, sondern dem Patienten dazu verhilft, sich selbst helfen zu lernen. Man „gesteht" zwar alles, erzählt „alles, was einem einfällt", wird aber niemals bestraft, allerdings auch nicht freigesprochen. Vielmehr muß man lernen, sich selbst zu akzeptieren, mit den eigenen guten und schlechten Seiten, sich selbst zu finden, eine Identität zu gewinnen. Und sowohl der therapeutische Prozeß wie auch das Zusammensetzen der eigenen Biographie geschieht über die Sprache. Die neu entdeckte beziehungsweise wiedergefundene Identität drückt sich ebenfalls über Sprache aus. Sprache als aufoktroyierte Ideologie kann Reflexion verhindern, Sprache im Rahmen des therapeutischen Prozesses ermöglicht Probehandeln und Aufarbeitung, damit Reflexion und Emanizipation.

Viele Facetten therapeutischen Gesprächs und kontrollierter liberaler Autorität sollten daher auch in andere Situationen Eingang finden, in denen Mächtige mit Untergeordneten oder Schwächeren beziehungsweise Abhängigen sprachlich verhandeln — denn nach Gleichheit und Partnerschaft in allen Bereichen (den idealen Diskurs) zu streben, wäre sicherlich utopisch, ist als Fantasie jedoch wünschenswert und schön.

Daß Wissen Macht bedeutet, ist eine Banalität, die immer wieder zitiert wird, deswegen aber nicht falsch ist. Jenes Land, das über die meisten sinnvollen Innovationen verfügt, wird die beste Ökonomie und, leider, auch die beste Rüstung haben und daher reich und stark sein. Die Bedingungen dafür sind Begabtenförderung, die materielle Forschungsunterstützung und ein generell forschungsfreundliches Klima. In vielen Situationen hat sich die Marktwirtschaft in dieser Hinsicht bewährt, wie etwa in der pharmazeutischen Industrie, wo Profitorientierung und Wettbewerb offenbar die stärksten Motivationen für das Suchen nach neuen Produkten darstellen. Autoritäre Staaten können in ihrer planwirtschaftlichen Lenkung gewissen Forschungsrichtungen stärker fördern und auf diese Weise Forschung wirkungsvoll beeinflussen (zum Beispiel Rüstung, Weltraumforschung).

In den meisten Ländern wird zwar behauptet, daß Wissenschaft, Forschung und Lehre (insbesondere an den Universitäten) frei seien. Wer aber den Wissenschaftsbetrieb einigermaßen kennt, weiß, daß die Geldgeber — vor allem, wenn es um größere Projekte geht — natürlich nach ihren eigenen Prioritäten, die nicht immer ganz durchschaubar sind, entscheidend eingreifen können.

Heute sind fast alle wichtigen wissenschaftlichen Aufgaben nur von größeren Teams und mit oft hohem technischen Aufwand zu leisten. Ich glaube daher, daß Wissenschaftspolitik — von wem immer sie betrieben wird — erhebliche Macht darstellt. Daß ein einzelner Wissenschaftler oder Denker allein in seiner Studierstube etwas leistet, was auch machtmäßig relevant ist, kommt aber wohl kaum mehr vor. Mein verehrter Freund, der Philosoph Günter Anders, ist einer der letzten dieser Art, den ich kenne. Sein Kampf für den Frieden ist sicherlich für viele bedeutungsvoll gewesen und hat Rüstzeug für Argumentation geliefert. Würde ich ihm allerdings sagen, daß ich ihn für mächtig halte, würde er wohl nur traurig lächeln. Der Spitzensportler und der Popsänger haben jedenfalls breitenmäßig ein weit höheres Prestige und mehr Einfluß.

B. F. Skinner, sicher einer der einflußreichen Wissenschaftler seiner Zeit, meint, daß die wissenschaftlichen Möglichkeiten, Verhalten zu bestimmen, weiter zunehmen, daß aber die Wissenschaft nicht imstande sein wird, deren Anwendung oder Ziele zu kontrollieren oder zu steuern.

Skinner bestreitet die Doktrin von der persönlichen Freiheit. Wir alle kontrollieren und steuern, und alle werden wir kontrolliert und gesteuert. Diejenigen, die versuchen, Steuerung zu reduzieren, indem sie auch Laissez-faire-Politik oder Anarchie empfehlen, übersehen meist, daß nicht nur vom Staat, sondern auch von vielen anderen Stellen Kontrolle ausgeht. „Das Vertrauen in den Gemeinsinn der Bürger, das eine demokratische Denkungsart ermöglicht, ist eigentlich ein Vertrauen in andere Steuerungsquellen."

Der für die deutsche Wissenschaft charakteristische Streit, ob interessenfreie Erkenntnis möglich ist, und ob es einen herrschaftsfreien Dialog geben kann, berührt zwar das Problem Macht und Wissenschaft, ich möchte mich aber für unsere Zwecke damit bescheiden festzustellen, daß die Machteinflüsse auf die Wissenschaft bis zu einem gewissen Grad kontrolliert, aber nie ausgeschaltet werden können. Psychoanalytisch gesehen stammt das Hauptmotiv zu wissenschaftlicher Arbeit nicht aus dem Machtstreben, sondern aus der Neugierde, die in der Regel aus dem Bedürfnis des Kindes abgeleitet werden kann, die Geheimnisse der Erwachsenen zu erkennen. Daß dies ursprünglich auch und vor allem sexuelle Geheimnisse sind, wird niemanden überraschen. Damit wäre das Kernbeispiel einer Sublimation gegeben.

Ein tragisches Resumeé zieht Albert Einstein in einer Botschaft an die italienische Vereinigung für den Fortschritt der Wissenschaft: „So sehen wir an dem wissenschaftlichen Menschen ein wahrhaft tragisches Schicksal sich vollziehen. Getragen von dem Streben nach Klarheit und innerer Unabhängigkeit hat er durch seine schier übermenschlichen Anstrengungen die Mittel zu seiner äußeren Versklavung und seiner Vernichtung von innen her geschaffen. Von den Trägern der politischen Macht muß er sich einen Maulkorb anhängen lassen. Er wird gezwungen, als Soldat sein eigenes Leben zu opfern und fremdes Leben zu zerstören, auch wenn er von der Sinnlosigkeit solchen Opfers überzeugt ist. Er sieht zwar mit aller Klarheit, daß der historisch bedingte Umstand, daß die Nationalstaaten die Träger der wirtschaftlichen, politischen und damit auch der militärischen Macht sind, zur Vernichtung aller führen muß. Er weiß daß nur die Ablösung der Methoden der nackten Gewalt durch eine übernationale Rechtsordnung die Menschen noch retten kann. Aber es ist schon so weit mit ihm gekommen, daß er die von den Nationalstaaten über ihn verhängte Sklaverei als unabwendbares Schicksal hinnimmt. Er erniedrigt sich sogar so weit, daß er auf Befehl die Mittel für die allgemeine Vernichtung der Menschen weiter zu vervollkommnen hilft.“

So merkwürdig es auch im ersten Augenblick aussehen mag — wenn man Macht möglichst breit untersuchen will, kann man den Sport nicht übersehen. Viele Männer lesen in der Zeitung entweder zuerst oder überhaupt ausschließlich den Sportteil: Einzelsportler oder Vereine genießen ein Interesse und Engagement, für die Politiker dankbar wären; enorme Summen werden durch den Sport umgesetzt, die Sendezeiten im Fernsehen nehmen manchmal, zum Beispiel bei Olympischen Spielen, fast unglaubliche Ausmaße an. Die Verkaufspreise für internationale Fußballspieler — die modernen Gladiatoren — lassen Sänger und Dirigenten vor Neid erblassen. Dazu die interessante Beobachtung, daß der Sportwahn fast ausschließlich Männer befällt.

Es ist übrigens ein Irrglaube, daß der Sport zu Völkerverständigung und Frieden beiträgt. Im Gegenteil, er heizt chauvinistische Gefühle auf — siehe das Verhalten aufgeputschter Fußballfans, die oft merkwürdige rechtsradikale Tendenzen zeigen. Die tragischen Ereignisse von Brüssel beim Spiel Liverpool—Juventus im Mai 1985 bestätigen dies leider nicht zum erstenmal. Die Herren Spitzensportler werden sich wohl mehr ihrer Fans annehmen müssen, denn allein mit Alkoholverbot und vermehrtem Polizeiaufgebot wird sich das Problem nicht lösen lassen.

Natürlich hat der Breitensport, im Gegensatz zu diesem recht negativen Bild, eine ganz wichtige gesundheitspolitische Rolle, und das Vereinsleben ist nach empirischen Erfahrungen von großem psycho-hygienischem Wert, weil es die Befriedigung vieler Rollenbedürfnisse ermöglicht (natürlich auch vor allem bescheidener Machtrollen).

Letztlich ist die Identifikation mit Spitzensportlern auch

sehr verständlich, fast jeder zweite von uns hat so viel Erfahrung als Fußballer, Schiläufer, Tennisspieler und so weiter, um sich zumindest vorstellen zu können, wie man einen Spitzenrang erreichen kann. Er ist dementsprechend auch imstande, bewundernd nachzufühlen, welch ungeheure Trainingsqualen und oft auch Mut Voraussetzung für den großen Erfolg sind.

Man kann — das ist einer der vielen möglichen Standpunkte — zwischen dem Spitzensportler unterscheiden, der es, wie zum Beispiel Niki Lauda von sich behauptet, „des Geldes wegen" tut, weil er, wie er sagt, sonst das „blöde im Kreis Fahren" nicht aushalten würde (ein bißchen Rausch ist aber wohl auch bei ihm dabei, eben so wie Risikolust und Prestigefreude); und dem, der es aus Gründen der Selbstbestätigung, also um des narzißtischen Gewinns willen tut, wie viele Bergsteiger.

Der echte Gewinn an Macht ist relativ gering, der Publikumserfolg jedoch sicher sehr befriedigend. Peter Fuller weist in seinem Buch *Die Champions, Psychoanalyse des Spitzensportlers* darauf hin, daß die Menge den Champion zugleich siegen und stürzen (sterben) sehen will. Diese ambivalente Haltung der Idealisierung und des Mordes am Vater (beziehungsweise Rivalen) ist sicher noch viel komplexer und nicht nur aus rein ödipalen oder narzißtischen Motiven erklärbar. Es kommt da zum Beispiel die Möglichkeit des eigenen Todes mit ins Spiel, der zugleich gefürchtet und gewünscht wird. Die Gleichsetzung von Sieg = Orgasmus = Tod ist aus vielen psychoanalytischen Überlegungen und Beobachtungen bekannt. Fuller beschreibt so verschiedene Champions wie den Schachmatador Bobby Fisher und einen Stierkämpfer. Seine psychoanalytischen Deutungen sind immer relativ banal auf den Ödipuskomplex bezogen; dabei muß man allerdings bedenken, daß er ja nur veröffentlichtes biographisches Material zur Verfügung hatte.

Ich erinnere mich, wie mein ehemaliger Chef Hans Hoff und ich in Spanien einmal einem Stierkampf beiwohnten.

Etwa nach einer Stunde sagte Hoff plötzlich zu mir: „Ich glaube, jetzt müssen wir gehen, sonst fängt es an, uns zu gefallen."

Wir hatten beide gefunden, daß der Schock über die Tierquälerei langsam abgelöst wurde von der Faszination des rituellen Machtkampfes zwischen Tier und Mensch, eines Kampfes auf Leben und Tod, dem symbolischer Opfercharakter zukam.

Zuletzt will ich noch auf Ulrich Dix *Sport und Sexualität* hinweisen. Die Slogans „lieber koitieren statt turnen" und „Sport ist besser als Sexualität" stehen einander wie zwei feindliche Weltanschauungen gegenüber. Hier wird die Psychoanalyse zwar noch mehr simplifiziert und noch banaler eingesetzt, aber es ist sicher richtig, daß „nicht durch Sublimierung bestimmter Triebenergie Aggressivität entschärft werden kann, sondern nur durch ein befriedigendes Sexualleben Erscheinungen wie Destruktion und Aggresivität beseitigt werden können" (S. 75). Und: „Ein Sport, der
— sexualunterdrückend bzw. triebfeindlich,
— sadomasochistisch,
— als asketisch-spartanische Lebenslehre,
— auf das Empfinden von Scham und Ekel,
— auf Sublimierungsmöglichkeiten,
— auf Verhinderung der Bewußtseinsbildung,
— auf Geschlechtsrollen fixierend,
— Selbstreflexion unterbindend und
— Bejahung autoritären Verhaltens
konzipiert ist, könnte sich sehr leicht mit einer nach inhaltlich ähnlichen Kriterien strukturierten politischen Führung verbinden." (S. 89 f.)

Totaler Sport steht einem totalitären Gesellschaftssystem jedenfalls beunruhigend nahe.

Eine der wichtigsten Publikationen für unseren Themenkreis ist zweifellos das Buch von Manfred Eigen und Ruthild
Winkler *Das Spiel, Naturgesetze steuern den Zufall*, weil es
die Zusammenhänge neuester Grundlagenforschung mit allen
Lebensbereichen aufzeigt. Das Spiel wird dabei als „Natur-
phänomen" aufgefaßt, „das in seiner Dichotomie von Zufall
und Notwendigkeit allem Geschehen zugrunde liegt". Es
seien die Konsequenzen des Zufalls, die einer Steuerung
unterliegen: „Und hier kommen wir zu einem weiteren
Problem, das uns nicht nur mittelbar tangiert: Wachstum
von Macht. Machtausbreitung ist ein eigengesetzlicher Vor-
gang, nicht etwa weil Macht, wie Jakob Burckhardt es aus-
drückte, ‚ihrem Wesen nach böse sei' — sie ist gerade dann
am gefährlichsten, wenn ihre Anhänger sich von idealistischen
Vorstellungen leiten lassen —, sondern weil Macht schlicht-
weg autokatalytischer Natur ist: Je mehr Kräfte sie in sich
vereint, um so schneller breitet sie sich weiter aus, um so
stabiler wird sie.
Überzeugung basiert auf einem mentalen Optimierungs-
prozeß. Man hält die eigenen Meinungen und Entscheidungen
für die besten, sonst hätte man sich nicht mit ihnen identifiziert. Das bedeutet aber auch, daß man die eigenen Ansichten höher bewertet als den *Mittelwert* aller übrigen
Meinungen. Und hier liegt die Gefahr für die Demokratie,
die aus einer Mittelwertbildung resultiert.
Der Mittelwert einer Zahlenreihe ist zwar immer größer als
ihr kleinster, aber auch kleiner als ihr größter Wert. Demokratie gründet nicht auf der Überzeugung, daß ihre Entscheidungen die besten aller möglichen sind, sondern auf der
Disziplin, die aus der Einsicht resultiert, daß *subjektives*

menschliches Beurteilungsvermögen *objektiv begrenzt* ist. Beim Machtstreben ist es gerade umgekehrt. Macht ist vor allem deshalb autokatalytisch, weil ihre Adepten subjektiv von der Lauterkeit ihrer Motive überzeugt sind — unabhängig davon, ob diese objektiv gut oder schlecht sind." (S. 280)

Macht-Spiele sind für uns ebenso wesentlich wie Wittgensteins Sprachspiele, wie Johan Huizingas historisch-geisteswissenschaftliches Konzept *Homo ludens* oder die therapeutischen Spiele, wie sie etwa Eric Berne in *Spiele der Erwachsenen* beschreibt. Wir verstehen übrigens auch die Psychoanalyse als ein Spiel, in dem der Analysand verschiedene bedeutende Beziehungen der Vergangenheit, Gegenwart und Zukunft probeweise, frei von Strafsanktionen, durchspielen kann. Letztlich sei noch auf das Rollenspiel hingewiesen, das eine der wichtigsten Lehrmethoden unserer Zeit darstellt, da dabei auch emotionelle Faktoren stark angeregt werden.

Daß in all diesen Spielen, ebenso wie in vielen Kinderspielen, Machtfragen maßgeblich beteiligt sind, ist offenkundig. Insbesondere ist die Technik des Rollenwechsels für die Erhellung von Machtpositionen wichtig; aus der Rolle des anderen gesehen, verändern sich alle Perspektiven enscheidend.

Der psychoanalytische Klassiker in der Frage Spiel und Macht ist Erik H. Erikson *Kinderspiel und politische Phantasie*. Erikson will in der Politik eine legitime Arena für ernsthaftes Spiel erkennen, wie es von wahrhaft großen Führern gezeigt und angeregt wurde. Welche Führer er aber konkret meint, verschweigt er vorsichtigerweise.

Schließlich verweist Erikson auf die Bedeutung psychoanalytischer Beurteilung der politischen Realität: „Denn nur, wenn wir uns des gemeinschaftlichen Kerns bewußt sind, von dem die Anpassung des Menschen abhängt, können wir jene Kombination aus innerer Abwehr und politischen Machenschaften erkennen, die der Verteilung der Macht zugrunde liegt und immer wieder alle Individualität und Gemeinsamkeit mit der Versteinerung legalistischer, bürokratischer und techno-kratischer Systeme bedroht: das kommunale Gegenstück individueller ‚Abwehrmechanismen'. Wenn die Psychoana-lyse zeigen konnte, wie die Fixierung auf die Vergangenheit im Leben des einzelnen wie in der Geschichte die Vorweg-nahme der Zukunft verhindern kann, indem sie das ernst-haft Spielerische und die Lebendigkeit des Gefühlslebens unterminiert, dann kann sie sich sicherlich auch als hilfreich erweisen, wenn es zu untersuchen gilt, in welcher Weise eine bestimmte Weltsicht ihre Mission erfüllt, nämlich das opti-male Zusammenspiel von Lebenszyklen und Institutionen zu ermöglichen." (S. 140)

ÖKONOMIE UND ÖKOLOGIE (DIE MACHT DER TRÄGHEIT)

Der neben dem Ost-West- und Nord-Süd-Konflikt in Zukunft wahrscheinlich entscheidende Machtkampf spielt sich zwischen den wirtschaftlich-politischen Kräften ab, die einerseits die Umweltverschmutzung auf ein Minimum reduzieren und andererseits die bestehenden Arbeitsplätze erhalten oder auf konventionelle Weise neue Arbeitsplätze schaffen wollen. Bei der Beobachtung dieses Konflikts erlebt man oft echte Überraschungen.

Ich selbst wurde mit der Problematik erstmals 1972 bei der Tagung „Qualität des Lebens" der IG-Metall in Oberhausen ernsthaft konfrontiert. Schon damals war klar, wo die Gefahr liegt, obwohl saurer Regen und Waldsterben noch gar nicht bekannt waren. Es wurde auf die Notwendigkeit des Vorranges der Ökologie hingewiesen, auch der entsprechende Maßnahmenkatalog war im großen und ganzen dementsprechend konzipiert.

Während der Abfassung des vorliegenden Manuskripts wurde ich durch die Teilnahme an dem Symposium „Die Zukunft Österreichs — Das Leben im Jahre 2019" neuerlich mit dieser Frage konfrontiert. Die Gefahr ist inzwischen ganz deutlich geworden, immer neue Gifte verpesten Luft, Wasser und Erde. Der Katalog notwendiger Maßnahmen ist noch viel umfangreicher geworden. Neue Bewegungen und Parteien, die vor allem die Umweltsanierung auf ihre Fahnen geschrieben haben, wurden gegründet. In den konservativen Parteien selbst gibt es starke Bewegungen in dieser Richtung, die viel Echo beim Wähler finden.

De facto ist aber relativ wenig geschehen, jedenfalls kaum etwas, das entscheidend geholfen hätte. Wenn sich nun der Bürger erstaunt fragt, wieso es eigentlich möglich ist, daß ganz klare Überlebensfragen nicht zu entsprechenden Handlungskonsequenzen führen, dann muß eine bisher nicht besprochene, aber auch in fast allen anderen Szenen der Macht wirksame Kraft erwähnt werden, nämlich die Macht der Trägheit! Hier noch kombiniert mit einem beunruhigenden Mangel an Fantasie.

Zum Mangel an Fantasie gesellt sich ein Mangel an Zivilcourage gegenüber Bürokratie und Politik — leicht verständlich in westlichen Demokratien, insbesondere wenn zwei annähernd gleich starke Großparteien um die Macht kämpfen. Das Grundmotiv der herrschenden Partei muß es sein, wiedergewählt zu werden. Radikale Opfer finanzieller Art, wie sie mit jeder Umweltsanierung verbunden wären, können nicht von den Wählern gefordert werden, weil dies zwangsläufig Unmut zur Folge haben würde. Noch deutlicher zeigt sich dieser Mechanismus, wenn heilige Kühe geschlachtet werden sollen, zum Beispiel die heilige Kuh Auto (etwa durch drastische Senkung der Höchstgeschwindigkeiten, den Katalysator oder durch erzwungenes Umsteigen auf Massenverkehrsmittel). Da noch dazu ein nicht ganz unberechtigtes Mißtrauen gegenüber Experten den Entscheidungsträger zur Vorsicht mahnt, bleibt alles beim alten, und die Wellen des Protestes verlaufen wirkungslos im Sand.

Es ergibt sich dadurch meines Erachtens der logische Schluß, daß nur noch große Koalitionen oder Konzentrationsregierungen, die die wesentlichen politischen Kräfte des Landes zusammenfassen, eine Chance haben, die Trägheit zu überwinden. Österreich zum Beispiel hat in der Besatzungszeit 1945—1955 nur deshalb überlebt, weil die Koalition der beiden großen Parteien — trotz all ihrer Schwierigkeiten und Nachteile — die schweren existentiellen Bedrohungen bewältigen konnte.

Die Frage, warum in Planwirtschaften und unter Einparteienrierungen die Trägheit noch größer ist, wird damit allerdings nicht beantwortet. Ich könnte mir vorstellen, daß dies einerseits an der Macht der Bürokratie liegt, andererseits aber am Mangel an freier Diskussion und der lähmenden Angst vor Veränderungen, die nicht von oben angeordnet sind. Inzwischen haben wir jedoch gelernt, daß Veränderungen entweder von der Basis her erwachsen oder zumindest dort Verständnis finden müssen, um realisierbar zu sein. Dazu ist aber wieder ein freier Informationsfluß notwendig.

Ein weiteres Problem liegt darin, daß Industrie, Gewerkschaft, Parteien, ja sogar viele Individuen dem Problem Ökologie-Ökonomie ambivalent, also zwiespältig gegenüberstehen. Schwer lösbare Ambivalenz-Konflikte führen entweder zu Angst, oder Apathie und Resignation, was sich nach außenhin als Trägheit manifestiert.

Ein entscheidender Faktor ist schließlich das Zeitproblem. Kurzzeit-Verantwortung spricht heute oft für Ökonomielösungen, also wenig Veränderung in der wirtschaftlichen Situation. Solche Lösungen greifen aber nicht nur langfristig nicht, sondern werden angesichts des rasanten Fortschreitens der Umweltzerstörung auch schon mittelfristig kontraproduktiv. Die Verantwortung für die nächsten Generationen zwingt zu ökologischen Maßnahmen, die aber erhebliche Opfer von uns verlangen. Dies wiederum erfordert allerdings — wie schon mehrfach hervorgehoben — eine neue Ethik.

Aus direkt psychoanalytischer Sicht ist zum Trägheitsproblem anzumerken, daß die Triebe, wie Freud immer wieder betont hat, konservativ und daher veränderungsfeindlich sind. Weiterhin drängt sich in diesem Zusammenhang auch das Phänomen des Wiederholungszwanges auf: Neurotisches Verhalten tritt immer wieder in gleicher Weise auf, da es keine wirklich befriedigende Problemlösung erreichen kann.

MACHT ALS BÜRDE

In diesem Buch wurde das Phänomen Macht bisher fast ausschließlich von dem Gesichtspunkt aus betrachtet, daß eine Person oder Gruppe die Macht anstrebt; gleichgültig, ob es sich dabei — wie bei der Gier nach Reichtum, die der Machtgier ja weitgehend entspricht — um eine angeborene Eigenschaft handelt oder eine früh erworbene oder später durch Lernprozesse erlernte. Man darf dabei aber nicht übersehen, daß es zahllose Machtträger gibt, die sich diese Rolle weder in einem unbewußten Drang noch durch eine bewußte Anstrengung erworben haben, sondern die durch eine Art höhere Fügung ohne viel eigenes Zutun in diese Rolle gekommen sind.

Das ganz banale Beispiel dafür ist der Arbeiter (oder fast noch häufiger die Arbeiterin), der sich in einer untergeordneten Arbeit fachlich und disziplinär besonders bewährt hat und dadurch fast automatisch in eine Vorarbeiterrolle aufrückt. Plötzlich hat er nicht nur für sich selbst, sein Verhalten und seine Leistung die Verantwortung zu tragen, sondern für andere, denen er nicht mehr gleichgestellt, sondern übergeordnet ist. Unzählige Male habe ich die fast paranoide Angst erlebt, die vor einem solchen Rollenwechsel, aber auch nachher, auftauchen kann.

Das Gefühl ist ähnlich wie bei Heirat, Scheidung, Berufs- und Wohnungswechsel. Die Neuheit einer Situation löst um so mehr Angst aus, je geringer das Selbstwertgefühl ist und je mehr man die vorhergehende Situation gewöhnt war oder sich in ihr wohl gefühlt hat. Bei Aufstieg in Machtpositionen kommt aber noch dazu, daß man nicht mehr letztes Glied einer Befehlsübermittlung ist; man ist zwar auch nicht der „oberste Befehlshaber", hat aber in der Befehlshierarchie doch Untergebene. Diesen muß man Anordnungen nicht nur mitteilen, sondern man hat auch dafür zu sorgen, daß sie optimal ausgeführt werden. Es ist klar, daß das nicht nur eine Ausweitung der Verantwortung bedeutet, sondern fast immer auch die Pflicht, einen Druck auf Verhalten und Arbeitseifer anderer auszuüben. Natürlich kann damit eine narzißtische Befriedigung verbunden sein oder sadomasochistische Lust oder der Realitätsgewinn einer besseren Bezahlung. Dieser Machtgewinn wird aber auch nicht selten von den Unlustgefühlen der Überforderung, der Unsicherheit, der Angst vor Blamage und der mangelnden Erfahrung oder Ausbildung in der Führung anderer Menschen (die ja oft aktiv oder passiv Widerstand leisten) begleitet. In solchen Fällen kann ein angeordneter oder auch ambivalent angestrebter Machtgewinn zu Depression, zur Verzweiflung, ja zur Selbstvernichtung führen. Wir beobachten dies vor allem bei Frauen, die in ihrer Sozialisation viel weniger für Führungsaufgaben vorbereitet werden als Männer; impliziert doch diese Rolle eine gewisse Rücksichtslosigkeit gegenüber den individuellen Interessen der Untergebenen im Vergleich zu den Aufgaben der Institution. Ich will hier offenlassen, ob Männer konstitutionell aggressiver sind als Frauen und daher Machtrollen besser bewältigen — manches spricht dafür —, jedenfalls aber sind sie besser darauf trainiert. Tatsache ist, daß Buben mehr raufen, Mädchen mehr intrigieren. Dies hängt damit zusammen, daß die typische Verhaltensstörung männlicher Jugendlicher die Aggression nach außen ist (siehe Fußballfans), die der weiblichen Jugend die Aggression nach innen, wie die zunehmenden Fälle von Pubertätsmagersucht zeigen.

Ein gutes Management wird bei Aufstiegsentscheidungen auf diese Bezüge sorgsam Rücksicht nehmen müssen. Eng verbunden mit dieser ganzen Frage ist natürlich die gesamte Problematik des sozialen Aufstiegs. In der Privatwirtschaft und der Bürokratie ist der lange Weg der Karriere durch Unterwerfung charakterisiert, die anzudauern hat, bis man

Machtpositionen von einigem Rang erreicht; daß man dann noch immer abhängig ist, wird ja von unten nicht gesehen. Es gibt sehr unschöne Bezeichnungen von großer Aussagekraft dafür — Radfahren, das heißt Treten nach unten und Buckeln nach oben, oder, vielleicht noch treffender, „Mastdarmakrobatik".

Es überrascht also nicht, daß der soziale Aufstieg zur Macht oft ziemlich pathogen sein kann; und wenn sie endlich erreicht ist, bleibt oft eine gebrochene Persönlichkeit übrig, die sie nicht mehr wirklich genießen kann. Verbitterung von oben verbittert dann auch die ganze Hierarchie nach unten. Die Erfahrungen des Aufstiegs erklären das tiefe Mißtrauen nach oben und unten. Es ist erstaunlich, daß nicht alle, die diesen Weg nach oben zurückgelegt haben, hoffnungslos deformiert an der Spitze ankommen. Das „Peter-Prinzip", der Aufstieg bis zur totalen Inkompetenz, ist eine mildere Variante dieses Weges.

Besonders tragisch sind aber die Fälle, in denen die Legitimierung der Macht aus dem sogenannten „Gottesgnadentum" stammt, wenn also ein unbestimmbares Schicksal ein unglückliches Kind zum Machtträger bestimmt, ob es will oder nicht.

Ein klassisches Beispiel dafür scheint mir Kaiser Franz Joseph von Österreich zu sein. Mit achtzehn Jahren wurde er an die Spitze eines krisengeschüttelten Riesenreichs gestellt, nach achtundsechzig Regierungsjahren starb er schließlich mitten in einem Krieg, in dem auch er gefühlt haben dürfte, daß sein Reich zerbrach; er war verfolgt von privatem Unglück mit Frau und Sohn, und er war wohl mitschuldig-unschuldig an all diesen Entwicklungen. Sicher spürte er zum Teil, daß er intellektuell und persönlichkeitsmäßig all den schweren Aufgaben nicht gewachsen war, und versuchte durch enormen Fleiß und Nüchternheit, den Karren der großen Macht durch den Dreck zu ziehen, so lange er konnte. Obwohl ich der Beurteilung dieses Mannes durch E. Ringel in seinem Buch *Die österreichische Seele* im großen und ganzen zustimme, kann ich doch nicht ein Gefühl der Anerkennung unterdrücken für die Anstrengung Franz Josephs, Macht nicht zu mißbrauchen, trotz allen Unglücks und aller Überforderung.

Geschichte und Gegenwart sind reich an Persönlichkeiten, die versuchten, die Macht, die ihnen in irgendeiner Weise zugekommen ist, mit Anstand und Verantwortung so gut wie möglich zu verwalten. Bei ihnen hat die Unlust wohl meist die Lust überwogen. Ganz frei von Mißbrauch und Korruption kann sie zwar kaum gehalten werden; ärgste Auswüchse zu vermeiden ist sicher Last genug. Man würde diesen Machtträgern meist schweres Unrecht tun, würde man sie als Sadomasochisten bezeichnen. Es finden sich in dieser Gruppe reife, ich-starke Persönlichkeiten, die den Notwendigkeiten der Gesellschaft oft schwere Opfer bringen.

3

GÖTTERDÄMMERUNG DER MACHT

Stirbt sie an der Unerstättlichkeit ihrer Träger, indem sie immer größer wird, bis sie gleich einem Saurier an ihrer Masse und Schwerfälligkeit dahinsiecht, wie etwa die Macht des antiken Rom?

Bleibt sie ewig, zumindest wenn man zwei Jahrtausende als ewig empfindet (die Macht der katholischen Kirche)?

Verfault sie an der ihr eigenen Tendenz zur Korruption (nicht nur manche südamerikanischen Diktaturen)?

Scheitert sie infolge von Mißbrauch und Unterdrückung an Widerstand und Revolution, eventuell am Tyrannenmord (Julius Caesar, französische Revolution, Oktober-Revolution)?

Zerfällt sie nach dem Tod des charismatischen Führers (Alexander der Große, Napoleon)?

Wird sie gelähmt durch Rivalitätskonflikte zwischen Subkulturen der Macht, etwa durch Intrigen zwischen Geheimpolizei und Armee in einer Diktatur (Portugiesische Revolution)?

Kann sie sich mildern und demokratisieren? Unter welchen Bedingungen kann dies geschehen (Entwicklung in Spanien nach Franco)?

Wird sie durch eine Niederlage (Revolution?) von einer anderen, stärkeren Macht einfach abgelöst (Machtwechsel in vielen afrikanischen Kleinstaaten)?

Kann sie durch Subversion, List, passiven Widerstand und Lächerlichmachen unterminiert und dann letztlich eliminiert werden (etwa das Ende des Kolonialismus)?

Alle diese Möglichkeiten und wahrscheinlich noch viele andere bestehen und kommen in der Geschichte häufig in verschiedenen Kombinationen vor. Bevor wir uns aber damit weiter befassen, ist noch eine Frage zu besprechen.

Gibt es eine „gute" oder „böse" Macht, und was heißt „Mißbrauch der Macht"?

Wir haben unsere Betrachtungen mit der Feststellung begonnen, daß Macht eine an sich wertneutrale Systemeigenschaft sei und daß ihre Qualifikation — ob sie nun erwünscht oder unerwünscht, gut oder schlecht (für wen?) ist — von dem Standpunkt abhänge, den man einnimmt.

Man kann dabei vor allem drei Standpunkte unterscheiden:

1. das Interesse der Beherrschten;
2. die Beurteilung der Ziele, die von den verschiedenen Untergruppen angestrebt werden, und deren Realisierungschance unter verschiedenen Machtbedingungen, und
3. die Interessen der herrschenden Gruppe.

Es kann der Fall eintreten, daß Mächtige und ihre Untergebenen das gleiche Ziel haben: etwa daß ein Betrieb floriert, die Besitzer Gewinn machen und die Arbeitnehmer sichere, vielleicht sogar gute Arbeitsplätze haben.

Es gibt auch etwas problematischere Übereinstimmungen. Herrscher und Einwohner eines Landes haben die gleichen „hohen" Ziele — Ruhm, Macht, Vergrößerung — und sind bereit, für die Erreichung solcher Ziele Opfer auf sich zu nehmen. In Anbetracht der Opfer aber, die in solchen Fällen vor allem die Ohnmächtigen bringen müssen, wird man einige Zweifel an der Freiwilligkeit des Konsensus haben, selbst wenn diese Zweifel gar nicht bewußt sind, weil eine starke Propaganda oder Indoktrination ihnen den Willen der Mächtigen eingepflanzt, das heißt eine Identifikation oder Introjektion stattgefunden hat.

Machtfreie Gruppen, wie sie die Anarchisten fordern, waren meines Wissens immer utopisch und nie realisierbar. Die Sozialpsychologen aus der Schule von Kurt Lewin untersuchten experimentell, wie sich verschiedene Gruppen in bezug auf Effizienz zur Erreichung des Gruppenziels und auf das Wohlbefinden der Teilnehmer verhalten. Laissez-faire-Gruppen (ohne Hierarchie und Führer) vermittelten den Mitgliedern zwar auf kurze Zeit ein subjektives Wohlbefinden, fielen aber bald auseinander und konnten vor allem keine Ziele realisieren, wenn sie nicht wenigstens kurzzeitig von einer kompetenten Person geführt wurden. Autoritäre Gruppen waren bei schlechtem Wohlbefinden am erfolgreichsten. Demokratische Gruppen lagen in der Mitte.

Mit ist natürlich klar, daß das Wort „Führer" in der deutschen Sprache einen negativen Stellenwert hat, aber Übersetzungen wie „Moderator" oder ähnliche treffen die gemeinte Funktion nicht wirklich, so daß wir es hier trotzdem dabei belassen wollen. Insbesondere der Begriff „Führungsstil" ist in diesem Zusammenhang wichtig, da richtiger Machtgebrauch entscheidend davon abhängt.

Wir gehen also davon aus, daß Macht in irgendeiner Form fast für alle Aufgaben besonders einer Gruppe und hier wieder besonders einer Großgruppe unentbehrlich ist. Ihre Legitimierung sollte aber aus einem Konsensus der „geführten" Gruppe stammen oder zumindest für eine Majorität akzeptabel sein. Der Führungsstil sollte ein Minimum an Gewalt und ein Optimum an Freiheit garantieren, so daß die Menschenrechte nicht verletzt werden.

Wie sich die Macht in einer Gruppe gegen Minderheiten, Behinderte und andere Randgruppen verhält, ist ein verläßlicher Maßstab für ihre moralische und menschliche Qualität. Das gilt selbstverständlich bis hin zu den Kleingruppen wie die Familie.

Von „guter" Macht können wir also dann sprechen, wenn mit einem Minimum an Repression ein Maximum an Effizienz für die Interessen der Gesamtgruppe erreicht wird.

Was den Mißbrauch der Macht betrifft, so sind hauptsächlich zwei Formen augenfällig:

1. die psychische oder physische Gewalt. Psychoterror und körperliche Folterung sind unverändert, wie in alten Zeiten, tragische, aber häufige Begleiterscheinungen der Macht. Für beides finden wir klassische Beispiele, man denke nur an die Geschichte von den hungrigen Ratten,

die das Gesicht zerfressen in George Orwells *1984*. Der Einfallsreichtum der Folter ist ungeheuerlich, dabei genügt meist schon das simple Mittel des Schlafentzuges, den Willen zu brechen. Auch neuere Formen des Psychoterrors, wie zum Beispiel praktische Anwendung der Gruppendynamik in den Umerziehungslagern Maos sind charakteristisch dafür, daß sogar an sich therapeutische Techniken von der Macht mißbraucht werden können. Wie die Ideologie als Foltermethode verwendet werden kann, hat Arthur Koestler in *Sonnenfinsternis* am Beispiel der Bekenntnisprozesse während der stalinistischen Ära in der Sowjetunion exemplarisch dargestellt. Schließlich verdanken wir dem Friedensforscher Johan Galtung das Konzept der strukturellen Gewalt, wonach sich allein durch den Druck einer Institution Macht durchsetzen kann. Auf Verbrennen, Pfählen, Zerreißen, wie es in der Zeit der Inquisition im Namen einer Kirche der Liebe üblich war, brauche ich wohl nicht gesondert zu verweisen. Unübertroffen bleiben natürlich die Verbrechen des Genozids, der von den Nazis technisch perfektioniert wurde.

2. Harmloser, aber nicht weniger perfid, ist die Korruption. Die Ansicht, daß jeder und alles käuflich sei, ist nicht ganz unberechtigt — es kommt nur auf Höhe und Art des Kaufpreises an. Billig und wirksam sind auch Schmeichelei und Ehrungen. Wie viele sind schon wenigstens vorübergehend darauf hereingefallen! Immer gehören aber zwei dazu, der Bestechende und der Bestochene. Daß jetzt nach der neuen Gesetzgebung in Österreich beide bestraft werden, ist nur logisch und richtig.

Ein interessantes Phänomen in diesem Zusammenhang habe ich an mir und vielen (eigentlich allen) Altersgenossen beobachtet. In der Jugend verachten wir alle den Nepotismus, im Alter wird er zur Selbstverständlichkeit, und wenn wir uns schon bei den eigenen Kindern, Enkeln und sonstigen Verwandten zurückhalten, so unterstützen wir den Nepotismus anderer ganz selbstverständlich und bedenkenlos. Ist uns doch nichts verständlicher und leichter nachfühlbar als das Bedürfnis, den nächsten Angehörigen zu besseren Chancen zu verhelfen.

Die junge Generation hat auch kein Verständnis dafür, daß Aufgestiegene, bis zu einem gewissen Grade Mächtige, durch die Hilfe anderer aufsteigen und ihnen verpflichtet bleiben, und daß es einer heiklen Abwägung bedarf, um abschätzen zu können, welche Verpflichtung wichtiger ist — diejenige gegenüber einem allgemeinen Prinzip sozialer Gerechtigkeit, oder jene, die aus persönlicher Verbundenheit und Dankbarkeit erwächst. Ich meine damit die Macht der sogenannten „Verbindungen", deren Verfilzung eine der Ursachen dafür ist, daß immer wieder die Ideen einer permanenten Revolution auftaucht als radikalstes Mittel, diesen Filz aufzulösen. Die unvermeidliche Folge einer solchen permanenten Revolution wären jedoch ebenso permanente Angst und Unsicherheit. Auch Mao ist letztlich daran gescheitert. Die rationale Lösung des Problems kann daher nur Transparenz bei der Postenvergabe sein, die nach Qualitäts-Kriterien erfolgen sollte.

DAS ENDE DER MACHT (BEISPIEL: NATIONAL-
SOZIALISMUS ODER DIE MACHT DER
ILLUSION UND DER VERLEUGNUNG)

Wir haben am Beginn dieses Kapitels die wichtigsten Möglichkeiten aufgezählt, wie Macht enden, sich auflösen kann.
Wir könnten die griechische Mythologie anführen, die charakteristischerweise mit einem Vatermord beginnt (Zeus tötet
Kronos und frißt ihn auf), deren Götterwelt aber dann degeneriert zu eher komischen Figuren. Wir könnten Alexander den Großen zitieren, der in einem ungeheuren Macht-
rausch fast die ganze damalige Welt eroberte und zu dem
Zeitpunkt starb, zu dem er in jeder Hinsicht die Grenzen
seiner Hybris erreicht hatte. Unter Nachfolgekämpfen zer-
fiel sein überdimensional aufgeblähtes Reich bald.

Wir könnten aber auch eine Variation des Vatermordes,
nämlich den des Brutus an Caesar („Auch du, mein Sohn
Brutus?") nennen — der seltene Fall, in dem der Tyrannen-
mörder kein halber oder ganzer Narr oder eine Kreatur anderer war, sondern ein denkender politischer Mensch, der die
Demokratie retten wollte, was ihm allerdings nicht gelang.

Wir könnten ferner den Zerfall des Römischen Reiches
betrachten, das letztlich an seiner Übergröße zugrunde ging
und gegen die anstürmende Völkerwanderung nicht mehr
verteidigbar war. Die lange Regierungsdauer brachte wohl
auch eine zu starke Korruption und Rigidität mit sich.

Viel strapaziert wurde in diesem Zusammenhang natürlich
auch das Schicksal Napoleons, der ein Kind der Revolution
war und versuchte, ein neuer Alexander zu werden — vielleicht um seine körperliche Kleinheit zu kompensieren. Es
ist kennzeichnend für die Lebenskraft Frankreichs, daß es
Napoleon nicht gelungen ist, es zu ruinieren.

Interessant wären die Schicksale Maos und Stalins, die — noch Götter eines grandiosen Personenkults — eines natürlichen Todes gestorben sind. Die Kritik an ihnen wagte sich erst nach ihrem Tod hervor, die Annäherung an „Unpersonen" wurde erst dann möglich.

Ich will mich hier aber zunächst mit Hitler befassen, weil es sich dabei um selbsterlebte Geschichte handelt, die mir gezeigt hat, wie ungeheuer die Macht von Illusion und Verleugnung im Umkreis totaler Macht ist. In der riesigen Literatur über Hitler habe ich diesen wichtigen Gesichtspunkt vermißt. Ich halte aber gerade diese Phänomene für besonders wesentlich vom psychoanalytischen Standpunkt aus, da wohl sicher ist, daß es sich nicht um einzigartige, sondern um typische psychologische Vorgänge handelt.

Die illusionäre Verkennung der Realität findet sich gleicherweise bei Führern und Geführten. Den „Führer" einfach mit einem psychopathologischen Etikett zu versehen, ist wohl nicht ausreichend. Am ehesten wird man ihn als fanatischen „Psychopathen" bezeichnen müssen, der einerseits hysterische Züge hatte (sein demagogisches Charisma), andererseits paranoide (die jüdisch-freimaurerisch, marxistisch-intellektuelle Verschwörung gegen das deutsche Elitevolk). Wir sprechen hier absichtlich von Psychopathie, wo wir es sonst vorziehen, von „Charakterstörung" zu reden, weil dieser Begriff mit seinen negativen Beiklängen zum Zeitgeist paßt. Hat doch ein führender Psychiater (Ernst Kretschmer) vor der Machtergreifung der Nationalsozialisten über diese Diagnosengruppe gemeint: „In ruhigen Zeiten beurteilen wir sie, in unruhigen beherrschen sie uns."

Wie die Pathologie Hitlers — soweit man davon im engeren Sinne sprechen kann — tatsächlich entstanden ist, will ich hier nicht diskutieren, die Literatur darüber ist, wie erwähnt, sehr umfangreich und manchmal recht spekulativ. Daß schwere Frustrationen vor allem durch seinen brutalen Vater eine Rolle gespielt haben, dürfte aber gesichert sein. Sein Weltbild war typisch für einen erweiterten, grandiosen Narzißmus — von der eigenen Person ausgedehnt auf das ganze Volk. Ein eigentümlicher mystisch-magischer, durch keinerlei wissenschaftliche Basis gestützter Rassismus diente als unterschwellige Legitimierung des Hasses und wurde später zum Motor der weitgehenden Vernichtung aller „fremdrassigen Untermenschen". Die massive Projektion eigener verdrängter Triebregungen auf das Feindbild des Juden wird in den Karikaturen des *Stürmers* besonders augenfällig.

Der an sich rätselhafte Erfolg Hitlers bei der deutschen und österreichischen Bevölkerung ist, wie immer in solchen Fällen, offenbar auf mehrere Ursachen zurückzuführen:

1. Eine allgemeine Messiaserwartung — ein starker Mann soll das Volk aus materieller Not und „Erniedrigung" herausführen.

2. Die Enttäuschung über die Weimarer Republik, die sich als unfähig erwiesen hatte, vor allem wirtschaftlich und prestigemäßig wieder ins Gleichgewicht zu kommen. In Österreich war die Demokratie ebenfalls ein Jahr nach der Machtergreifung (1934) aus ähnlichen Gründen gescheitert und durch den christlichen Ständestaat abgelöst worden.

3. In Österreich war als besonderes Motiv die Überzeugung weit verbreitet, daß dieser Rumpfstaat, das Überbleibsel der großen Monarchie, nicht lebensfähig sei und nur ein Anschluß an den großen Wirtschaftsraum Deutschland die Rettung bedeuten könne. So kam es, daß neben den großdeutschen und antiklerikalen Randgruppen auch die Sozialdemokraten (vor 1933) für einen Anschluß waren. Die wirtschaftliche Scheinblüte des Dritten Reiches wirkte infolge der großen Arbeitslosigkeit in Österreich natürlich ebenfalls attraktiv; so wurde Hitler 1938 tatsächlich von einer breiten Mehrheit enthusiastisch begrüßt. Die Enttäuschung stellte sich aber recht bald ein. Jedenfalls entstand dann als Gegenreaktion in der Zweiten Republik ein sehr positives österreichisches „Selbstgefühl".

4. In beiden Ländern kam es zu einer — vorwiegend von Goebbels konzipierten — perfekten Inszenierung von Macht, deren spezifische Ästhetik von Fahnenwäldern, Scheinwerferdomen, entsprechender akustischer Untermalung, Massenbewegung und Architektur gekennzeichnet war. Speers Bücher geben ein gutes Bild davon, obwohl ich ihn für verlogen halte. Hitler hat dagegen nach meiner Überzeugung an alle seine grandiosen Fantasien und Illusionen selbst fest geglaubt. Anders wäre das Ansprechen tiefer Persönlichkeitsschichten — pseudoromantische Begeisterung, Aggression und bald auch Destruktion — bei den Beherrschten kaum denkbar gewesen. Was Freud in *Massenpsychologie und Ich-Analyse* gezeigt hatte — nämlich wie das persönliche Über-Ich in einer emotionell aufgeladenen Masse einfließt in den Willen demagogischer Führer — wurde hier unter unaufhörlichem Getrommel vorexerziert.

5. Aus einer tiefen, kollektiven Depression heraus, durch eine Art trotziger Protestaktion und das Ansprechen der Kleinbürgermentalität so halbwegs legal an die Macht gekommen, taten Hitler und seine Helfershelfer in einer unglaublich konsequenten Aktionswelle alles, um diese Macht zu halten. Die Gegner wurden in Angst und Schrecken versetzt durch die Einrichtung von Konzentrationslagern und Überwachung und Verfolgung durch die geheime Staatspolizei; der wirtschaftliche und kulturelle Bereich wurde bewußt gesteuert. Durch Militarisierung und Aufrüstung sowie Großbauunternehmungen (Autobahnen) wurden Arbeitsplätze geschaffen. Wie die Künstler ferngelenkt wurden, zeigt vor allem Wolfgang Kraus in *Kultur und Macht*. In Anlehnung an Mussolinis Faschismus wurden mit „Kraft durch Freude" bisher unbekannte ideologisch unterbaute Massenaktionen ins Leben gerufen und damit auch die Freizeit vom Staat gestaltet. Es gab keinen Lebensbereich, der nicht total erfaßt wurde von Lohn und Strafe im Dienste der Indoktrination. Dies

reichte von der berüchtigten Bücherverbrennung bis zur gezielten Förderung Willfähriger. Dadurch wurde auch der Apparat rekrutiert, der zur Ausführung der Befehle bereit war. Uniformen und Ehrenzeichen wurden meisterhaft als Lockmittel eingesetzt.

Die Aggressionen wurden gegen den Todfeind, das heißt die Juden, gelenkt; erste Brutalitäten machten sich bemerkbar, die ständig zunahmen und Angst verbreiteten.

6. Die wohl wirksamste Maßnahme war jedoch die vollständige Durchorganisation der gesamten Bevölkerung. Neben der Partei und ihren paramilitärischen Organisationen SA und SS gab es die Frauenschaft, die Hitlerjugend, das Jungvolk, den Bund Deutscher Mädchen, das NS-Kraftfahrerkorps, die Flieger-, Reiter- und Marine-SA, den Studentenbund und so weiter. Das ganze Volk, alle Vereine und Interessensgruppen bis zur Arbeitsfront und der NS-Volkswohlfahrt banden praktisch jeden Deutschen in eine Aktivität ein. Dabei wurden auch zahlreiche Bedürfnisse befriedigt, „kleine Macht" wurde großzügig verteilt. Irgendwo war fast jeder ein kleiner Führer, der natürlich auch geschult wurde.

Selbstverständlich weisen alle totalitären Systeme — auch im Kommunismus — ähnliche Erscheinungen auf, aber deutscher Perfektionismus gestaltete die NS-Variante besonders umfassend und zwanghaft.

Dieses Bild sollte nur den Hintergrund selbsterlebter Gewaltherrschaft illustrieren, das natürlich durch zahlreiche konkrete Erlebnisse von Denunziantentum, Neid, Gier, perfider Verleumdung, Bosheit, Erpressung und so weiter zu ergänzen wäre. Solche Eigenschaften blühen leider unter Extrembedingungen auf; aber ebenso auch Zivilcourage, Menschlichkeit, Widerstand. Bleiben sie auch in der Minderzahl, so leuchten sie um so strahlender.

Eine entscheidende Rolle in der „Götterdämmerung der Macht" spielen jedoch die Illusionen. Bei den Machthabern machte sich eine maßlose Überschätzung der eigenen Möglichkeiten breit, genährt durch Anfangserfolge, die oft aus der Überraschung stammten.

In der Bevölkerung dagegen war zunächst eine andere Illusion ausgeprägt: *„Wenn das der Führer wüßte!"* Alle Mißstände, Grausamkeiten, Unsinnigkeiten wurden den untergeordneten Stellen zugeschrieben. Hitler war die reine, strahlende Gestalt, die nur das Gute und Große wollte. Könnte man an ihn herantragen, was falsch war und schiefging, dann würde alles wieder gut werden. Aber das war ja nicht möglich, er war mit größeren und wichtigeren Dingen beschäftigt.

Die zweite Illusion bei den Kritischeren und nicht so Gläubigen war die Einstellung, wonach „nicht sein kann, was nicht sein darf". Ich fuhr mit dem Urlauberzug von Lemberg nach Wien an Auschwitz vorbei. Alle Insassen des Offiziersabteils rochen den Gestank der Leichenverbrennung. Wir diskutierten, was das sein könnte — und das war im Jahr 1943! Natürlich hörten wir fast alle die sogenannten „Feindsender", aber wir glaubten weder der eigenen Propaganda, noch, und das erst recht nicht, der Propaganda der anderen. Ein zutiefst destruktiver Zynismus hatte weite Kreise, vor allem die Intellektuellen, erfaßt. „Genieße den Krieg, denn der Friede wird fürchterlich."

Typisch für die durch Verleugnung und Verdrängung entstandene Verdummung war zum Beispiel die Zeit vor dem Rußlandfeldzug. Meine Division zog im Frühjahr und Frühsommer 1941 langsam von Frankreich durch Polen zur russischen Grenze an den Bug. Wir hatten schon die russischen Generalstabskarten gefaßt, russische Wörterbücher, und jeder Schwachsinnige hätte klar erkennen müssen, daß der Krieg gegen Rußland bevorstand. Wir glaubten aber, wir würden durch Rußland durch, an die persischen und mesopotamischen Ölfelder ziehen! Damals hatte Bormann, der Leiter der Reichskanzlei, eben ein Buch über Napoleon veröffentlicht, das weitgehend unbekannt ist. Ich verstand es als Warnung gegen einen Einmarsch in Rußland, was es wohl auch war, es blieb aber völlig unbeachtet.

Als uns zwei Tage vor Kriegsbeginn der General in einer streng abgeschirmten Offiziersbesprechung sagte, daß übermorgen um fünf Uhr früh der Krieg gegen Rußland beginne, da war förmlich zu hören, wie fast allen das Herz in die Hose fiel. Die gefürchtete oder gewünschte Katastrophe — viele hatten damals schon, gerade in der Wiener Hausdivision, sehr ambivalente Gefühle — wurde plötzlich bewußt.

Eine der größten Illusionen aber war die von der „Wunderwaffe". Als fast allen halbwegs Denkfähigen bereits klar war, daß Hitlers Niederlage bevorstand, redeten zahlreiche Menschen aller Intelligenzgrade von der geheimnisvollen Waffe, die ebenso wie V1- und V2-Raketen eingesetzt würde; Hitler werde den Krieg noch gewinnen. Viele dieser Gläubigen sind heute tot, zum Teil in der Endphase des Krieges gefallen, und andere haben es sicher „vergessen", was sie in voller Überzeugung sagten. Es war unglaublich, wie viele Menschen diese Ansicht und Hoffnung vertraten, selbst wenn sie Hitler schon lange nicht mehr den Sieg wünschten. Wie widersprüchlich in solchen Ausnahmesituationen Denken und Fühlen — und erst recht Handeln — sein kann, läßt sich überhaupt nur durch psychoanalytische Konzepte annähernd erklären.

„Wir müssen und werden siegen", bleibt ein Ziel, auch wenn erkannt wird, daß der Sieg aus vielen Gründen unerwünscht ist. „Nur Ratten verlassen das sinkende Schiff" und viele andere ähnliche Slogans werden als Beschönigung für diese seltsame Trägheit des Geistes angeführt. Wiederholungszwang und Masochismus dürften die Ursachen dieses Phänomens sein. Zudem will man die narzißtische Kränkung nicht akzeptieren, daß man sich selbst täuschen und verführen ließ.

Die Wunderwaffe kam nicht, und nachdem Millionen Juden und andere Gefangene ermordet worden, Zivilpersonen den Luftangriffen zum Opfer gefallen und Soldaten im Kampf umgekommen waren, begingen Hitler und seine engsten

Getreuen Selbstmord, als die Russen sich der Berliner Reichskanzlei näherten. Wenn ich die überlieferten Dokumente
recht verstehe, dann hat diese Führungsgruppe in rasender
Verblendung noch fast bis zum Ende an die Möglichkeit
eines Umschwunges geglaubt.

Mit der bedingungslosen Kapitulation war eine totalitäre
Macht einmaliger Größe so rasch zusammengebrochen, wie
sie entstanden war, und mit ihr eine destruktive Ideologie,
die ein großes Volk mit einer hohen kulturellen Tradition
verhext hatte.

Faszinierend war aber das Geschehen nachher. Das System
war eindeutig nicht von innen an seiner Unmenschlichkeit
oder Irrationalität zerbrochen, sondern durch die militärische
Niederlage von außen. Mit einem Schlag jedoch war der
ganze ideologische Überbau weg. Niemand war wirklich dabei,
jeder war sowieso immer dagegen gewesen und versuchte nun,
in irgendeiner Form, auf Handlungen des Widerstandes
hinzuweisen, die er angeblich gesetzt hatte. Waren wirklich
Verbrechen nachweisbar, so hatte man aus Befehlsnotstand
gehandelt. Das ganze Volk bestand plötzlich aus unschul-
digen Opfern der Gewaltherrschaft. Wie die Ameisen einen
zerstörten Haufen, baute man das Land — rein materiell —
wieder auf. Wieder wurde die Vergangenheit verdrängt und
verleugnet. Der Mangel an Kreativität bei diesem Aufbau
mag mit dem mangelnden geistigen Hintergrund zusammenhängen. „Wir haben von nichts gewußt", war der letzte
Slogan, der auftauchte. Es mag sogar gestimmt haben —
sofern man „gewußt" mit „bewußt" gleichsetzt. Der Mechanismus der Verdrängung drüfte hier gewaltige Arbeit geleistet
haben.

Bei klarer, wacher Beurteilung der Informationen hätte
man eben wissen können und müssen. Offenbar war und ist
die Verleugnung in diesem Bereich am stärksten und besonders
weit verbreitet.

Macht kann also plötzlich verschwinden, wie eine Fata
Morgana, und wir alle sollten aus diesem Prozeß lernen, wie

Abwehrmechanismen kollektiv gefährlich und wirksam sein können. Daß nach einigen Jahren des Schocks Antisemitismus und Dolchstoßlegenden wieder aus dem Sumpf tauchten, stellt ein Beispiel mangelnder Verarbeitung dar — wie die Mitscherlichs in *Die Unfähigkeit zu trauern* so eindrucksvoll beschrieben.

DER REAL EXISTIERENDE SOZIALISMUS
(DER KAMPF GEGEN DEN KOMPROMISS
UND DESSEN LETZTLICHER SIEG)

Natürlich sollte man sich in einem Buch über Macht mit der französischen Revolution befassen; 1789 ist die Macht von Aristokratie und Dynastie dramatisch übergegangen auf ein empörtes Volk, das aber seinerseits unter dem Schutz und Vorwand von Parolen wie Freiheit, Gleichheit, Brüderlichkeit bald seine Macht brutal mißbrauchte und sehr rasch in Tyrannei verfiel. Nach dem Übergang zur konstitutionellen Monarchie hat sich dann aber eine respektable Republik entwickelt — letztlich ist die Ideologie der Aufklärung doch dominierend geworden und hat sich durchgesetzt — eine Entwicklung, die von Historikern vielfach beschrieben wurde. Ich will mich daher lieber wieder der selbsterlebten Geschichte zuwenden. Ich bin zur Zeit der Oktoberrevolution geboren und habe die Möglichkeit gehabt, die Entwicklung des Sowjetkommunismus aus einer gewissen Nähe zu verfolgen. Drei Aufenthalte in Rußland während des Krieges, zehn Jahre sowjetische Besatzung in Österreich, zwei Besuche aus beruflichen Gründen nachher und häufiger Kontakt mit russischen Kollegen auf internationaler Basis sind die Grundlagen meiner Überlegungen. Der Übergang von einem rückständigen Feudalismus zu einer radikalen Herrschaft des Proletariats, getragen von einem kompromißlosen Marxismus, stellt wahrscheinlich eine der eindrucksvollsten Revolutionen der Geschichte dar. Groteskerweise fand sie in einem Lande statt, in dem das Industrieproletariat, das nach marxistischer Auffassung die Voraussetzung für eine solche Revolution sein soll, fast nicht vorhanden war.

Bekanntlich forderte die Revolution Hekatomben von

Opfern. Menschenleben und idividuelle Rechte galten im ungeheuren Russischen Reich sowieso nie sehr viel, so daß die Voraussetzungen ganz anders waren als im Westen. Das Ziel der Weltrevolution rückte, ohne allerdings aufgegeben zu werden, unter dem Streß des Aufbaus einer Planwirtschaft etwas in die Ferne. Der hohe ideale Schwung der Anfangszeit, in der selbst die Psychoanalyse eine Zeitlang diskutabel erschien, wurde durch die strikte, konsequente Kontrolle eines totalitären Staates und den schwerfälligen Bürokratismus und Staatskapitalismus langsam erstickt. Durch den überraschenden Angriff Hitlers — der letzlich allerdings doch zum Sieg und einer großen Erweiterung des kommunistischen Machtbereichs führte — traten in der Sowjetunion immer deutlicher imperialistische, nationalistische Züge in den Vordergrund.

Mit den „Satellitenstaaten" wurden allerdings Länder eingemeindet, die schon eine andere politische und wirtschaftliche Tradition hinter sich hatten und nur unter starkem Druck an das autoritäre System angepaßt werden konnten. Immer wieder regte sich der Widerstand und führte zu Ausbruchsversuchen, die in der DDR, Polen, Ungarn und der Tschechoslowakei (in den beiden letzten Ländern ganz massiv) durch militärische Intervention bestraft und unterdrückt wurden.

Ich hielt mich kurze Zeit nach dem Einmarsch der Truppen des Warschauer Paktes in die CSSR in Moskau auf. Ein Kollege erklärte: „Die Tschechen hätten sich aus ihrer damaligen Dynamik heraus wahrscheinlich neutralisiert, das hätte unsere Flanke bis tief in die Ukraine aufgerissen. Wir mußten daher intervenieren." Ich sagte darauf: „Das ist ja reiner Imperialismus!" Die Antwort war schlicht: „Na und? Wir protestieren ja auch nicht, wenn die USA in Mittelamerika interveniert. Das hier ist eben unsere Einflußzone."

Man ist in Rußland stolz auf den humanen Fortschritt. Als ich mit einem anderen russischen Psychiater über den Mißbrauch der Psychiatrie gegen Dissidenten sprach, antwortete er: „Was will der Westen eigentlich? Früher haben wir Abweichler erschossen oder deportiert, jetzt behandeln wir sie in psychiatrischen Kliniken, ist das kein Fortschritt?"

In der Sowjetunion gab es in den ersten Jahren nach der Oktoberrevolution eine kurze Phase, in der die Psychoanalyse akzeptiert wurde; bald aber wurde sie als eine bürgerlich-dekadente Bewegung „entlarvt" und verboten. Der Grund dafür war diesmal nicht, wie bei den Nazis, daß es sich um eine jüdische Konzeption handelte, sondern, daß die Psychoanalyse per definitionem ideologiekritisch ist und jede vorgegebene Zwangsideologie auf ihre Wurzeln, auf ihre unbewußten Motivationen untersuchen muß. Nun besteht zwischen den Ideen des Kommunismus, des historischen Materialismus, der internationalen Solidarität der Arbeiterklasse, der Dialektik, des Klassenkampfes zwischen den Besitzenden und den Ausgebeuteten, und vor allem der Idee einer optimalen sozialen Gerechtigkeit einerseits und der Psychoanalyse auf der anderen Seite kein im Wesen unüberwindbarer Gegensatz. Es hat daher immer wieder Psychoanalytiker gegeben, die überzeugte Marxisten waren.

Unüberwindliche Gegensätze ergaben sich aber, wo totalitäre Ansprüche keine Opposition mehr akzeptierten und wo die Toleranz fehlte, andere Ansichten als die offizielle Parteilinie auch nur anzuhören, oder gar zu diskutieren. Vor allem war die lückenlose und kompromißlose soziale Kontrolle durch eine immer mächtiger werdende Bürokratie mit radikalen Sanktionen gegen Abweichler für Psychoanalytiker nicht mehr akzeptabel. Kleine Gruppen von Analytikern in Jugoslawien und Ungarn, bis zu einem sehr beschränkten Grad auch in der Tschechoslowakei, konnten mit großer Zivilcourage weitervegetieren.

Ein großer Kongreß über das Unbewußte in Tiflis hat jedoch gezeigt, daß sich in der Sowjetunion viele Wissenschaftler und vor allem psychologische Institute weiter forschend und praktisch mit Konzepten befassen, die der Psychoanalyse zumindest nicht fernestehen.

Die sozialistischen Staaten kennen keine wertfreie Wissenschaft, und die einschlägigen Arbeiten wurden in der Regel mit Lenin- und Stalin-Zitaten eingeleitet, als Pflichtverbeugung vor den offiziellen Sprach- und Denkrichtungen. In jüngerer Zeit nahmen diese Gesten der Unterwerfung unter die Parteidisziplin deutlich ab und wurden durch die Berufung auf die Systemtheorie abgelöst, die einen so hohen Grad von Abstraktion aufweist, daß sie sich auch von der Parteisprache freimachen kann. Professor Kabanow vom Bechterew-Institut in Leningrad ist ein typischer Vertreter dieser Richtung. Kabanow sagte bei dem Psychotherapeuten-Kongreß der DDR im Jahr 1978 zur größten Überraschung des Auditoriums, daß die psychoanalytischen Konzepte von Übertragung und Widerstand in der sowjetischen Psychotherapie selbstverständlich eine große Rolle spielten.

Die Kommunisten haben überall, in erster Linie natürlich in der Sowjetunion und in China — siehe die stalinistischen Säuberungen und die Kulturrevolution — einen mörderischen Kampf gegen „Reformer und Kompromißler" geführt. Diese wurden härter verfolgt und diskriminiert als der Klassenfeind. Offenbar wurde von dieser Seite eine besondere Gefahr der Aufweichung der eigenen Position gefürchtet.

Schon in meinem Ethik-Buch habe ich versucht, den Kompromiß zu rehabilitieren. Für das Individuum bedeutet das, daß psychische Gesundheit nur dann gegeben ist, wenn ein starkes Ich imstande ist, Triebwünsche gegenüber Über-Ich-Verboten auszugleichen; und zwar so, daß ein realitätsgerechtes Verhalten möglich wird. Das Wesen der Demokratie in Gruppen und Gesellschaften besteht darin, Kompromisse zwischen den verschiedenen Interessen zu finden, die ein Zusammenleben ermöglichen. Faire Spielregeln müssen dann aber von allen eingehalten werden. Dies zieht allerdings eine Einschränkung der totalen Macht nach sich (offiziell der Macht des Proletariats, de facto aber der Macht der jeweiligen Führungsschicht), wie sie von Lenin, Stalin und Mao gefordert wurde.

Im demokratischen Sozialismus stößt der Analytiker auf keine Schwierigkeiten, obwohl seine wirtschaftliche Existenz in der Regel die eines selbständigen kleinen Wirtschaftstreibenden ist, der — oft ohne Arbeitnehmer — einen Servicebetrieb führt und seine Interessen eben in einem bürgerlich-liberalen Gesellschaftssystem vertreten findet. In zunehmendem Maß aber ist er aber auch in wenigstens *einer* Institution teilzeitbeschäftigt und unterscheidet sich kaum mehr von anderen Arbeitnehmern.

Die jüngere Geschichte des realen Sozialismus zeigt jedoch sehr deutlich, daß Planwirtschaften schlechter funktionieren als marktwirtschaftliche Systeme, vor allem, wenn dort in Mischwirtschaften die Auswüchse reiner Profitorientierung und Ausbeutung kontrolliert werden.

Trotz der Vertröstung, daß irgendwann einmal das Paradies der klassenlosen Gesellschaft kommen werde, erschöpft sich die Geduld der Bevölkerung, und fast alle sozialistischen Staaten sind gezwungen, marktwirtschaftliche Kompromisse zu schließen, um die Menschen zur Aktivität zu motivieren. Dies bedeutet, daß die Bevölkerung selbst dort, wo eine Einparteienregierung totale Macht ausübt, in zunehmendem Maß (wenn auch oft nur passiven) Widerstand leistet, falls ihre Bedürfnisse nicht annähernd befriedigt werden; denn die Menschen dort ziehen, trotz weitgehender Isolation, Vergleiche mit anderen Systemen.

Langfristig kann man von Illusionen eben nicht satt werden; man kann sie auch nicht sublimieren, das heißt, Triebziele in sozial und kulturelle akzeptierte Kanäle umwandeln. Dies gelingt durch Aggressionen, durch Projektion auf einen äußeren Feind — in diesem Fall die Kapitalisten und Imperialisten — vielleicht noch einigermaßen; aber die Bedürfnisse nach den Annehmlichkeiten des Lebens, die andere Wirtschaftssysteme noch dazu mit mehr Freiheit und weniger Angst vermitteln, drängen immer stärker auf Realisierung. So können totale Machtsysteme durch die Notwendigkeit von Kompromissen aufgelockert werden.

Eine Gruppe von Lukacs-Schülern um Agnes Heller meint bezüglich des Ausganges der Auseinandersetzung zwischen Kapitalismus und realem Sozialismus folgendes:

„Ist der liberale Kapitalismus anstelle des authentischen Sozialismus eine reale Alternative für die osteuropäischen Gesellschaften? Bevor die Frage beantwortet wird, wollen wir unzweideutig zu klären versuchen, ob der liberale Kapitalismus eine Alternative zur Diktatur über die Bedürfnisse (die als ‚real existierender Sozialismus' einherschreitet) darstellt. Trotz oder vielleicht sogar wegen unserer Einstellung als radikale Sozialisten würden wir nicht zögern, den liberalen Kapitalismus als relativen Fortschritt gutzuheißen, wenn er eine reale, und vor allem, wenn er die alleinige Alternative wäre. Aus unserer Sicht ist das gegenwärtige System nicht sozialistisch, folglich gibt es keine „sozialistischen Errungenschaften" zu verlieren, sondern im Gegenteil für die Werktätigen Rechte und Freiheiten zu gewinnen. Pluralismus könnte sich entfalten und mit ihm die Freiheit des politischen Lebens. Aus einer Reihe von Gründen sehen wir trotzdem im liberalen Kapitalismus keine Alternative." (A. Heller, F. Feher, G. Markus, *Der sowjetische Weg. Bedürfnisdiktatur und entfremdeter Alltag.* Hamburg 1983, S. 341 f.)

THE AMERICAN DREAM

Als sich Nordamerika im Unabhängigkeitskrieg aus dem Kolonialismus herauskämpfte und sich eine faszinierende moderne Verfassung gab, die von den Ideen der Aufklärung und der französischen Revolution beeinflußt war und erstmals die Menschenrechte verankerte, flogen den USA die Hoffnungen der fortschrittlichen Kräfte der ganzen Welt zu. Diese Hoffnungen verstärkten sich, als der demokratische Norden gegen die feudale Sklavengesellschaft des Südens einen sehr schmerzlichen Bürgerkrieg führte, um die demokratischen Konzepte im ganzen Land durchzusetzen. Der militärische Sieg des Nordens hatte verständlicherweise nicht unmittelbar entscheidende soziale Folgen, und es bedurfte etwa eines Jahrhunderts, um die Diskriminierung der Schwarzen langsam abzubauen.

Dies ging natürlich nicht ohne schwere Krisen vor sich. Ich erinnere mich an ein Gespräch mit dem Führer einer militanten Schwarzen-Bewegung, das mir der damalige Dekan der medizinischen Fakultät der Universität Yale, der aus Wien gebürtige Sozialpsychiater Fritz Redlich, Ende der sechziger Jahre vermittelte. Dieser äußerst fähig wirkende Mann lehnte weitere Verhandlungen ab und prophezeite den Untergang der USA in Blut und Flammen. Erfreulicherweise kam es nicht so, und die Lage hat sich beruhigt. Schon lange ist das Problem der Neger, Portorikaner und Mexikaner nicht mehr eine Rassenfrage, sondern ein Problem von arm und reich, also eine Klassenfrage. Vielleicht liegt dies daran, daß mehr Farbige aufgestiegen sind und viele Weiße heute zu den Armen zu rechnen sind.

Im großen und ganzen hat die Entwicklung sowohl die Amerikaner selbst wie fremde Beobachter enttäuscht. Das

Hauptland des Kapitalismus, des freien Marktes, des Wettbewerbes, des freien Spiels der Kräfte von Angebot und Nachfrage, hat zwar den höchsten Lebensstandard in der Welt erreicht, die sozialen Spannungen konnten aber — vielleicht deswegen — nicht abgebaut werden. Der Versuch, sich aus dem imperialistischen Machtspiel herauszuhalten, (Monroe-Doktrin) gelang nicht. Die USA sind zu einem Weltpolizisten und Schiedsrichter geworden. Ihr militärischer Einsatz hat die beiden Weltkriege entschieden.

Die moralische Legitimierung des Machteinsatzes nach außen und innen ist die missionarische Überzeugung, daß der „american way of life" allen anderen Lebensstilen überlegen sei und propagiert werden müsse. Diese Meinung wird allerdings von einem Großteil der Welt nicht geteilt. Man wirft den Nordamerikanern Provinzialismus, Rücksichtslosigkeit, Naivität, materielle Orientierung, Heuchelei vor.

Es besteht jedoch kein Zweifel, daß die USA nicht nur wirtschaftlich, sondern auch militärisch die größte Macht der Welt geworden sind. Ihnen steht nur der Ostblock gegenüber. Was wir Europäer den USA nun vorwerfen, ist, daß sie ein verzerrtes Feindbild aufbauen und den mißtrauisch-paranoiden Russen nicht glaubhaft den Eindruck vermitteln können, an Frieden und Abrüstung ernsthaft interessiert zu sein.

Dies ärgert natürlich alle Länder des Westens, die sich gerne voll mit den Amerikanern identifizieren wollen, dies aber wegen mancher Engheit und Sturheit der USA-Politik nicht können. Besonders die Wahl der Präsidenten beunruhigt den Beobachter. Seit Roosevelt hat man den Eindruck, daß diese Persönlichkeiten ihrer Intelligenz, Integrität und Bildung nach dieser Aufgabe nicht gewachsen sind. Bei dem grandiosen Potential an geeigneten Menschen, über das dieses Land verfügt, ist das recht unerfreulich.

Während wir annehmen, daß in den Satellitenstaaten des Ostblocks Aufweichungsprozesse im Gange sind und damit eine gewisse Schwächung des gesamten Blocks eintreten wird, glauben wir, daß die Macht der USA weiterbestehen wird. Allerdings unterliegt der Gebrauch dieser Macht einer starken Kritik.

Man würde sich vor allem außenpolitisch ein echtes und ernsteres Engagement für den Frieden und die Abrüstung wünschen, mehr Verantwortungsgefühl für die Armen im Land und international (was derzeit an die Hochzinspolitik des Landes rührt), und den Abbau der offenkundig machiavellistischen Politik, besonders in Mittel- und Südamerika. Zu eng haben sich die USA mit autoritären, faschistischen Regierungen verbündet. Der schwere moralische Rückschlag, den die Vereinigten Staaten durch den Vietnamkrieg erlitten haben, ist — fast möchte man sagen leider — vergessen und verdrängt.

Die Macht der USA ist jedenfalls unbestritten und höchstens durch einen Krieg der beiden Großmächte zu erschüttern; aber weil wir die USA lieben, würden wir sie uns liebenswerter wünschen.

Psychoanalytisch sind die Vereinigten Staaten dreifach interessant:

1. Weil von diesem Land aus die psychoanalytische Bewegung erst ihren Siegeszug angetreten hat — vor allem, nachdem die ungarischen und deutschsprachigen emigrierten Analytiker dort eine positive Aufnahme fanden und ausgezeichnete Arbeitsbedingungen geboten bekamen. In den USA waren sie auch nicht mit einer fest etablierten konservativen Psychiatrie konfrontiert. Die Weite des Landes scheint, anders als in Europa, die Entstehung von engen Machtreservaten zu verhindern.

2. Weil Amerika vor dem Zweiten Weltkrieg — in der Fantasie wohl mehr als in der Realität — die Rolle des reichen Erbonkels gespielt hat, und nach Kriegsende mit dem Marshall-Plan den materiellen Anstoß zum Wiederaufbau gab. Nun ist aber die Rolle des Helfers tiefenpsychologisch merkwürdig ambivalent besetzt. Kein Mensch ist gern dankbar, weil sich aufgrund der Verpflichtung Schuld-

gefühle entwickeln und in der Folge latente Aggressionen entstehen. Außerdem bildet sich Mißtrauen gegen ein Land, das so übermächtig ist.

3. Weil die Weite, Größe und Widersprüchlichkeit des Landes — die von der Freiheit einer vorbildlichen Demokratie bis zur puritanischen Enge reicht — eine Faszination ausüben und einen eigentümlichen Reiz haben. Die Untersuchung von Indianerstämmen durch psychoanalytisch orientierte Kulturanthropologen haben ebenso wertvolle Konsequenzen gezeitigt wie die psychiatrische Epidemiologie in Großstädten. Nirgends ist so viel geforscht worden auf diesem Gebiet wie in den USA. Die Psychoanalyse ist auf Dauer mit ihnen verbunden.

DER RING DES NIBELUNGEN

Als ich überlegte, wie sich der Untergang von Mächtigen, die Auflösung von Macht am eindrucksvollsten darstellen ließen, drängte sich mir sofort Richard Wagners Monumentalwerk auf. Die Bedenken dagegen, es auch tatsächlich zu verwenden, liegen in meiner Inkompetenz besonders auf musikalischem Gebiet, da ja der Text nicht getrennt von der Musik diskutiert werden sollte, wenn man Wagner gerecht werden will. Weiters ist das Werk oft dunkel, verworren und inkongruent, was sich leicht aus seiner Entstehungsgeschichte erklären läßt. Es wurde von einem Revolutionär im Stile Bakunins begonnen und von einem Schopenhauer-Fan beendet, der von Monarchen abhängig war. Und schließlich habe ich eine ambivalente Antipathie gegen den Menschen und Künstler Wagner, die aber nicht ohne Faszination ist (seitdem ich übrigens die Chereausche Inszenierung gesehen habe, ist mir ein besserer und positiver Zugang zu dem Werk möglich geworden).

Das Konzept von 1848 war noch sehr einfach: Die Nibelungen sind „ein dem Schoße der Nacht und des Todes entkeimtes Geschlecht. In unsteter, rastloser Regsamkeit durchwühlen sie... die Eingeweide der Erde: Sie glühen, läutern und schmieden die harten Metalle.' Auf ihnen, den Arbeitenden, lastet schwer der Feudalismus der Riesen, die unproduktiv sind. ‚Aber die Riesen verstehen nicht, ihre Macht zu nützen; ihren plumpen Sinnen genügt, die Nibelungen gebunden zu haben.' Die Humanität der Götter ist hier machtlos. Daher Wotans Plan, einen ‚von den Göttern selbst unabhängigen, freien Willen' walten zu lassen, der den Zauber löst. ‚In dem Menschen ersehen die Götter die Fähigkeit zu solchem freien Willen.'" (H. Mayer, *An-*

merkungen zu Richard Wagner, Frankfurt/Main 1977, S. 95).

In dieser ersten Prosafassung ist auch der Schlüß anders, es erfolgt keine Götterdämmerung. Brünnhilde gibt vor ihrem Selbstopfer den Rheintöchtern den Ring zurück. Ihre Sühne befreit die Nibelungen und begründet Wotans Herrschaft der Humanität.

Die endgültige Fassung ist weit komplizierter und schwerer durchschaubar. Alberich erfährt, daß das Gold, das die Rheintöchter bewachen, zum Ring geschmiedet, maßlose Macht *dem* verleiht, der „seliger Liebe entsagt". Er stiehlt das Gold (1. Szene „Rheingold"). Dann, in der nächsten Szene, erfahren wir, daß Wotan den Riesen Fasolt und Fafner für die Vollendung von Walhalla die Göttin Freia versprochen hat (eine merkwürdige Idee des Göttervaters — er ist also von Anfang an diskreditiert!). Dabei sind die Götter auf Freia angewiesen, verteilt sie doch die Äpfel ewiger Jugend. Der listige Loge lenkt die Habgier der Riesen auf das gestohlende Rheingold, sie nehmen Freia als Pfand. Wotan und Loge müssen sich also das „Kapital" beschaffen. 3. Szene: Der Bruder Alberichs, Mime, hat Ring und Tarnhelm geschmiedet. Loge überlistet Alberich, und die Götter stehlen beides. Der Beraubte verflucht den Ring: Tod soll er seinem Besitzer bringen, wer ihn aber nicht habe, den plage der Neid. Die Riesen bekommen im Austausch für Freia den Schatz; der Fluch wirkt aber sofort, Fafner erschlägt im Streit um den Besitz Fasolt.

Im ersten Akt der „Walküre" finden sich die Zwillingskinder Wotans, Siegmund und Sieglinde, die Wälsungen. Zweiter Akt: Im Kampf zwischen Siegmund und Hunding, dem Gatten Sieglindes, sollte Brünnhilde zuerst in Wotans Auftrag Siegmund helfen. Fricka als Vertreterin von Recht und Sitte kann aber Wotan davon abbringen; beeindruckt von der großen Liebe zwischen den beiden hilft Brünnhilde aber trotz des Verbotes Siegmund: Wotan muß sich einschalten, das Schwert Notung zerbricht an seinem Speer, Hunding kann Siegmund töten. Brünnhilde flüchtet mit Sieglinde. Wotan verbannt Brünnhilde auf den

Walkürenfelsen, wo nur der kühnste Held sie aus dem Schlaf erretten kann. Sieglinde, schwanger mit Siegfried, flüchtet in den Wald zurück, wo Fafner den Hort hütet und Mime lebt.

Im ersten Akt „Siegfried" sehen wir, wie Mime den jungen Helden nach dem Tod der Mutter aufzieht. Wotan, der seine Macht abgegeben hat — begreiflicherweise, nachdem ihm alles schiefgegangen ist — und nur mehr „Wanderer", also Beobachter ist, besucht Mime und klärt ihn auf, daß nur *der* die Bruchstücke des Schwertes Notung zusammenschmieden könne, der „das Fürchten nie erfuhr", das heißt Siegfried. Außerdem trickst der „Hüter der Verträge" Mime mit einer unfairen Wette aus. Siegfried tötet mit Notung Fafner, und weil Mime ihn vergiften will, gleich auch diesen. Er nimmt Ring und Tarnkappe und zieht dann aus, Brünnhilde zu befreien. Als Wotan sich ihm entgegenstellt, zerschlägt er dessen Speer. Brünnhilde und Siegfried entbrennen in Liebe zueinander, er gibt ihr den Ring.

Im Vorspiel zur „Götterdämmerung" erfahren wir, daß die Weltesche abgestorben ist, da Wotan seinerzeit einen ihrer Äste für seinen Speerschaft geraubt hat. Er läßt das Holz der Esche um Walhalla aufstapeln, um deren Brand vorzubereiten. Siegfried trennt sich zunächst von Brünnhilde, um wieder auf Abenteuer auszuziehen.

Im ersten Akt kommt er zu den Gibichungen. Hagen, der Sohn Alberichs, ist Halbbruder der Gutrune, ihr Bruder Gunther der König. Hagen, in der Hoffnung, den Ring zu erhalten, schlägt Gutrune vor, Siegfried einen Vergessenheitstrank einzuflößen; sein Plan — Siegfried solle sich sofort in Gutrune verlieben und Gunther versprechen, ihm Brünnhilde zu verschaffen — geht auf. Siegfried nimmt, unter dem Schutz der Tarnkappe, Brünnhilde den Ring wieder ab. Als Brünnhilde ihren Ring an Siegfrieds Hand erkennt, platzt natürlich der Skandal, und Hagen verspricht ihr, sie zu rächen, um sich selber in den Besitz des Ringes zu setzen; er tötet Siegfried. Brünnhilde entschließt sich endlich, die Welt vom Fluch zu erlösen, verbrennt Siegfrieds Leiche und sich selber: die Rheintöchter nehmen den Ring wieder an sich. Als Hagen ihn ihnen entreißen will, ziehen sie ihn ins Wasser. Brünnhildes Opfertod erlöst Gott und die Welt. Wotan kann Walhalla verbrennen.

Diese Mischung aus nordischen Mythen, Nibelungenlied und eigener Kreativität stellt die Schuldbeladenheit von Macht und die Sühne durch Opfertod in einzigartiger Weise dar. Besonders eindrucksvoll schildert Wagner die Hybris, die Wotans Handlungen am Anfang bestimmt; als Wotan sich dann aus der Verantwortung zurückzieht, hilft ihm das nicht mehr.

H. Mayer weist darauf hin, daß Wagner mit drei Requisiten auskommt: dem Ring — der die Weltmacht als Goldmacht symbolisiert; dem Speer — als Symbol der Vertragstreue, die der ursprünglichen Untreue entstammt; und dem Schwert — das Freiheit von den Verträgen schaffen soll und damit Freiheit schlechthin; immer wieder aber löse es Gewalt aus, „rechtlose Tat", oder auch Untat. Goldmacht, Selbsthelfertum durch Gewalt, Vertragstreue aus Untreue — sie bilden den Kern dieser Tetralogie.

Nach P. Wapnewski ist der „Ring" eine politische Utopie; die Proklamation des von Furcht und Willkür, von Vertrag und Regeln, von Tradition und Zwängen freien und damit zur Liebe fähigen, wahren Menschen. Die aus dem Golde magisch erwachsende Macht sei das Resultat des Verzichts auf Liebe: „Siegfried ist das Unmögliche gelungen: Er ist im Besitz der Weltherrschaft, die sich symbolisiert im Ring; und er ist im Besitz auch jener Energie, die eigentlich als die Macht ausschließende Kraft konzipiert ist: im Besitz der Liebe. Nur der Verzicht auf sie, ihre Verfluchung, brachte einst den Unterwelt-Herrscher Alberich in den Gold-Besitz. Nur Liebe vermochte Wotan in seinem Konzept der Weltherrschaft irre zu machen (,Walküre' I,2, Gespräch Wotans mit Brünnhilde: ,Von der Liebe doch / mocht ich nicht lassen, / in der Macht verlangt ich nach Minne'). Liebe und Macht sind in der Gesetzlichkeit des Sichausschließens wechselseitig aufeinander bezogen..."

Nietzsche hat im „Fall Wagner" aus Haßliebe sehr klarsichtig folgendes Bild vom Ring gegeben:

„Wagner hat, sein halbes Leben lang, an die *Revolution* geglaubt, wie nur irgendein Franzose an sie geglaubt hat. Er suchte nach ihr in der Runenschrift des Mythus, er glaubte in *Siegfried* den typischen Revolutionär zu finden. — ‚Woher stammt alles Unheil in der Welt?' fragte sich Wagner. ‚Von alten Verträgen': antwortete er, gleich allen Revolutions-Ideologen. Auf deutsch: von Sitten, Gesetzen, Moralen, Institutionen, von alledem, worauf die alte Welt, die alte Gesellschaft ruht. ‚Wie schafft man das Unheil aus der Welt? Wie schafft man die alte Gesellschaft ab?' Nur dadurch, daß man den ‚Verträgen' (dem Herkommen, der Moral) den Krieg erklärt. *Das tut Siegfried.* Er beginnt früh damit, sehr früh: seine Entstehung ist bereits eine Kriegserklärung an die Moral — er kommt aus Ehebruch, aus Blutschande zur Welt...[...] Siegfried fährt fort, wie er begonnen hat: er folgt nur dem ersten Impulse, er wirft alles Überlieferte, alle Ehrfurcht, alle *Furcht* über den Haufen. Was ihm mißfällt, sticht er nieder. Er rennt alten Gottheiten unehrerbietig wider den Leib. Seine Hauptunternehmung aber geht dahin, *das Weib zu emanzipieren* — ‚Brünnhilde zu erlösen'...Siegfried *und Brünnhilde*; das Sakrament der freien Liebe; der Aufgang des goldnen Zeitalters; die Götterdämmerung der alten Moral — *das Übel ist abgeschafft*." (P. Wapnewski, *Der traurige Gott*. München 1982, S. 139 ff.)

Mit diesem Beispiel der verhängnisvollen Verknüpfung von Macht und Schuld, dem Widerspruch von Macht und Liebe und dem unausweichlichen tragischen Ende möchte ich den notwendigerweise unvollständigen Überblick über unsere Kenntnisse von Macht beenden. Zuvor ist es jedoch wichtig, die oben angedeuteten Zusammenhänge noch im Licht der Psychoanalyse näher zu betrachten. Für Freud war der Mensch eine triebbestimmte Bestie, die erst sozialisiert werden mußte, um eine soziale Existenz führen zu können. Seine Trieblehre wurde verschiedentlich modifiziert, bevor sie ihre endgültige Gestalt fand in der Gegenüberstellung von Eros und Thanatos, von Liebe und Tod, dem Prinzip des Lebens und dem der (Selbst-)Zerstörung. In der Sicht des Wagnerschen „Ringes" steht Macht jedoch eindeutig auf der Seite des Todes; sie wird auch durch Diebstahl, Raub und Mord erworben. Nun konnte Wagner, schon aus zeitlichen Gründen, nicht von Freud beeinflußt gewesen sein. Seine Einsichten waren intuitiv und stammten aus der germanischen Mythologie, die sich hier mit der antiken trifft, aus der Freud schöpfte. C. G. Jung hat sicher richtig erkannt, daß ein kollektives Unbewußtes alle tiefgehenden Mythen, Sagen und Märchen verbindet und daß in den sogenannten Archetypen eine gemeinsame Basis aller unbewußten Symbole gegeben ist.

ZUSAMMENFASSUNG

WIE IST DIE REALE LAGE?

Ich darf das bisher Erarbeitete zusammenfassen:

1. Macht ist eine Systemeigenschaft und tritt unvermeidlich in allen Interaktionen vor allem zwischen vielen Personen auf.

2. Sie ist gebunden an Machtträger — Personen, Gruppen oder Institutionen — und dadurch charakterisiert, daß die „anderen" unter Umständen auch gegen ihren Willen dazu bewogen werden können, sich ihr zu unterwerfen (zumindest, was ihr Verhalten betrifft).

3. Ohne einen gewissen Konsens zwischen den Mächtigen und den anderen können die ersten ihre Kraft nicht ausüben, es besteht also eine Art gegenseitiges Abhängigkeitsverhältnis.

4. Macht kann entstehen durch
   Erbe und Tradition,
   materielle Stärke,
   Persönlichkeitseigenschaften (Charisma),
   Informationsüberschuß,
   Kampf, demokratische Entwicklungen (Wahlen).
   Sie wird aufrechterhalten durch Belohnung und Strafe, Zwang, Legitimation, Attraktivität und Kontrolle.

5. Die psychologischen Theorien, die zu ihrem Verständnis beitragen, sind Tiefenpsychologie, Lerntheorie, Feld-, Rollen-, Entscheidungs- und Systemtheorien.

6. Die machiavellistische Auffassung, wonach Macht notwenigerweise durch Gewalt und List entstehe und aus-

geübt werde, läßt sich bei einer weiten Interpretation des Machtbegriffes nicht halten.

7. Die Adlersche Hypothese, derzufolge das Machtstreben eine neurotische (Über-)Kompensation des Minderwertigkeitsgefühls sei, hat sich in vielen Fällen bestätigt.

8. Die Psychoanalyse verfügt über eine besonders breite Erklärungspalette für die Psycho- und Soziogenese von Menschen, die machtgierig sind und ihr Ziel auch häufig erreichen. Das grandiose Selbst und die idealisierten Objekte mit den Projektions- und Interaktionsvorgängen des Narzißmus (projektive Identifikation), ausgedrückt durch Allmächtigkeitsfantasien, sind wahrscheinlich die wesentlichste Dynamik des Mächtigen, besonders wenn sie sich mit einem starken Ich verbinden. Aber auch ödipale (Überwindung des Vaters) und sadomasochistische Züge (Lust an Herrschaft sowie Unterwerfung) sind häufig nicht zu verkennen. Die Idee eines Bemächtigungstriebes hat Freud wieder aufgegeben; sie erscheint aber, wenn man primär an Macht interessiert ist, heute nicht so weit hergeholt.

Das Gefühl von Macht und das Bewußtsein der Möglichkeit, sie auszuüben, wirken offenbar magnetisch auf die Libido. Macht ist daher in hohem Grade sexualisiert; in diesem Sinne ist das eingangs angeführte Nietzsche-Zitat zu verstehen, mitsamt seinem ironischen Schluß.

9. So gut die Tiefenpsychologie die Dynamik der Macht einfühlbar macht, so darf doch nicht verschwiegen werden, daß die Frage „Wer wird mächtig?" auch von ihr nicht befriedigend beantwortet werden kann. Die Familiengeschichten, die wir berichtet bekommen, scheinen mir sehr widersprüchlich. Nur in einem stimmen sie offenbar überein — nämlich darin, daß spätere Mächtige schon als Kinder ihren Willen durchsetzten und Führerrollen übernahmen. Vielleicht spielen konstitutionelle Faktoren, wie zum Beispiel Ich-Stärke und Aggressivität, eine wichtige Rolle.

10. Aussagen über Macht sind unter anderem deshalb problematisch, weil wir uns nicht auf Alexander den Großen, Dschingis Khan, Napoleon, Churchill, Hitler und Stalin beschränken können, sondern auch den kleinen Haustyrannen, den sadistischen Unteroffizier, Polizisten, Lehrherren, den autoritären Lehrer und Arzt einbeziehen müssen, wenn wir dem Alltagsleben gerecht werden wollen.

11. Die Beiziehung der Geschichtswissenschaft, der Psychologie, Soziologie, Philosophie und Literatur neben der Psychoanalyse ist zweifellos trotz der Beschränkung auf ganz wenige Beispiele berechtigt. Um noch einmal auf Cervantes zurückzukommen: Reale Macht drängt sich natürlich auf, wenn man die Thematik diskutieren will; Machtfantasien spielen aber nicht nur bei Pubertierenden eine große Rolle, sondern sie bestimmen gar nicht so selten und bei gar nicht wenigen auch das Verhalten, daher schien es mir notwendig, dieses wohl großartigste Beispiel von Größenwahn in der Literatur aufzunehmen.

12. Viele Leser werden ein Kapitel über die Ohnmächtigen vermissen, doch habe ich in den einzelnen Szenen der Macht einiges über sie gesagt (Kinder, Minderheiten, Frauen, Arme, Behinderte gehören vor allem dazu). Die „Macht der Ohnmächtigen" ist ein wesentliches Phänomen, ohne sie kann Macht weder entstehen noch existieren.

13. Wie die sechzehn Szenen der Macht, die ich skizziert habe, zeigen, spielt Macht in allen Lebensbereichen eine gleichmäßig große Rolle, nicht nur in der Politik. Oft verursacht sie merkwürdige Situationen: ein autoritärer Lehrer kann daheim eine jämmerliche Null sein, in seinem Briefmarkenverein aber ein idealer Vorsitzender und Organisator. Die enorme Unterschiedlichkeit der Rollen, je nach sozialer Situation und Aufgabe, wurde bis jetzt wenig untersucht. Forschungen in dieser Richtung können vielleicht weitere Klärung bringen.

14. Es ist eine empirisch immer wieder bestätigte Tatsache, daß Macht, wenn sie nicht stark genug kontrolliert wird, korrumpiert. Dies bedeutet, daß die meisten Menschen, wenn die Gelegenheit sich bietet, sich und den ihnen Nahestehenden materielle oder ideelle Vorteile verschaffen. Je stärker die Machtposition, um so größer die Versuchung. Einschränkend ist dazu allerdings festzustellen, daß die Korruption fast immer im mittleren Bereich der Hierarchie am stärksten ausgeprägt ist. Im höchsten Bereich ist offenbar die libidinöse Befriedigung an der Machtposition ausreichend — aber natürlich gibt es viele Ausnahmen. Welche Kontrollen notwendig wären, soll im letzten Kapitel besprochen werden.

15. Besonders die Soziologen und Historiker betonen immer wieder, daß die Legitimierung von Macht äußerst wesentlich sei. Gottesgnadentum ist außer Mode gekommen; in der Demokratie legitimiert vorwiegend die Mehrheit der Wähler, allerdings nur dann, wenn die Wahl formal wirklich geheim und für alle möglich ist, und das politische Klima genug Information über die Wahlwerber erlaubt. Außerdem muß eine wählbare Opposition vorhanden sein. Diese Bedingungen fehlen allzu häufig.

Vor allem aber wird Macht legitimiert durch die Leistung — entweder real, oder aufgrund des Prestiges (die Meinung über die Leistung). Daß beides manchmal nicht konform geht, stellt ein besonderes Problem dar. Zweifellos setzt sich reale Leistung leichter durch, wenn sie mit ihrem Ruf übereinstimmt.

16. Ganz zu kurz gekommen ist in meinen Ausführungen die „Arroganz der Macht", ein Phänomen, das wir die gesamte Menschheitsgeschichte hindurch beobachten können. Hier spielen ästhetische Kriterien eine interessante Rolle. Aus den zahllosen Beispielen möchte ich nur die SS anführen, wo von der Auswahl der Mitglieder, dem elitären Bewußtsein bis zur Uniform alles in dieser Richtung ausgelegt war, alles „zusammenstimmte". Es

ist dies eine Teilerklärung für den Abwehrmechanismus der „Identifizierung mit dem Aggressor", den Anna Freud beschrieben hat. Ich habe selbst einen Patienten behandelt, der als Kind im KZ gewesen war und sich eindeutig mit diesen „schönen Mächtigen" identifizierte, wodurch sich natürlich tragische Konflikte ergaben.

17. Wir haben die sexuellen Probleme und die Rolle der Frau im Alltag, wie ich glaube, einigermaßen adäquat behandelt, ein Phänomen allerdings blieb unberücksichtigt, nämlich das der wirklich mächtigen Frau. Persönlichkeiten wie Katharina die Große, Maria Theresia, Königin Victoria, Margaret Thatcher, Indira Gandhi und viele andere rechtfertigen es, dieses Thema wenigstens zu berühren. Wenn auch bei einigen dieser Frauen — wie zum Beispiel bei Maria Theresia — das Image der großen Mutter wenigstens teilweise bestätigt wird, unterscheidet sich ihr Herrschaftsstil kaum von dem der Männer. Frauen gehen im Interesse der Macht offenbar genauso „über Leichen" wie Männer; nur ist ihre Zahl vorläufig noch zu klein, als daß man etwas Endgültiges darüber aussagen könnte.

Nach dieser Zusammenfassung bleibt uns noch eine schwierige, heikle Aufgabe: Welche Empfehlungen nämlich können wir aus unserer Sicht, aufgrund all dieser Überlegungen geben, um die Macht in Grenzen zu halten, damit sie nicht allzu sehr mißbraucht und gefährlich wird?

Macht ist ein Sucht- und Rauschmittel. Wer einmal davon gekostet hat, will sie immer wieder, die Dosis muß gesteigert werden. Von einer bestimmten Grenze an — die individuell verschieden sein kann — wirkt sie selbstzerstörerisch. Sie ist aber auch wie die meisten Drogen, teuer: Um sich die notwendige Menge beschaffen zu können, muß man oft Verbrechen gegen das Eigentum und die Interessen anderer begehen. Wenn man verhindern will, daß jemand den gefährlichen Weg des Süchtigen geht, wäre also die übliche Therapie einzuschlagen — Entwöhnung, lange Nachbehandlung in Kleingruppen. Das alles ist bei der Macht allerdings kaum möglich, wenn auch im Rahmen von „Umerziehungen" in großem Maßstab, etwa in China und Vietnam, einige Erfolge erzielt wurden. Der Lustgewinn ist offenbar zu groß, daher muß man den Betroffenen das Suchtgift so weit vergällen, daß sich kein Suchtverhalten mehr entwickelt. Das konventionelle Vergällungsmittel, das wir kennen, ist Kontrolle.

In einer Demokratie, die diesen Namen verdient, versucht man Kontrolle mit den Mitteln des Rechtsstaates und dem Druck der Öffentlichkeit, vertreten durch unabhängige Medien, auszuüben.

Wir haben mehrfach auf Montesquieus Konzept der Gewaltenteilung hingewiesen. Theoretisch müßte die optimale Kontrolle eines demokratischen Machtsystems darin bestehen, daß Gesetzgebung, Rechtsprechung und Exekutive unabhängig voneinander operieren und sich — mit großer Transparenz — gegenseitig überwachen. Natürlich ist dies nur in einer pluralistischen Gesellschaft mit echten Oppositionen möglich, die aber bereit sind, in Sachfragen mit der Macht zu kooperieren.

Problematisch, wenn auch naheliegend, ist eine Entwicklung, die sich in der Bundesrepublik Deutschland anbahnt, nämlich, daß das System dazu neigt, die Regierung mehr oder weniger den Höchstgerichten zu übertragen. Die Kriterien dieser Gerichte sind aber — obwohl die Richter proporzmäßig gewählt werden — doch nicht in erster Linie politisch bestimmt. Sie stehen daher oft im Widerspruch mit der tatsächlichen Entwicklung, da juristische Entscheidungen in der Regel nur retrospektiv und nicht prospektiv sein können.

Noch eine weitere skeptische Bemerkung scheint mit hier angebracht. In dem fiktiven Streitgespräch zwischen Machiavelli und Montesquieu in der Unterwelt, das Joly beschrieb, verliert letzterer — wegen des Argumentes, daß der Unterschied zwischen Reichen und Armen auch durch Gesellschaftskonstruktionen wie die Gewaltenteilung, nicht aus der Welt geschafft werden könne. Und wenn wir die heutige Realität des Rechtswesens beobachten, dann zeigt sich unbestreitbar, daß die Privilegierten mit ihren besseren Informationen und Verbindungen, mit den besseren Anwälten, in Rechtssachen stärker bevorzugt sind als die Unterprivilegierten. Wohlgemerkt — dies ist nicht nur eine Frage des Geldes.

Trotz aller Skepsis ist aber der Rechtsstaat meiner Meinung nach die große Hoffnung für die Zähmung der Macht im nationalen, und ganz langsam auch im internationalen Bereich. Wenn der Haager Gerichtshof und die Vereinten Nationen auch die Erartungen, die in sie gesetzt wurden, bei weitem nicht erfüllen konnten, sind sie doch nicht von der Bildfläche verschwunden. Außerdem ist geschriebenes Recht keinesfalls nur etwas fix Vorgegebenes, das ewig bleibt, sondern eine ständige Aufgabe, an der inhaltlich und persönlichkeitsbestimmt ständig gearbeitet werden muß, damit alte oder neue Schwächen ausgemerzt werden können.

Was die Kontrolle der Macht durch die Medien betrifft, so ist die Situation ebenfalls nicht ganz eindeutig. Im allgemeinen kann eine Parteipresse nichts zur Kontrolle der

Macht beitragen, denn auch die Oppositionspresse ist in ihrer Kritik meist nicht glaubhaft. Nun gibt es in den demokratischen Ländern erfreulicherweise fast überall eine unabhängige Presse, die wohl deswegen beliebt ist und gekauft wird, weil sie relativ glaubwürdig ist. Diese Presse kann in der Kritik der Macht unglaublich mächtig sein — berühmte Beispiele sind die *Washington Post* mit der Aufdeckung des Watergate-Skandals, die zur Abdankung Nixons führte, oder der *Spiegel* mit dem Flick-Skandal, der wohl sonst nie bekannt geworden wäre — und in Österreich, wo *profil* Ähnliches mit dem Bestechungsskandal um den Bau des Wiener Allgemeinen Krankenhauses geleistet hat. Das einzige nämlich, was Machthaber oft noch fürchten, ist das Bekanntwerden ihres Handelns.

Brechung der Macht durch Terror ist in Demokratien als Mittel nicht akzeptabel, unter anderem deswegen, weil Gruppen, die sich einer solchen Technik bedienen, vermuten lassen, daß sie — falls sie Erfolg hätten — ihrerseits wieder ein Schreckensregime errichten könnten.

Dort, wo ein freies Spiel der Kräfte nicht möglich ist, wie in Ländern mit autoritären Regimen, ist es aber wohl verhältnismäßig diskutabel, wenn subversive Aktionen gesetzt oder Widerstand mit Gewalt geleistet werden, ja, selbst wenn Erbitterte und Verzweifelte einen Tyrannenmord verüben. So wird man den Motiven der Hitler-Attentäter zumindest viel Respekt entgegenbringen müssen.

Daß „gewaltloser" Widerstand ungeheure Erfolge auch gegen sehr Mächtige haben kann, hat Gandhi gezeigt, und die Erfolge der Friedensbewegungen und Umweltschützer beweisen, daß diese Instrumente — auch dank der starken Medienunterstützung — ihre Wirksamkeit nicht verloren haben. Ganz gewiß jedoch erkennen nicht nur Psychoanalytiker die starke Aggressivität, die auch im sogenannten gewaltlosen Widerstand steckt.

Interventionen aus dem Ausland führen, natürlich vor allem bei Niederlagen, häufig zum Machtwechsel — das klassische

Beispiel dafür ist der Ausgang des Ersten und des Zweiten Weltkrieges.

All das ist es aber im Grunde nicht, was wir mit „Kontrolle der Macht" meinen. In den letzten Jahrzehnten sind im Rahmen der Selbsthilfebewegung die Bürgerinitiativen oft zum Schreckgespenst vor allem lokaler Machtträger geworden. Oft vertreten sie allerdings partikularistische Tendenzen. Im großen und ganzen aber haben sie sich zur Einschränkung von zentraler Macht, die sich über lokale Interessen hinwegsetzt, ausgezeichnet bewährt.

Die Bestrebungen, Entscheidungen förderalistisch zu verteilen oder in noch größerem Ausmaß Gemeinden, Stadtteilen und ähnlichen politischen Einheiten zu übertragen, hat zweifellos zu einer demokratischeren Aufteilung von Macht und zu einer stärkeren Partizipation der Bevölkerung geführt. Hierher gehört auch die Konzeption „small is beautiful" (Schuhmacher, Kor), die in diesem Sinne ebenfalls der Machtkontrolle dient. Die Schweiz ist trotz aller Nachteile des „Kantönligeistes" ein Vorbild für eine solche Machtkontrolle.

Das Programm, das wir Psychoanalytiker fast immer für alle Mißstände vorschlagen, wirkt bei der Verhütung von Machtmißbrauch nicht sehr präzise. Wir meinen nämlich, von breiter klinischer Erfahrung ausgehend, daß späteres gestörtes Verhalten vorwiegend auf falsche Behandlung in der frühen Kindheit zurückzuführen ist (Frustration vorwiegend, aber auch Verwöhnung, Widersprüche zwischen den Erziehungspersonen, unverständlicher Wechsel der Einstellung und dergleichen mehr). Nachdem wir aber nicht imstande sind, eine einheitliche Persönlichkeitsentwicklung klar zu umreißen, die zu späterem Machtmißbrauch führt, bleibt als wesentliche Erziehungsaufgabe nur,

1. pathologischen Narzißmus zu verhindern,
2. sadomasochistische Entwicklungen aufzufangen,
3. ödipale Konflikte annähernd optimal zu lösen.

Nun zeichnen sich spätere Mächtige meist durch eine

gute Fassade der Scheinanpassung aus und sind daher gar nicht leicht zu erkennen. Wären wir imstande, alle beziehungslosen oder beziehungsarmen, sadomasochistisch gestörten und in Elternkonflikte verstrickten Kindern eine analytische Behandlung oder Familientherapie anzubieten, könnten wir wenigstens einige Machtmißbräuche verhindern. Aber erstens ist dies wegen der Häufigkeit solcher Phänomene eben kaum möglich, zweitens wegen der Grenzen therapeutischer Kompetenz prinzipiell problematisch und drittens wohl, bei dieser Kombination, auch nicht allzu aussichtsreich. Der Versuch, eine gezielte Prophylaxe in dieser Richtung zu betreiben, würde wohl hauptsächlich das Resultat zeitigen, daß noch einige Eltern mehr unter dieser Überforderung neurotisiert werden.

Der gangbarste Weg, Auswüchsen der Macht vorzubeugen, wäre wohl ganz einfach und allgemein verständlich formuliert, eine vernünftige Erziehung, die Kinder von frühester Zeit an ernst nimmt, zugleich Wärme und Vertrauen vermittelt und auf diese Weise Fehlentwicklungen auf ein Minimum reduziert. Der Vorschlag von Stransky und Hutschnecker, Politiker in höheren Positionen zu psychiatrieren oder psychologisch zu testen, hat mit Recht eher Heiterkeit ausgelöst. Verbesserte und weitgehend herrschaftsfreie Kommunikation soll ebenfalls nicht vergessen werden. Im Elternhaus, in der Schule, am Arbeitsplatz und in der Freizeit sowie in der Erwachsenenbildung hat Gruppenarbeit, vor allem auch in Form der Selbsterfahrungsgruppen, große Verbreitung gefunden. Unkontrollierte, gefährliche Macht kann auf diesem Weg dezentralisierter Umgangsformen mit offenen Informationskanälen ohne Sanktionen — vor allem auch von unten nach oben — zweifellos abgebaut werden.

Ein letzter Punkt scheint mir noch offen. Ich habe den „Ring der Nibelungen" an das Ende des Buches gestellt, weil hier mit besonderer Eindringlichkeit

1. Die Beziehung von Macht zu Besitz (Gold, Kapital),
2. der Untergang der schuldig gewordenen Machtträger und

3. die Polarität von Macht und Liebe zum Ausdruck kommen. Der, der den Ring besitzt, muß der Liebe entsagen und ist dem Tode geweiht. Auch für Freud war das menschliche Leben eingespannt in die Polarität von Eros und Thanatos. Natürlich — und das ist dem Leben immanent — gewinnt letztlich der Tod; aber auch Freud hat, trotz all seiner Skepsis und seines Pessimismus, gehofft, daß im Leben die Kraft des Eros die Oberhand behält. Gelingt es uns, die Liebe in allen ihren Spielarten zum Leitmotiv unseres Lebens zu machen, dann wird zwar Macht nicht verschwinden, denn das ist unmöglich, aber ihr Mißbrauch wird abnehmen.

Noch einmal nun der Versuch, die wichtigsten Fragen zu beantworten:

Was ist Macht?

Eine an sich wertneutrale, aber obligate Eigenschaft der Gesellschaft.

Wer also wird mächtig?

Jeder, der die Fähigkeiten dazu hat und kreative Chancen zu nützen weiß.

Welche Fähigkeiten sind dies?

Im günstigsten Falle Ich-Stärke, eine gewisse Rücksichtslosigkeit und hohe Frustrationstoleranz. Im ungünstigsten Fall sind es Narzißmus, Sadomasochismus und ungelöste ödipale Konflikte.

Wie wird man mächtig?

Wenn man die oben angeführten Eigenschaften besitzt oder Minderwertigkeitsgefühle überkompensiert. Gewalt und List sind oft, aber nicht notwendigerweise, die Mittel dazu.

Wie bleibt man mächtig?

Ebenfalls häufig durch Gewalt und List, oft aber auch durch einen Konsens mit den Beherrschten, wie es anzustreben wäre.

Führt Macht unweigerlich zu Mißbrauch?

Die Verlockung, Macht um persönlicher Vorteile willen auszunützen und immer weiter auszudehnen, ist stark und auch mit Lust verbunden. Der Mißbrauch ist daher häufig fast unausweichlich.

Wie kann man Mißbrauch verhindern?

Durch Kontrolle und Kommunikationsverbesserung; sie ist möglich durch das Recht, durch Transparenz, Selbstkontrolle, durch direkte Demokratie und Aktivierung der Betroffenen beziehungsweise auch in Gruppenarbeit.

Gibt es eine echte Gegenkraft gegen den Mißbrauch der Macht?

Ja — Liebe, Vernunft, Toleranz und gegenseitiges Verständnis, sowie die Fähigkeit zum Kompromiß.

LITERATURVERZEICHNIS

ADAMS, J. S., A. K. ROMNEY: A Functional Analysis of Authority. *Psychological Review*, 66, 234—251 (1959)

ADHEMAR, J.: *Revolutionsarchitektur*. Boullée, Ledoux, Lequeu, Katalog, Kunsthalle Baden-Baden 1971

ADLER, A.: Bolschewismus und Seelenkunde. *Internat. Rundschau*, 4, 598 (1918)

Trotz und Gehorsam. *Monatshefte für Pädagogik*, 2, 327, (19   )

ADLER, H. G.: *Die Erfahrung der Ohnmacht*. Frankfurt/Main, Europäische Verlagsanstalt 1964

ADLER, K. A.: Power in Adlerian Theory. In: MASSERMANN, J. H. (Ed.): *The Dynamics of Power*. New York, Grune & Stratton 1972, 53—63

ADORNO, Th. W. et al.: *Der autoritäre Charakter*. Amsterdam, de Munter 1969

ANSBACHER, H. u. R.: *Alfred Adlers Individualpsychologie*. München Reinhardt 1972

ARENDT, H.: *Elemente und Ursprung totaler Herrschaft*. Frankfurt/Main 1955

ARGELANDER, H.: *Der Flieger*. Frankfurt/Main, Suhrkamp 1977

ARGYLE, M., B. BEIT-HALLAHMI: *The Social Psychology of Religion*. London, Boston, Routledge & Kegan 1975

ARIETI, S.: The Origin and Effect of Power. In: MASSERMANN, J. H. (Ed.): a. a. O., p. 16

AUGSTEIN, R.: Das Buch vom Fürsten, das Buch vom Menschen. In: *Spiegel* 26, 1980, 124—137

BALINT, M.: Über das psychoanalytische Ausbildungssystem. In: *Urformen der Liebe und die Technik der Psychoanalyse*. Frankfurt/Main, Fischer 1969

BASAGLIA, Franco. *Die negierte Institution oder die Gemeinschaft der Ausgeschlossenen*. Frankfurt/Main, Suhrkamp 1971

BATTEGAY, R.: *Narzißmus und Objektbeziehungen*, 2. Aufl. Bern, Huber 1979

BEÁ, J., V. HERNÁNDEZ: Don Quixote: Freud and Cervantes. *Int. J. Psycho-Anal.* 65, 1984, 141—153.

BEIT-HALLAHMI, B., M. ARGYLE: *The Social Psychology of Religion*. London and Boston, Routledge & Kegan Paul 1975

BERNE, E.: *Games People Play. The Psychology of Human Relationships*. Grove Press, Inc., N. Y. 1964

BLUEMEL, C. S.: *War, Politics and Insanity*. The World Press, Inc., Denver 1948, 121

BLUM, F.: *Der industrialisierte Mensch*. Wien, Böhlau 1973

BOSETZKY, H.: Machiavellismus, Machtkumulation und Mikropolitik. *Zeitschrift für Organisation*, 121—125 (1977)

BOURDIEU, P. et al.: *Titel und Stelle. Über die Reproduktion sozialer Macht*. Frankfurt/Main, Europäische Verlagsanstalt 1981

BRONFENBRENNER, U.: *Ökologische Sozialisationsforschung*. Stuttgart, Klett, 1976

BRUCKMANN, G. (Hrsg.): *Die Zukunft Österreichs. Das Leben im Jahr 2019*. Wien, Orac 1984

BRUDER-BEZZEL, A.: *Alfred Adler. Die Entstehungsgeschichte einer Theorie im historischen Milieu Wiens*. Göttingen, Vandenhoeck & Ruprecht 1983

BYCHOWSKY, G.: *Dictators and Disciples*. International Universities Press, N. Y. 1969

CANETTI, E.: *Masse und Macht*. Frankfurt/Main, Fischer TB 1983

CARTER, A.: *Sexualität ist Macht*. Reinbek, Rowohlt 1981

CARUSO, I. A.: *Narzißmus und Sozialisation*. Stuttgart, Bonz 1976

CASTEL, R.: *Psychoanalyse und gesellschaftliche Macht*. Kronberg, Athenäum Verlag 1976

CERVANTES, M.: *Don Quijote de la Mancha*. Übersetzung: L. Tieck, textkritisch bearbeitet und herausgegeben von H. Reinfelder. Düsseldorf 1951

CHASSEGUET-SMIRGEL, J.: *Psychoanalyse der weiblichen Sexualität*. Frankfurt/Main, Suhrkamp 1974

CHRISTIE, R., F. GEIS (Eds.): *Studies in Machiavellianism*. New York, Academic Press 1970

CLAESSENS, D.: *Rolle und Macht*. 3. Aufl. München, Juventa 1974

CLOETTA, B.: *Einstellungsänderung durch die Hochschule*. Stuttgart, Klett-Vlg. 1975

COMFORT, A.: *Authority and Delinquency in the Modern State*. London 1950

CREMERIUS, J., S. O. HOFFMANN, W. TRIMBORN: *Psychoanalyse, Über-Ich und soziale Schicht*. München, Kindler 1979

CROMWELL, R. E., D. H. OLSON (Ed.): *Power in Families*. N. Y., Wiley 1975

DAHLSTROEM, E.: Exchange, Influence and Power. *Acta Sociologica* 9, 237—284 (1966)

DAHRENDORF, R.: *Homo Sociologicus*. Köln/Opladen, Westdeutscher Verlag 1964

DINCE, P. R.: Power and Omnipotence. In: MASSERMANN, J. H. (Ed.): a. a. O., 64—70

DIX, U.: *Sport und Sexualität*. Frankfurt/Main, März Verlag 1972
DRELLICH, M. G.: Discussion. In: MASSERMANN, J. H. (Ed.): a. a. O., 170—172

EDELMAN, M.: *Politik als Ritual*. Frankfurt/Main, Campus 1976
EHRENREICH, J. (Ed.): The Cultural Crisis of Modern Medicine. *Monthly Review Press*, N. Y., London 1978
EIGEN, M., R. WINKLER: *Das Spiel. Naturgesetze steuern den Zufall*. München, Piper 1983.
EISSLER, K. R.: *Todestrieb, Ambivalenz, Narzißmus*. München, Kindler TB 1980
ERIKSON, E. H.: *Kinderspiel und politische Phantasie*. Frankfurt/Main, Suhrkamp 1978

FAIRBAIRN, N. R.: *Psychoanalytic Studies of the Personality*. London, Tavistock 1952
FOUCAULT, M.: *Von der Subversion des Wissens*. Frankfurt/Main, Hanser Verlag 1974
FREIDSON, E.: *Dominanz der Experten*. München, Berlin, Wien, Urban & Schwarzenberg 1975
FREUD, S.: Totem und Tabu. In: *Sigmund Freud Studienausgabe*, Band IX, Frankfurt, Fischer 1974, 287—387
— Das ökonomische Problem des Masochismus. *Gesammelte Werke*, Bd. 14, Frankfurt/Main, Fischer, 1968, 6. Aufl.
— Das Unbehagen in der Kultur. *Gesammelte Werke*, Bd. 14, Frankfurt/Main, Fischer, 1968, 4. Aufl.
— *Die Disposition zur Zwangsneurose. Studien zur Psychoanalyse der Neurosen aus den Jahren 1913-1925*. Leipzig, Wien, Zürich, Int. Psychoanal. Verlag 1926
— *Drei Abhandlungen zur Sexualtheorie und verwandte Schriften*. Frankfurt/Main, Fischer 1971.
FROMM, E.: *Die Herausforderung Gottes und des Menschen*. Konstanz, Diana 1970
— *Furcht vor der Freiheit*. Frankfurt/Main, Europ. Verlagsanstalt 1971
— *Haben oder Sein. Die seelischen Grundlagen einer neuen Gesellschaft*. Stuttgart, Deutsche Verlagsanstalt 1977
FULLER, P.: *Die Champions. Psychoanalyse des Spitzensportlers*. Frankfurt/Main, Fischer 1976

GADPAILLE, W. J.: The Use of Power: A Particular Impasse in Psychoanalysis. In: MASSERMAN, J. H. (Ed.): a. a. O., 173—183
GALLBRAITH, J. K.: *The Anatomy of Power*. London, Hamish Hamilton 1984

247

GEAR, M. C., M. A. HILL, E. C. LIENDO: *Working Through Narcissism. Treating its Sadomsochistic Structure.* N. Y., Aronson 1981

GEHMACHER, E.: *Die Schule im Spannungsfeld von Schülern, Eltern und Lehrern.* 2. Auflage Bundesverlag Jugend und Volk, Wien 1980

GOFFMAN, E.: *Asylums. Essays on the Social Situation of Mental Patients and Other Inmates.* New York, Doubleday, Anchor Books 1961

GOFFMAN, E.: *Wir alle spielen Theater. Die Selbstdarstellung im Alltag.* 2. Auflage, München, Piper 1973

GOLDMANN, E.: *Das Tragische an der Emanzipation der Frau.* Berlin, 1977

GREENSON, R. R.: *Technik und Praxis der Psychoanalyse.* Stuttgart, Klett 1973

GROSSARTH-MATICEK, R.: *Revolution der Gestörten?* Heidelberg, Quelle & Meyer 1975

GRUBER, H., LASSNIGG, L., SCHMIDT-LÖW-BEER C., Die Wahrnehmung psychischer Probleme im Dreieck Kinder—Eltern—Lehrer. Im Druck, *Journal für Sozialforschung*, Wien 1985

GRUNBERGER, B.: *Vom Narzißmus zum Objekt.* Frankfurt/Main, Suhrkamp 1976

HABERMAS, J.: *Politik, Kunst, Religion.* Ditzingen, Reclam 1982

HABICHT, W., D. MEHL, B. MORITZ-SIEBECK, W. RIEHLE, V. SCHULZ, W. WEISS: *Shakespeare-Kommentar zu den Dramen, Sonetten, Epen und kleineren Dichtungen.* 2. Auflage, München, Winkler 1972

HÄUSSERMANN, H.: *Die Politik der Bürokratie.* Frankfurt/Main, New York, Campus Verlag 1977

HELLER, A., F. FEHER, G. MARKUS: *Der sowjetische Weg. Bedürfnisdiktatur und entfremdeter Alltag.* Hamburg, VSA-Verlag 1983

HENSELER, H.: *Narzißtische Krisen. Zur Psychodynamik des Selbstmords.* Wiesbaden, Westdeutscher Verlag 1984

HERKNER, W.: *Einführung in die Sozialpsychologie.* Bern, Huber 1975

HOMANS, G. C.: *Social Behavior. Its Elementary Forms.* New York, Hartcourt, Brace & World 1961

HONDRICH, K. O.: *Theorie der Herrschaft.* Frankfurt/Main, Suhrkamp 1973

HUIZINGA, J.: *Homo Ludens. Vom Ursprung der Kultur im Spiel.* Reinbek, Rowohlt 1956

HUTSCHNECKER, A.: *Psychopolitik. Eine Kritik zur Macht.* München, Bertelsmann 1975

ILLICH, I.: *Entschulung der Gesellschaft.* München, Kösel Verlag 1972

ILLICH, I. u. a.: *Entmündigung durch Experten.* Reinbek Rowohlt TB Verlag 1979

JAQUES, E.: *A General Theory of Bureaucracy.* Heinemann Educational Books, Ltd., 1977
JOLY, M.: *Macht und Recht.* Meiner Verlag, Hamburg 1979
JONES, E.: *Zur Psychoanalyse der christlichen Religion.* Frankfurt/Main, Suhrkamp 1970

KAFKA, F.: *Der Prozeß.* Frankfurt/Main, Fischer 1946 (Lizenzausgabe von Schoken Books)
KELMAN, H.: Power: The Cultural Approach of Karen Horney. In: MASSERMAN, J. H. (Ed.): a. a. O., 71—82
KELSEN, H.: *Was ist Gerechtigkeit?* Wien, Deuticke 1975, 2. unveränderte Aufl.
KERNBERG, O. F.: *Borderline-Störungen und pathologischer Narzißmus.* Frankfurt/Main, Suhrkamp 1978
KETS DE VRIES, M. F. R.: *The Irrational Executive.* Psychoanalytic Explorations in Management. New York, Int. Univ. Press, 1984
KLAPPROTH, J.: Kurzbericht über eine Machiavellismus-Skala. In: CLOETTA, B.: a. a. O.
KLAUS, G., Th. BUHR: *Philosophisches Wörterbuch.* DDR 1971
KOHUT, H.: *Narzißmus.* Frankfurt/Main, Suhrkamp 1976
KÖNIG, R. (Hrsg.): *Handbuch der empirischen Sozialforschung.* Band 9: Organisation und Militär. Stuttgart, Enke-Verlag 1977, 2. völlig überarbeitete Aufl.
KÖNIG, R.: *Niccolò Machiavelli.* München, Hanser Verlag
KÜNG, H.: *Existiert Gott? Antwort auf die Gottesfrage der Neuzeit*, München, Piper 1984
KÜNZLI, A.: *Karl Marx.* Wien 1966
KUTTER, P.: *Psychoanalyse im Wandel.* Frankfurt/ Main, Suhrkamp, 1977

LASCH, Ch.: *Das Zeitalter des Narzißmus.* München, Bertelsmann 1982
LASSWELL, H. D.: *Power and Personality.* New York. W. W. Norton & Co. Inc. 1948, p. 262
— *Psychopathology and Politics.* New York 1960
LEDER, K. B.: *Wie man Diktator wird. Geheimnis und Technik der Macht.* München, Kösel 1983
LENIN, W. I.: *Staat und Revolution.* Peking 1969
LEWIN, K.: *Feldtheorie in den Sozialwissenschaften.* Angew. theoret. Schriften. Bern, Hans Huber 1963
LLOYD D.: *The Idea of Law.* Harmondsworth, Penguin Books 1976
LOHMANN, H. M.: *Das Unbehagen in der Psychoanalyse.* Eine Streitschrift. Frankfurt, Qumran 1983
LÜTH, P.: *Die Leiden des Hippokrates oder Medizin als Politik.* Darmstadt und Neuwied, Luchterhand 1975
LUHMANN, N.: *Macht.* Stuttgart, Enke 1975

LUKES, St. (1974): *Power. A Radical View.* London and Basingstoke 1984 (reprinted)

MACCOBY, M.: *Die neuen Chefs.* Reinbek, Rowohlt 1977
MACHIAVELLI, N.: *Der Fürst.* Stuttgart, Reclam
MARCUSE, H.: *Psychoanalyse und Politik.* Frankfurt/Main, europäische Verlagsanstalt. Wien, Europa Verl. 1968, 4. Aufl.
MASSERMAN, J. H. (Ed.): *The Dynamics of Power.* New York, Grune & Stratton 1972
MAYER, H.: *Anmerkungen zu Richard Wagner.* Frankfurt/Main, Suhrkamp 1977, 2. Aufl.
McCLELLAND, D.: *Macht als Motiv. Entwicklungswandel und Ausdrucksformen.* Stuttgart, Klett-Cotta 1978
MILLER, A.: *Das Drama des begabten Kindes und die Suche nach dem wahren Selbst.* Frankfurt/Main, Suhrkamp 1979
MILLETT, K.: *Sexus und Herrschaft.* München, Verlag Kurt Desch 1971
MITSCHERLICH, A., MITSCHERLICH M.: *Die Unfähigkeit zu trauern. Grundlagen kollektiven Verhaltens.* München, Piper 1979, 11. Aufl.
MITTERAUER, M., R. SIEDER: *Vom Patriarchat zu Partnerschaft. Zum Strukturwandel der Familie.* München, Beck 1977
MONTESQUIEU, Ch. de: *L'esprit des lois.* 1748
MOSER, T. (Hrsg.): *Psychoanalyse und Justiz.* Frankfurt, Suhrkamp 1971
MOSER, T.: *Gottesvergiftung.* Frankfurt, Suhrkamp 1977, 3. Aufl.
MÜNZKER, H.: *Machiavelli.* Frankfurt, Europ. Verlagsanstalt 1982

NEUBERGER, O.: Führung. Ideologie-Struktur-Verhalten. Stuttgart, Enke 1984
NIETZSCHE, F.: *Morgenröte.* München, Goldmann 1960

PANKEN, S.: *The Joy of Suffering. Psychoanalytic Theory and Therapy of Masochism.* New York, Aronson 1973
PARIN, P.: Anpassung oder Widerstand. Bemerkungen zu dem Aufsatz von Hans Füchtner „Traurige Psychotropen". In: *Psyche 7, 38. Jg.* Heft 7, 1984, S. 627—635
PARSONS, T.: *Das System modernen Gesellschaften.* München, Juventa 1972
POLLARD, W. E., T. R. MITCHELL: Decision Theory Analysis of Social Power. *Psychological Bulletin* 1972/78, 433—446

RATTNER, J.: *Tiefenpsychologie und Politik. Einführung in die politische Psychologie.* Freiburg, Rombach 1967
REICHE, R.: *Sexualität und Klassenkampf. Zur Abwehr repressiver Sublimierung.* Frankfurt/Main, Fischer 1971 (Lizenzausgabe)

REIK, Th.: *Aus Leiden Freuden. Masochismus und Gesellschaft.* Hamburg, Hoffmann und Campe 1977

REITER, L.: *Gestörte Paarbeziehungen. Theoretische und empirische Untersuchungen zur Ehepaardiagnostik.* Göttingen, Vandenhoeck & Ruprecht 1983

RICHTER, H.-E.: *Der Gotteskomplex. Die Geburt und die Krise des Glaubens an die Allmacht des Menschen.* Reinbek, Rowohlt 1979

RIDDER, P.: *Prozesse sozialer Macht. Bindende Entscheidungen in Organisationen.* München, Reinhardt 1979

RIES, W.: *Nietzsche. Zur Einführung.* Hannover, Soak 1982

RINGEL, E.: *Die österreichische Seele.* Wien, Böhlaus Nachf. 1984

ROSENFELD, H. A.: *Zur Psychoanalyse psychotischer Zustände.* Frankfurt/Main, Suhrkamp 1981

ROSS, W.: *Der ängstliche Adler. Friedrich Nietzsches Leben.* Stuttgart, Deutsche Verlagsanstalt 1980

RUSSELL, B. (1938): *Macht.* Zürich, Europa Verlag 1973.

RYDER, R. G.: What Is Power? Definitional Considerations and Some Research Implications. In: MASSERMAN, J. H. (Ed.): a. a. O., 36—52

SALZMAN, L.: Compulsive Drives for Power. In: MASSERMAN, J. H. (Ed.): a. a. O., 162—169

SCHELSKY, H.: *Die Arbeit tun die anderen. Klassenkampf und Priesterherrschaft der Intellektuellen.* München, dtv 1977

SCHNEIDER, H. D.: *Sozialpsychologie der Machtbeziehungen.* Stuttgart, Enke 1977

SCHORSCH, E., N. BECKER: *Angst, Lust, Zerstörung. Sadismus als soziales und kriminelles Handeln. Zur Psychodynamik sexueller Störungen.* Reinbek, Rowohlt 1977

SELVINI-PALAZZOLI et al.: *Die entzauberten Magier. Zur paradoxen Situation des Schulpsychologen.* Stuttgart, Klett-Cotta 1978

SKINNER, B. F.: *Wissenschaft und menschliches Verhalten.* München, Kindler 1973

SPEER, A.: *Erinnerungen.* Berlin, Propyläen Verlag, 1969

SPIEL, O. (1947): *Am Schaltbrett der Erziehung.* Bern, Huber 1979

STIERLIN, H.: *Adolf Hitler. Familienperspektiven.* Frankfurt/Main, Suhrkamp 1975

— *Delegation und Familie. Beiträge zum Heidelberger familiendynmischen Konzept.* Frankfurt, Suhrkamp 1978

STROTZKA, H. (Hrsg.): *Der Psychotherapeut im Spannungsfeld der Institutionen.* München, Urban & Schwarzenberg 1979

STROTZKA, H.: *Fairneß, Verantwortung, Fantasie.* Eine psychoanalytische Alltagsethik. Wien, Deuticke 1983

SUGERMAN, S.: *Narzißmus als Selbstzerstörung.* Olten, Walter-Verlag 1978

THOMAS, K.: *Handbuch der Selbstmordverhütung.* Stuttgart, Enke 1964

251

TINCHON, H. J., V. I. AZIZI, P. PFUNDNER, H. STROTZKA: *Messung von Betroffenheit.* Wien, Verl. Österr. Akademie der Wissenschaften 1982

WAHL, C. W.: The Relations Between Primary and Secondary Identifications: Psychiatry and the Group Sciences. In: BURDICK, E., A. J. BRODBECK: *American Voting Behavior.* Glencoe, Ill., 1959

WAHL, C. W.: Psychoanalysis of the Rich, the Famous and the Influential. In: *Contemporary Psychoanal.* 10, 1974, pp. 71—77

WAPNEWSKI, P.: *Der traurige Gott. Richard Wagner in seinen Helden* München, Beck 1980

WEBER, M.: Politik als Beruf. In: WEBER, M.: *Gesammelte politische Schriften.* Tübingen, 1958, S. 545
— *Die protestantische Ethik.* Band I: Eine Aufsatzsammlung, Gütersloh, Verlag Mohn 1975, 5. überarbeitete Aufl.

WEISS, P.: *Die Ästhetik des Widerstandes.* Frankfurt/Main, Suhrkamp 1982

WHITE, R. W.: *Ego and Reality in Psychoanalytic Theory. A Proposal Regard Independent Ego Energies.* New York, Int. Univ. Press 1963

WINNICOTT, D. W.: *Kind, Familie und Umwelt.* München, Reinhardtverlag 1980, 3. Aufl.

ZALEZNIK, A.: *Das menschliche Dilemma der Führung.* Wiesbaden, Gabler-Verlag 1976

KURZDEFINITIONEN VERWENDETER FACHAUSDRÜCKE

Abwehrmechanismen: unbewußte Strategien des Ichs gegen innere und äußere Gefahren (zum Beispiel Verdrängung, Introjektion, usw.)

Ambivalenz: Gleichzeitiges Vorhandensein entgegengesetzter Motive und Gefühle (zum Beispiel Haßliebe)

anale Phase (S. Freud): Lustgewinnung in der zweiten Kindheitsphase (anal = den After betreffend); Problematik des Hergebens und Zurückhaltens

Anamnese: klinische Vorgeschichte eines Falles; Krankengeschichte

Anomie: Gesetzlosigkeit, Gesetzwidrigkeit; Zustand mangelnder sozialer Ordnung

Anthroposophie: stark an Goethe angelehnte philosophische Lehre von Rudolf Steiner

Antipsychiatrie: Gegenbewegung gegen traditionelle Psychiatrie

archaisch-rudimentär: angedeutet urtümlich

Archetyp: in C. G. Jungs komplexer Psychologie, allgemeine Urformen von Vorstellungen

Assoziation (freie): psychoanalytische Technik des Aussprechens aller Einfälle ohne Zensur

Austauschtheorie: A kann nur dann Macht über B gewinnen, wenn A B belohnen oder bestrafen kann

Besetzung: Verlagerung der Triebenergie (Libido) auf Objekte oder Personen (beziehungsweise deren innerpsychische Repräsentanzen)

Charisma: suggestive Ausstrahlung

Depression: traurige Verstimmung von Krankheitswert
— *endogene:* erbliche Form der Depression
— *reaktive:* durch Erlebnisse bedingte Form der Depression

Deprivation: Abwertung, Entzug von Vorteilen

Derivation: Ableitung von etwas

endogen: erblich bedingt
Entscheidungstheorie: siehe Spieltheorie
Epidemiologie: Wissenschaft von den Massenaspekten einer Krankheit (Seuchenlehre)
Es: Persönlichkeitsinstanz des Unbewußten
exogen: durch äußere Ursachen veranlaßt

Feldtheorie: sozialpsychologische Lehre von Kurt Lewin
Fixierung: psychoanalytischer Ausdruck für teilweises Steckenbleiben der Persönlichkeitsreifung in frühen Entwicklungsstadien (oral, anal, genital, ödipal)
Frustration: jede Art der Behinderung, einem vorgestellten Ziel näherzukommen; das Ziel kann klar erkennbar, vorgestellt oder „unbewußt" sein; die Behinderung kann als direkte Versagung erlebt oder auch unbewußt wirksam werden
Frustrationstoleranz: die Fähigkeit, Versagungen zu ertragen

Gegenübertragung: Gefühlsbeziehung des Psychotherapeuten (Psychoanalytikers) zum Patienten (Klienten)
genitale Phase: dritte Kindheitsphase der Libidoentwicklung mit Übernahme der sozialen Geschlechterrollen in Auseinandersetzung mit den Elternfiguren; Hervortreten der eigentlichen Sexualität im engeren Sinn (auch „ödipale" Phase)
Gruppendynamik: sozialpsychologische Theorie über Gruppenverhalten, Gruppenarbeit

Hypomanie: leichtere Form der gehobenen Stimmung im Rahmen manisch-depressiver Störungen
Hierokratie: Priesterherrschaft

Individualpsychologie: Theorie von Alfred Adler
institutionalisieren: in eine gesellschaftlich anerkannte, fest organisatorische Form bringen; in eine Institution aufnehmen
Insuffizienz: Unzulänglichkeit, Schwäche, ungenügende Leistung (in der physischen Medizin: eines Organs)
Interaktion: gegenseitige Beeinflussung
Interdependenz: wechselseitige Abhängigkeit
internalisieren: Gruppennormen als für die eigene Person gültig aufnehmen
Intrazeption: Einverleibung, gleichbedeutend mit Introjektion

Katharsis: emotionelle Abreaktion

254

kognitive Psychologie: auf Denken, Erkennen, Informations-
verarbeitung ausgerichtete Psychologie

Kompensation: ein psychischer Mechanismus, der individuelle
Schwächen oder Defekte verdeckt oder ausgleicht, indem relativ
defektlose oder aber sozial wünschenswerte Verhaltensweisen in
besonderer Stärke und Häufigkeit auftreten (zum Beispiel „kom-
pensierte Familienneurose")

kontraproduktiv: gegen die Absicht wirkend

kurative Medizin: nur auf Behandlung konzentriert

Laissez-faire-Politik: Gesellschaftssystem mit einem Minimum an
Eingriffen und Vorschriften

Latenz(periode): zeitweiliges Verborgensein (einer Krankheit, eines
Zustandes); Zeit zwischen ödipaler Phase und Pubertät

Lerntheorie: Basis der Verhaltenstherapie, gewünschtes Verhalten
wird verstärkt; ungewünschtes gelöscht

Libido: psychosexuelle Energie im weitesten Sinn

Lustprinzip: Funktionsprinzip der Persönlichkeitsinstanz des Es;
sofortige Lustbefriedigung wird angestrebt

metapsychologisch: Ausdruck der Psychoanalyse für die Theorie
des Unbewußten

Mischwirtschaft: Kombination von markt- und planwirtschaft-
licher Organisation

Mobilität: Häufigkeit und Leichtigkeit des physischen und
psychischen Standortwechsels (Wohnsitz, soziale Schicht, usw.)

Motivationsrest: unvollständige Befriedigung von Motiven

Narzißmus: libidinöse Besetzung der eigenen Person

Nekrophilie (Fromm): libidinöse Besetzung von Toten, Tod und
Destruktion

Neoanalytiker: Psychoanalytiker, die von Freud in manchen
Bereichen abweichen (E. Fromm, Schultz-Hencke, Caruso und
andere)

Objektlibido: sexuelle Energie, die an Personen, Dinge, Ideen in
der Außenwelt oder deren innere Repräsentanten gebunden ist

ödipale Phase: libidinöse Entwicklungsstufe (4.—5. Lebenjahr),
frühkindliche Beziehung zum gegengeschlechtlichen Elternteil,
siehe genitale Phase

Ontogenese: die Entwicklung des Individuums (im Gegensatz zu
Phylogenese: Entwicklung der Art)

orale Phase: Lustgewinnung der ersten Kindheitsphase (oral = den Mund betreffend)
Oralsadismus: Periode der Libidoentwicklung, in der das Beißen gegenüber dem Saugen im Vordergrund steht
oszillieren: hin und her schwanken
Overkill: Möglichkeit, die Menschheit mehrfach zu vernichten (Atomwaffen)

partizipatorisch: Teilnahme aller Betroffenen an Entscheidungsprozessen
pathogen: krankheitserregend
Persönlichkeitsinstanz: die psychoanalytische Theorie von Es, Ich, Über-Ich
phallisch: gleichbedeutend mit dem psychoanalytischen Begriff „genital"
Pluralismus: philosophische Anschauung, wonach die Wirklichkeit aus vielen selbständigen Wertprinzipien besteht.
Potenz, subversive: indirekte, Autorität unterlaufende Kraft
prägenital: vor der letzten, genitalen Phase der libidinösen Entwicklung, (oral und anal); synonym mit Unreife
Prävention: Vorbeugung
Psychobiologie, Psychophysiologie: Wissenschaften, die biologische und psychologische Faktoren miteinander verbinden

Reaktion: Verhalten als Folge äußerer und innerer Reize
Realitätsprinzip: Funktionsprinzip des bewußten Ich, Erkenntnis und Handhabung der äußeren und inneren Wirklichkeit
Regionalisierung (sectorisation): sich auf ein bestimmtes, umgrenztes Gebiet erstrecken
Regression: Zurückgehen auf frühere kindliche Verhaltensstufen
Repression: Hemmung, Unterdrückung
Rollentheorie: sozialpsychologische Theorie, wonach Menschen sich entsprechend den Rollenerwartungen verhalten

schichtspezifisch: charakteristisches Verhalten in den verschiedenen sozialen Schichten (Unter-, Mittel-, Oberschicht)
Selbstobjekt: innere Repräsentation der eigenen Person
Setting: äußere Bedingungen von Therapien (einzelne oder mehrere Personen, liegend oder sitzend)
Somatisation: Übertragung ins Körperliche; Verwandlung psychischen Druckes in eine körperliche Krankheit (zum Beispiel Magengeschwüre)

Sozialcharakter: kollektiver Verhaltenstyp, wie er sich aus den jeweiligen Bedingungen ergibt
Sozialisation: Aneignung von sozialen Normen
Sozialpsychologie: Theorie sozialer Beziehungen
Soziogenese: gesellschaftliche Bedingungen von Verhaltensstörungen
Sublimierung: Abwehrmechanismus, der Triebbefriedigung in sozial akzeptierte Wege lenkt
Spieltheorie: mathematische Theorie strategischer Spiele
symbiotisch: psychisch untrennbar miteinander verbunden
Syndrom: zusammengehörende Gruppe von Symptomen
systemisch: auf der Systemtheorie beruhend
Systemtheorie: Theorie der Beziehungen zwischen den Elementen eines Systems

Teilobjekt: innere Repräsentationen von Objekten können in Teile aufgespalten sein
Todestrieb: von Freud aus dem Aggressionstrieb abgeleiteter (Selbst-)Zerstörungstrieb
T-Gruppe: Trainingsgruppe, Selbsterfahrungsgruppe
Trauma: seelischer Schock, starke seelische Erschütterung

Überdetermination: Mehrfachbestimmung des Verhaltens
Über-Ich: Gewissensinstanz der Persönlichkeit
Überkompensation: überschießender Ausgleich einer Schwäche oder eines Defektes
Übertragung: emotionale Beziehung des Patienten zum Therapeuten als Projektion früherer Beziehung
Übertragungsneurose: weitgehende Ersetzung der früheren Neurose durch die Übertragungen

Verbalisation: sprachliche Ausdrucksfähigkeit
Verhaltensfocus: wesentlichster Punkt des krankhaften Verhaltens, auf den sich die Therapie beziehen kann.

Widerstand: Kraft, die sich gegen die Wiederkehr des Verdrängten richtet.

PERSONEN- UND SACHREGISTER